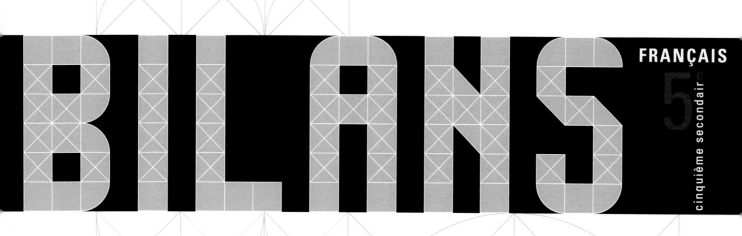

BILANS

FRANÇAIS
5e
cinquième secondaire

James Rousselle
Emanuele Setticasi

avec la collaboration de
Élisabeth Benoit
pour le Survol historique

RECUEIL DE TEXTES

LES ÉDITIONS
CEC
QUÉBECOR MEDIA

8101, boul. Métropolitain Est, Anjou (Québec) Canada H1J 1J9
Téléphone : (514) 351-6010 • Télécopieur : (514) 351-3534

Directeur de l'édition
Patrick Lutzy

Directrice de la production
Danielle Latendresse

Chargée de projet
Francine Noël

Correctrice d'épreuves
Jacinthe Caron

Recherchiste
(droits des textes et des photos)
Carole Régimbald

Conception et réalisation
LE GROUPE FLEXIDÉE

Illustrations intérieures
Smash Design : pages 140 à 174 (section « Le texte poétique »)
Jean Morin : pages 202 et 209

Collaboration à la recherche de l'iconographie
Francine Noël
Carole Régimbald
Lynn Saint-Germain

Dans cet ouvrage, la féminisation des titres de fonction et des textes s'appuie sur les règles d'écriture proposées par l'Office de la langue française dans le guide *Au féminin*, Les publications du Québec, 1991.

8101, boul. Métropolitain Est
Anjou (Québec) H1J 1J9

Dépôt légal : 2e trimestre 2001
Bibliothèque nationale du Québec
Bibliothèque nationale du Canada

ISBN 2-7617-1702-3

Imprimé au Canada
3 4 5 08 07 06

Ce recueil de textes, élaboré avec l'aide d'Emanuele Setticasi pour les textes courants et d'Élisabeth Benoit pour le survol historique de la littérature française et québécoise, vous propose des textes qui rendent compte de plus de vingt ans de recherches et dont certains, nous l'espérons, pourront constituer pour vous des rencontres inoubliables.

Dans le volet « Le texte littéraire », vous trouverez un ensemble de textes narratifs, dramatiques et poétiques. Les textes narratifs qui vous sont présentés mettent en évidence les diverses facettes de ce type de texte (l'univers narratif, le lieu, le personnage, etc.), tandis que les extraits de pièces de théâtre illustrent les grands genres que sont la tragédie, la comédie et le drame. Quant à la poésie, les poèmes proposés vous permettront de lire ou de relire des textes de poètes incontournables de la poésie française et québécoise.

Pour vous permettre de mettre l'ensemble des textes en contexte, le volet « Le texte littéraire » s'ouvre sur un survol historique illustrant l'évolution du roman, du théâtre et de la poésie, et présentant les auteurs et les auteures qui ont façonné ces genres.

Pour le volet « Le texte courant », nous avons choisi des textes dont les sujets, de portée universelle, ont toujours suscité des débats et continueront à le faire dans l'avenir : la peine capitale, le racisme, l'intolérance religieuse, le beau, la santé, la science, etc. Nous les avons aussi choisis parce qu'ils présentent des prises de position d'auteurs et d'auteures engagés ; nous espérons que la rencontre de ces êtres passionnés pourra vous inspirer et, qui sait, peut-être changer votre vie.

JAMES ROUSSELLE

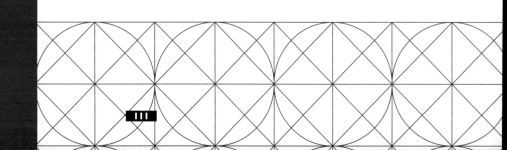

Table des matières

LE TEXTE COURANT 175

LE TEXTE LITTÉRAIRE

LE TEXTE **NARRATIF**

LE TEXTE **DRAMATIQUE**

LE TEXTE **POÉTIQUE**

XIᵉ - XVᵉ siècles
Un survol

C'est vers le XIᵉ siècle que la littérature en ancien français voit le jour, à une époque où le latin est encore la langue officielle du savoir. D'abord orale, cette littérature est récitée par des «jongleurs» sur la place publique ou dans les cours des châteaux, dans un français qui ressemble très peu au nôtre.

Peu à peu, au cours du Moyen Âge, le français évolue et la langue de Villon, par exemple, langue du XVᵉ siècle, est beaucoup plus lisible pour nous que celle de la *Chanson de Roland*, écrite au XIᵉ siècle.

Roman

Vers 1070

La *Chanson de Roland* (anonyme), la plus ancienne et la plus connue des «chansons de geste» (textes en vers racontant et magnifiant les exploits des chevaliers).

1101

Vers le XIIᵉ siècle, le théâtre se développe dans les églises. Ce sont d'abord quelques mots chantés en langue vulgaire, qui visent à faire comprendre aux fidèles la liturgie de la messe, qui est dite en latin. Peu à peu, cette pratique se développe, des épisodes de l'Histoire sainte sont mis en scène dans les églises, puis finalement dans la rue.

Vers 1165

Érec et Énide, premier roman de Chrétien de Troyes (vers 1135-1185). Chrétien de Troyes est considéré comme le premier romancier médiéval. Ses récits puisent dans les légendes et contes celtiques (le roi Arthur, les chevaliers de la Table ronde, Merlin l'Enchanteur, etc.).

Fin du XIIᵉ siècle

Le *Roman de Renart* (anonyme) est représentatif de la veine des romans en vers qui parodient les romans de chevalerie.

1201

XIIIᵉ siècle: apparition du premier roman en prose.

Théâtre

Poésie

1101

XIIᵉ siècle: la poésie courtoise. Débuts de la poésie en ancien français: les troubadours puis, un siècle plus tard, les trouvères chantent l'amour et la soumission du chevalier à sa dame en utilisant des figures convenues.

Memling, *Madone à l'enfant*

1201

XIIIᵉ siècle: apparition du théâtre profane. Le *Jeu de saint Nicolas* de Jean Bodel (vers 1200) contient, malgré son caractère religieux, des épisodes comiques et amorce le cycle des pièces d'inspiration profane.

1163 Début de la construction de la cathédrale Notre-Dame de Paris

1202-1204 Quatrième croisade

La moisson, miniature

1401

Au XV siècle, les « mystères »
sont présentés sur la place
publique. Ces pièces durent
plusieurs jours, nécessitent
d'immenses machines et
des centaines de figurants,
et illustrent de grands
épisodes de l'Histoire sainte.
De petites scènes bouffonnes
y sont incorporées.

Vers 1465

La *Farce de maître
Pathelin* (anonyme)
est la plus connue
des « farces » (petites
pièces comiques
qui se développent
parallèlement
aux « mystères »).

1276-1277

Le *Jeu de la feuillée*
d'Adam de la Halle
est considéré comme
la première pièce de
théâtre entièrement
profane de la littérature
médiévale.

1261-1262

« La complainte Rutebeuf »,
du poète Rutebeuf.

1301

Au cours du XIV siècle, la poésie
tend à se séparer de la musique ; des
genres nouveaux sont privilégiés,
comme la ballade et le rondeau.

1440

Charles d'Orléans,
Rondeaux

1462

François Villon,
Testament

Christophe Colomb

Charles d'Orléans
(1394-1465)

Après avoir été fait prisonnier par
les Anglais en 1415 à la bataille
d'Azincourt, le duc Charles d'Orléans
passera 25 ans de sa vie en prison.
Il y écrira des poèmes d'amour dédiés
à des inconnues, avant d'être libéré
en échange d'une rançon. De retour
en France, il instaurera des concours
de poésie à sa cour de Blois et aura
trois enfants, dont un fils qui deviendra
le roi Louis XII.

François Villon, de son vrai nom
François de Montcorbier
(1431-après 1463)

Poète et voyou, François Villon obtient
une maîtrise ès arts en 1452. Mais il a un
mode de vie turbulent et, en 1455, il blesse
mortellement un prêtre, commet ensuite
un vol par effraction. Ces mauvais coups
le forcent à s'éloigner de Paris. Vers 1458,
il séjourne à la cour du duc Charles
d'Orléans. En 1461, emprisonné à Meung-
sur-Loire, il est libéré sur ordre du roi
Louis XI. C'est alors qu'il compose son
œuvre maîtresse, le *Testament*. Il est
finalement banni de Paris en 1463. C'est
la dernière chose que l'on sache de lui.

1431 | Jeanne d'Arc
est brûlée à Rouen.

1455 | Première Bible
imprimée de Gutenberg

1492 | Christophe
Colomb accoste
en Amérique.

Un survol

XVIᵉ siècle
Un survol

L'invention de l'imprimerie au XVᵉ siècle, la découverte de l'Amérique, les travaux de Copernic (la Terre n'est pas le centre de l'Univers) ont marqué le XVIᵉ siècle, le siècle de la Renaissance... En France, c'est aussi l'époque du règne de François Iᵉʳ, qui impose la langue française comme langue d'État. Les auteurs travaillent à enrichir et à illustrer la langue française à travers leurs textes. Les poètes de la Pléiade s'inscrivent dans cette lignée et contribuent fortement au véritable âge d'or que connaît la poésie au XVIᵉ siècle.

Le XVIᵉ siècle est dominé par un courant de pensée, l'humanisme. Les humanistes placent l'être humain au centre de leurs préoccupations et travaillent à redécouvrir les textes de l'Antiquité, que le Moyen Âge a souvent traduits et adaptés trop librement.

Léonard de Vinci,
La Joconde

1532-1564
L'œuvre romanesque de Rabelais (vers 1494-1553) illustre en partie l'idéal humaniste, tout en puisant dans la culture carnavalesque du Moyen Âge.

Prose narrative

Théâtre

Première moitié du siècle : perpétuation du théâtre médiéval.

Poésie

1548
Les « mystères » sont interdits par le Parlement de Paris. Les autorités n'aiment pas ces grands événements populaires où l'Histoire sainte est ponctuée d'intermèdes comiques.

Michel-Ange, *La création d'Adam (détail)*

Louise Labé (vers 1524-1566)

On l'appelait la « Belle Cordière » parce qu'elle fut fille puis épouse de cordier (fabricant de cordes) et parce que sa beauté était célèbre à Lyon, sa ville natale. Férue d'escrime et d'équitation, poétesse décrivant l'amour fou, la brûlure passionnelle, Louise Labé passe pour avoir eu une vie amoureuse intense et sera qualifiée par Calvin de « vulgaire courtisane ». À Lyon, un des hauts lieux de la Renaissance en France, elle présidera un salon littéraire.

1519 | Mort de Léonard de Vinci

1539 | Par décret le roi François Iᵉʳ impose le français dans les actes de justice.

1543 | Système de Copernic (la Terre tourne autour du Soleil)

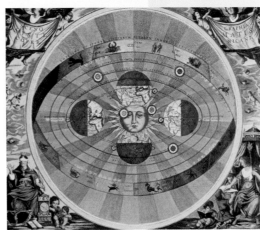

Le système de Copernic

1553
Une première tragédie française, *Cléopâtre captive* d'Étienne Jodelle, un des poètes de la Pléiade, est présentée devant le roi puis devant un public cultivé.

1559
Marguerite de Navarre écrit l'*Heptaméron*, un recueil de nouvelles qui s'inspire du *Décaméron* de l'Italien Boccace (vers 1350).

1570
Introduction en France de la *commedia dell'arte*.

1580-1595
Les *Essais* de Montaigne.

Théâtre humaniste : on désire créer un théâtre qui renoue avec les formes théâtrales de l'Antiquité. Cependant, le théâtre souffre du manque de salles, de même que de la guerre civile, et ne connaîtra son véritable essor qu'au siècle suivant.

1600

1550
Pierre de Ronsard, *Odes*

1555
À Lyon, publication des œuvres poétiques de Louise Labé.

Les poètes de la Pléiade
(2ᵉ moitié du siècle)

La Pléiade est un groupe de sept poètes proches de la cour, dont le chef de file est Pierre de Ronsard. Les poètes de la Pléiade désirent créer une poésie qui enrichisse la langue française afin qu'elle soit aussi noble que le grec ou le latin. Dans ce but, ils se proposent d'imiter les œuvres des Anciens (Grecs et Romains).

Quelques caractéristiques de la Pléiade :
- poésie savante ;
- emprunt de thèmes à la mythologie ;
- emprunt de termes latins, qui sont adaptés en français ;
- utilisation de symboles convenus (le carquois et les flèches de Cupidon pour désigner l'amour) ;
- utilisation du sonnet et de l'alexandrin (qui remplace le décasyllabe) ;
- omniprésence du thème de l'amour.

Pierre de Ronsard (1524-1585)

Jeune page à la cour de France, Pierre de Ronsard est voué à une carrière militaire ou diplomatique lorsqu'une semi-surdité le frappe, en 1542, et contrecarre ces projets. Il se tourne alors vers la littérature, fonde le groupe de la Pléiade et publie en 1550 des *Odes* qui font de lui un poète en vue. Une production littéraire abondante, où figurent notamment les *Amours* (1552-1556), des sonnets amoureux, lui vaut la faveur du roi Henri II. Sous Charles IX, il sera le poète officiel de la cour. Mais Henri III, devenu roi en 1574, lui préfère le poète Desportes. Ronsard se retire alors. Il meurt en 1585.

1572 Massacre de la Saint-Barthélémy

1598 Édit de Nantes en faveur des protestants

XVIIᵉ siècle
Un survol

Au XVIIᵉ siècle, le théâtre connaît une vitalité extraordinaire grâce, notamment, à la protection politique dont il jouit à partir de 1630. Avec, entre autres, la création de salles de spectacle et la mise en place d'un système de pensions qui soutient les auteurs dramatiques, le théâtre devient une affaire d'État, destinée à rehausser le prestige royal. D'abord baroque, durant la première moitié du siècle, il se conforme peu à peu à l'esthétique classique, particulièrement sous le règne de Louis XIV.

Louis XIV

1607-1619
L'Astrée, d'Honoré d'Urfé, un roman de 5000 pages, est représentatif de la vogue de l'idéalisme pastoral et sentimental.

1649-1653
Le Grand Cyrus, de Madeleine de Scudéry, exploite la veine des romans héroïques consacrés notamment à la peinture de l'amour galant.

Roman

Théâtre

Le baroque est caractérisé par l'emphase, le mouvement, la recherche constante de l'excès, les oppositions frappantes, les déploiements spectaculaires.

Poésie

1621
Théophile de Viau, *Œuvres poétiques*

1637
Le Cid de Pierre Corneille est une tragi-comédie, mais annonce déjà l'esthétique classique : action plus serrée, atténuation de la violence.

1640
Pierre Corneille, *Horace*

La tragi-comédie
(1630-1650)

La tragi-comédie compose à la fois avec les ingrédients de la comédie et de la tragédie. Elle est liée à l'esthétique baroque : sens du spectaculaire, multiplication des intrigues et des lieux, mélange de tons, violence, langage souvent cru, etc. Ce théâtre reprend les thèmes des romans héroïques alors en vogue.

Le procès de Galilée

1633 | Procès de Galilée

1635 | Fondation de l'Académie française

1637 | René Descartes, *Discours de la méthode*

Planisphère

1662

L'*Histoire comique des États et Empires de la lune*, de Savinien de Cyrano de Bergerac, exploite la veine des romans burlesques.

1678

La princesse de Clèves, de Mme de La Fayette, un roman d'analyse psychologique, est considéré comme le chef-d'œuvre romanesque du siècle.

Le classicisme (apogée autour des années 1660-1685) cultive la clarté de l'expression, la mesure, l'équilibre et le bon goût et rejette ce qui est trop voyant, trop choquant, par opposition au baroque.

1700

Le théâtre classique
(2e moitié du siècle)

Les excès de l'esthétique baroque sont contrés par l'esthétique classique ; en principe, les pièces de théâtre classiques doivent respecter cinq règles : unité d'action, unité de lieu, unité de temps, vraisemblance et bienséance. Parmi les grands dramaturges classiques figurent Racine et Corneille (tragédie), Molière (comédie).

On distingue rigoureusement la tragédie de la comédie. La tragédie met en scène des rois, des reines, des aristocrates souvent confrontés à un dilemme entre la passion (amoureuse) et la raison (sens de l'honneur, sens du devoir). La comédie met en scène des bourgeois dont les défauts (avarice, bigoterie, bassesse) sont caricaturés dans le but de faire rire les spectateurs.

1668-1694
Jean de La Fontaine, *Fables*

1669
Molière, *Tartuffe*

1677
Jean Racine, *Phèdre*

Jean-Baptiste Poquelin, dit Molière (1622-1673)

À 21 ans, Jean-Baptiste Poquelin fonde la troupe de L'Illustre-Théâtre. À la fois auteur, comédien et directeur de la compagnie, il passe près de treize années de tournée en province. De retour à Paris en 1658, la troupe séduit le roi et la cour grâce à la représentation du *Docteur amoureux*. Dès lors, Molière accumule les succès. Mais ses pièces ridiculisent les travers de ses contemporains et il se fait plusieurs ennemis, dont le puissant parti dévot, qui fait interdire sa pièce *Tartuffe*. Molière meurt en 1673.

Jean Racine (1639-1699)

Jeune, Jean Racine lit les auteurs tragiques grecs, particulièrement Euripide, dont il s'inspirera. Une première pièce de lui est créée à Paris en 1664, mais c'est la tragédie *Andromaque*, en 1667, qui lui assure gloire et succès, de même que la faveur de la cour royale. Après *Phèdre*, en 1677, il abandonne théâtre et aventures amoureuses avec des actrices, fait un mariage de raison et devient historiographe du roi. Il meurt en 1699 après avoir écrit deux dernières pièces d'inspiration biblique.

1661 Début du règne de Louis XIV

1685 Révocation de l'édit de Nantes

XVIIIᵉ siècle
Un survol

Au XVIIIᵉ siècle, appelé aussi « siècle des Lumières », les découvertes scientifiques se font à un rythme accéléré. L'engouement pour les sciences et la rationalité modifie les modes de pensée, les écrivains usent de leur sens critique, refusent les vérités imposées par les autorités religieuses et politiques, défendent les concepts de bonheur individuel et de tolérance. Mais le pouvoir réagit, la censure sévit, des auteurs doivent s'exiler. Par exemple, le matérialisme, un courant de pensée qui explique tout par la matière et non par l'existence de Dieu, est mis hors la loi.

Les Lumières sont un vaste courant philosophique à l'échelle européenne, caractérisé par la croyance dans le progrès et l'ouverture au savoir. En France, l'*Encyclopédie ou Dictionnaire raisonné des sciences, des arts et des métiers* (1751-1766), ouvrage collectif dirigé par Diderot et d'Alembert, répertorie toutes les connaissances de l'époque. L'entreprise témoigne de l'esprit critique des Lumières et se heurte à la résistance des autorités politiques et religieuses.

La reine Marie-Antoinette

1720
Marivaux,
*Arlequin poli
par l'amour*

Roman

Théâtre

Marivaux puis Beaumarchais insufflent un dynamisme nouveau au théâtre en renouvelant la comédie.

Prose d'idées

Mozart

1734
Voltaire,
*Lettres
philosophiques*

1746
Condillac, dans son *Essai sur
l'origine des connaissances*,
affirme que les idées proviennent
des sensations ; il ouvre ainsi
la voie au matérialisme.

1749
Denis Diderot,
*Lettre sur
les aveugles*

Le théâtre de Marivaux
(1720-1740)

Le sujet de prédilection des pièces de Marivaux est la naissance de l'amour (l'amour entre maîtres et valets), mais il y est aussi question d'argent, d'héritages…
Marivaux incorpore dans ses pièces plusieurs éléments de la dramaturgie italienne : déguisements, mensonges, parodies, etc.

1714 Le français est
adopté comme
langue diplomatique
en Europe.

Denis Diderot (1713-1784)

Tonsuré à 13 ans, Denis Diderot est destiné à la prêtrise, mais à 16 ans il se rend plutôt à Paris, où il est reçu maître ès arts en 1732 et où il sera tour à tour précepteur, traducteur, essayiste, dramaturge, critique d'art. En 1746, ses *Pensées philosophiques* sont condamnées au bûcher, puis c'est sa *Lettre sur les aveugles* (1749), qui témoigne de son matérialisme athée, qui lui vaut de passer trois mois au donjon de Vincennes. À partir de 1746, Diderot dirige l'*Encyclopédie*, tout en continuant à publier ses propres textes. Pour doter sa fille, il vend sa bibliothèque à l'impératrice Catherine de Russie. Il meurt en 1784.

1782
Choderlos de Laclos, *Les liaisons dangereuses*. Ce roman épistolaire fait scandale.

1778
Avec *Jacques le Fataliste et son Maître*, Denis Diderot bouleverse le rapport traditionnel de confiance entre l'auteur et le lecteur sur lequel repose l'illusion romanesque.

1757
Dans les *Entretiens entre Dorval*, Denis Diderot définit un nouveau genre théâtral, le drame bourgeois.

1761
La nouvelle Héloïse (roman épistolaire) de Jean-Jacques Rousseau connaît un grand succès.

1781
Avec ses *Confessions*, Jean-Jacques Rousseau « invente » l'autobiographie.

Le roman, considéré comme un genre mineur, connaît un véritable foisonnement.

1800

1751-1766
Publication de l'*Encyclopédie*

1755
Jean-Jacques Rousseau, *Discours sur l'origine de l'inégalité*

1762
Jean-Jacques Rousseau, *Du contrat social*

1775
Beaumarchais, *Le barbier de Séville*

Révolution française

Le théâtre de Beaumarchais
(1767-1792)

Dans *Le barbier de Séville* (1775) et *Le mariage de Figaro* (1784), Beaumarchais fait une satire hardie de la société de l'époque.
Pour la toute première fois, le théâtre fait entendre la voix des opprimés. Quelques années plus tard éclate la Révolution française…

XIXᵉ siècle
Un survol

Au XIXᵉ siècle, le roman triomphe. Jusqu'alors considéré comme un genre bas, taxé d'invraisemblance et accusé de corrompre les mœurs, il reçoit ses lettres de noblesse grâce, notamment, à Honoré de Balzac. Avec le cycle romanesque *La comédie humaine*, Balzac se veut le «secrétaire de ses contemporains». Il se donne comme mission de décrire la société française de 1789 à 1850 et utilise le procédé du retour des personnages (on en compte 2 472) d'un roman à l'autre.

Durant la seconde moitié du siècle, Émile Zola reprend le flambeau avec le cycle des *Rougon-Macquart*, consacré à la société du Second Empire.

Napoléon

Le roman réaliste

Honoré de Balzac et Stendhal décrivent la réalité sociale et historique de leur époque. Flaubert poussera encore plus loin l'aspect réaliste de ses récits en racontant la vie de personnages dont le destin n'a plus rien d'exceptionnel.

Le roman naturaliste

Tout comme le réalisme, le naturalisme vise à décrire la réalité sociale, mais en y appliquant cette fois la méthode scientifique : les personnages sont déterminés par leur milieu et par leur hérédité.

1830
Stendhal,
Le rouge et le noir

1829-1848
Honoré de Balzac,
La comédie humaine

Roman

1802
François René de
Chateaubriand,
René

1807
Mᵐᵉ de Staël,
*Corinne
ou l'Italie*

1816
Benjamin
Constant, *Adolphe*

1831
Victor Hugo,
*Notre-Dame
de Paris*

1832
George Sand,
Indiana

1836
Alfred de Musset,
*La confession
d'un enfant
du siècle*

1844
Alexandre Dumas,
*Les trois
mousquetaires*

Les « romanciers du Moi »
(1800-1820)

Ces romanciers et romancières ont pour noms François René de Chateaubriand, Mᵐᵉ de Staël, Benjamin Constant…
Leurs œuvres s'inscrivent dans la veine romantique. Elles se veulent l'illustration d'un « Moi » singulier.

Le roman historique

Victor Hugo, Alexandre Dumas…

Le roman sentimental et personnel
(vers 1820-1860)

Ce mouvement s'inscrit dans la lignée des « romanciers du Moi ». Les auteurs et auteures (Alfred de Musset, George Sand…) accordent beaucoup d'importance aux sentiments.

Delacroix, *La liberté guidant le peuple*

1804 | Napoléon Iᵉʳ empereur

1848 | Karl Marx, *Manifeste du parti communiste*

Émile Zola (1840-1902)

Chef de file des naturalistes, Émile Zola échoue au baccalauréat à 18 ans avant de devenir chef de publicité à la librairie Hachette, à Paris. Il rencontre alors des écrivains, fréquente les peintres impressionnistes, collabore à divers périodiques et vit de sa plume à partir de 1866. C'est vers 1868 qu'il conçoit le cycle romanesque des *Rougon-Macquart* : 20 volumes et quelque 1 200 personnages. En 1877, sa description du milieu ouvrier dans *L'assommoir*, le septième volume, fait scandale et lui assure le succès. Il meurt en 1902, asphyxié par la fumée d'une cheminée.

Guy de Maupassant (1850-1893)

Auteur de plus de 300 nouvelles et de six romans, Guy de Maupassant naît au château de Miromesnil, étudie en droit à Paris puis travaille comme commis au ministère de la Marine. Formé à l'écriture par Flaubert, un ami d'enfance de sa mère, il connaît un premier succès en 1880 avec *Boule de suif*. Ses nouvelles paraissent alors dans les journaux. Il connaît le succès. Mais, atteint par la syphilis, souffrant d'une maladie nerveuse, de troubles oculaires, d'hallucinations, il sombre dans la folie et meurt en 1893 dans une maison de santé.

Rodin, *Le penseur*

1857
Gustave Flaubert,
Madame Bovary

1871-1893
Émile Zola,
Les Rougon-Macquart

1880
Émile Zola,
Guy de Maupassant et
autres, *Les soirées de Médan*

1862
Victor Hugo,
Les misérables

1883
Auguste de Villiers
de L'Isle-Adam,
Contes cruels

1891
Marcel Schwob,
Cœur double

Stendhal, de son vrai nom Henri Beyle (1783-1842)

Henri Beyle a écrit sous plus de 230 pseudonymes. Mais c'est le nom de Stendhal qui est resté à ce fils d'avocat qui, à 17 ans, participe à la campagne d'Italie, un pays qui le fascine : l'opéra, les femmes, les paysages… Il rentre toutefois en France en 1802, travaille dans l'administration impériale, puis s'installe à Milan et devient finalement consul en Italie avant de mourir à Paris d'une crise d'apoplexie. S'il n'est pas méconnu de son vivant, Stendhal ne sera réellement apprécié qu'après sa mort. Dix ans après sa parution, son traité *De l'amour*, par exemple, n'a été écoulé qu'à 17 exemplaires.

Gustave Flaubert (1821-1880)

Deux mille volumes consultés pour écrire le roman *Bouvard et Pécuchet* (1881), 4 000 pages de notes et de brouillons pour *L'éducation sentimentale* (1869)… Gustave Flaubert fut un bourreau de travail. Étudiant en droit à Paris (1842-1843), il est à 23 ans victime d'une crise nerveuse qui l'oblige à se retirer en Normandie, où il écrit. De 1849 à 1851, il voyage en Orient. En 1857, à la suite de la parution de *Madame Bovary*, qui décrit la vie adultère d'une provinciale, il subit un procès pour « atteinte aux bonnes mœurs », ce qui le rend célèbre. Il meurt en 1880 d'une hémorragie cérébrale, ruiné, au milieu de ses manuscrits.

Le récit fantastique (fin du siècle)

À la fin du siècle, en réaction à l'engouement pour le rationalisme scientifique qui ne fait aucune place aux aspirations spirituelles, des écrivains (Auguste de Villiers de L'Isle-Adam, Marcel Schwob, Guy de Maupassant, Barbey d'Aurevilly…) exploitent la veine fantastique, qui laisse place au mystère.

1870 Proclamation de la République française

1894 Affaire Dreyfus

XIXᵉ siècle
Un survol

Au XIXᵉ siècle, si le roman représente la réalité sociale, la poésie sert souvent à exploiter une tout autre dimension du réel. Les romantiques, d'abord, trouvent en elle un véhicule privilégié pour exprimer l'exaltation des sentiments qui leur est propre et redonnent ainsi au genre toute l'importance qu'il avait au XVIᵉ siècle.
Durant la seconde moitié du siècle, la poésie des symbolistes suggère la présence de l'invisible et remet en cause l'existence d'un réel sans aucun mystère.

Van Gogh, *Tournesols*

Victor Hugo (1802-1885)

Déjà, à 14 ans, Victor Hugo écrit une tragédie en cinq actes. Auteur prolifique, poète, dramaturge, romancier, il fut le chef de file des romantiques, donnant au mouvement son premier manifeste en 1827. Poète d'abord conformiste (il reçoit en 1822 une pension royale pour sa poésie), il s'engage bientôt dans une voie plus controversée, écrit des pièces de théâtre qui lui valent des démêlés avec la censure. En 1843, après la mort tragique de sa fille Léopoldine, Hugo n'écrit plus durant un temps. Il s'engage en politique, est élu député en 1848, doit s'enfuir à la suite du coup d'État de 1851. Durant près de vingt ans, il vit en exil. Son retour en France en 1870 est triomphal. À sa mort en 1885, il a droit à des funérailles nationales.

Le drame romantique
(1ʳᵉ moitié du siècle)

Dans la *Préface de Cromwell* (1827), Victor Hugo rejette les règles du théâtre classique et définit le drame romantique : liberté de l'auteur ; « mélange des tons et des genres », du grotesque et du sublime, de la tragédie et de la comédie ; rejet de la règle des trois unités.

1830
Victor Hugo, *Hernani*.
Le soir de la première, la bataille éclate entre les partisans de Victor Hugo et les tenants du théâtre classique.

1838
Victor Hugo, *Ruy Blas*.
Cette pièce consacre le triomphe de Victor Hugo.

Théâtre

Poésie

1820
Alphonse de Lamartine,
Méditations poétiques

1826-1837
Alfred de Vigny,
Poèmes antiques et modernes

1842
Marceline Desbordes-Valmore,
Poésies

Alphonse de Lamartine (1790-1869)

En 1820, la publication des *Méditations poétiques* fait de Lamartine un des premiers représentants du romantisme français. Le succès du recueil est immense. Lamartine y exprime, entre autres, son amour pour Julie Charles, une jeune femme poitrinaire rencontrée en 1816, qui mourra en 1817 et qu'il surnommera Elvire dans ses poèmes. Dix ans après ce succès, il est reçu à l'Académie française. Puis il est député à partir de 1833, brigue la présidence de la République en 1848, mais perd les élections, et abandonne la politique en 1851. Il termine sa vie dans la gêne financière.

Marceline Desbordes-Valmore (1786-1859)

Considérée comme une figure féminine importante du romantisme, Marceline Desbordes-Valmore travaille comme actrice avant de publier un premier recueil de vers en 1819. Elle est acclamée par plusieurs poètes de renom, notamment Baudelaire. Malgré sa notoriété, elle aura une vie semée d'embûches, verra mourir plusieurs de ses enfants et mourra elle-même tristement dans son appartement de la rue Rivoli à Paris.

La poésie romantique
(1ʳᵉ moitié du siècle)

Le chef de file des poètes romantiques est Victor Hugo.
Quelques caractéristiques de cette poésie :
• la sensibilité l'emporte sur la raison ;
• le poème traduit les sentiments, les passions et convictions du poète ;
• la poésie exprime le « mal du siècle » dont souffrent les poètes romantiques, désenchantés à l'égard d'une société dominée par une bourgeoisie bancaire qui laisse peu de place au talent artistique ;
• les thèmes de l'amour et de la nature sont très présents.

La poésie symboliste
(fin du siècle)

Les poètes symbolistes croient que le monde
n'est pas réductible à la matière et désirent
décrire une autre dimension du réel.
Le symbole tient lieu de révélateur
de cette autre dimension.
Quelques caractéristiques de cette poésie :
- on privilégie le signe plutôt que le réel ;
- on préfère suggérer plutôt que décrire ;
- la musique et l'harmonie des vers ont beaucoup
  d'importance (chez Paul Verlaine en particulier) ;
- la confidence d'ordre psychologique
  est plutôt rare.

Paul Verlaine (1844-1896)

Paul Verlaine passe deux années de sa vie en
prison pour avoir blessé Arthur Rimbaud d'un
coup de revolver. Une fois libéré, son mariage
brisé, sa carrière dans l'administration derrière
lui, il enseigne en Angleterre et en France,
devient enfin célèbre grâce au recueil *Sagesse*
(1881) et jouit d'une certaine réputation auprès
des jeunes symbolistes, ce qui ne l'empêchera
pas de sombrer dans la déchéance, notamment
à cause de la « fée verte » (l'absinthe) qui
le rend violent. Il meurt misérablement en 1896.

1851

Eugène Labiche, *Un chapeau de paille d'Italie*.
Labiche excelle dans le vaudeville,
théâtre comique fertile en intrigues
et en rebondissements.

1896

Alfred Jarry, *Ubu roi*.
Jarry parodie le théâtre
historique et le vaudeville,
alors à la mode.

1900

1856

Victor Hugo,
Les contemplations

1857

Charles Baudelaire,
Les fleurs du mal

1881

Paul Verlaine,
Sagesse

1886

Arthur Rimbaud, *Les illuminations*.
Rimbaud sera considéré comme
un précurseur des surréalistes.

1887

Stéphane Mallarmé, *Poésies*

Charles Baudelaire (1821-1867)

Orphelin de père, révolté contre
sa famille bourgeoise, Charles
Baudelaire dilapide l'héritage
paternel. Il doit alors travailler
pour vivre et devient critique
d'art. En 1857 il publie *Les fleurs
du mal*, un recueil de poèmes
dont six sont condamnés par un
tribunal pour immoralité. En 1860,
il publie *Les paradis artificiels*,
qui témoigne de son intérêt pour
l'effet des drogues et des
excitants. Mais déjà, la maladie
le ronge, les dettes l'accablent.
Il meurt en 1867, paralysé.

Affiche de Toulouse-Lautrec

Arthur Rimbaud (1854-1891)

Poète à 16 ans, Arthur Rimbaud renonce
à la poésie à 20 ans, laissant derrière lui
une œuvre devenue l'une des références
de la modernité littéraire. Jeune homme
brillant et révolté, il quitte la maison
familiale à 17 ans, séjourne à Londres
et à Bruxelles en compagnie du poète
Paul Verlaine, son amant, qui le blesse
d'un coup de revolver en 1873. De 1880
à 1890, Rimbaud vit en Afrique, s'adonne
au commerce de l'ivoire, de l'or, du café,
et s'intéresse même au trafic d'armes,
avant de mourir à Marseille à 37 ans.

XXᵉ siècle
Un survol

Au XXᵉ siècle, le roman domine. Le genre subit de multiples transformations, de l'univers des duchesses et des princesses chez Marcel Proust au début du siècle jusqu'aux récits de science-fiction à la fin du siècle.

L'avènement de la société de consommation et d'une culture de masse américanisée n'est pas étranger au développement d'une littérature de grande production durant la seconde moitié du siècle.

Le roman de l'absurde

Le roman de l'absurde illustre l'absurdité de la condition humaine.

Jean-Paul Sartre (1905-1980)

Né dans la grande bourgeoisie, agrégé de philosophie, Sartre est d'abord professeur, puis romancier avec *La nausée* (1938), qui ouvre la voie à la littérature de l'absurde. Durant la guerre, il écrit essais et pièces de théâtre et collabore à des publications clandestines. Chef de file des existentialistes, il est alors célèbre. En 1964, il refuse le prix Nobel de littérature. Séduit par le communisme et le régime soviétique, qu'il finira par dénoncer, il consacre la dernière partie de sa vie au militantisme, dénonçant notamment la guerre d'Algérie.

Albert Camus (1913-1960)

Né en Algérie, très tôt orphelin de père, élevé dans la pauvreté, Albert Camus est atteint de tuberculose à 17 ans, ce qui le force à interrompre ses études en philosophie. Journaliste à l'*Alger républicain* dans les années 30, il dénonce les abus du système colonial français. Installé en France durant la Deuxième Guerre mondiale, il s'engage dans la résistance et dirige le journal *Combat*, écrit du théâtre, publie un premier roman, *L'étranger* (1942) suivi de *La peste* (1947). En 1952, la parution de l'essai *L'homme révolté* crée une polémique entre Camus et Jean-Paul Sartre. En 1957, Camus reçoit le prix Nobel de littérature. Il meurt en 1960 dans un accident de voiture.

1938	1942
Jean-Paul Sartre, *La nausée*	Albert Camus, *L'étranger*

Roman

1913-1927	1932	1947
Marcel Proust, *À la recherche du temps perdu.* Cette œuvre monumentale domine le début du siècle.	Louis-Ferdinand Céline, *Voyage au bout de la nuit.* Céline utilise un style qui lui permet de « retrouver l'émotion du "parlé" à travers l'écrit ».	Boris Vian, *L'écume des jours*

Marcel Proust (1871-1922)

Fils d'un professeur d'hygiène à la Faculté de Paris, Marcel Proust est un enfant chétif, souffrant de crises d'asthme dès l'âge de neuf ans. Étudiant en droit, puis en lettres, à l'aise financièrement grâce à la fortune familiale, il fréquente le monde, collabore à diverses revues, éprouve une passion pour le musicien Reynaldo Hahn. Après la mort de ses parents, cependant, Proust mène une vie de reclus, cloîtré dans une chambre aux murs capitonnés de liège, où il écrit son œuvre majeure, *À la recherche du temps perdu*. Le premier volume paraît en 1913 à compte d'auteur. Proust meurt en 1922 d'une pneumonie.

Charles Lindbergh

1914-1918	1927	1939-1945
Première Guerre mondiale	Charles Lindbergh traverse l'Atlantique sans escale.	Deuxième Guerre mondiale

Le Nouveau Roman
(2ᵉ moitié du siècle)

Des écrivains et écrivaines comme Nathalie Sarraute, Michel Butor, Alain Robbe-Grillet produisent des romans qui ne racontent presque plus d'histoires, qui sont construits comme des partitions musicales (reprise légèrement modifiée d'une description, d'un événement).

Retour à des formes traditionnelles

Après la « crise » du Nouveau Roman, des romanciers et romancières comme Marguerite Yourcenar, Jean-Marie Gustave Le Clézio, Patrick Modiano renouent avec des formes plus traditionnelles.

1953
Alain Robbe-Grillet,
Les gommes

1957
Michel Butor,
La modification

1964
Marguerite Duras,
Le ravissement de Lol V. Stein

1968
Marguerite Yourcenar,
L'œuvre au noir

1980
Jean-Marie Gustave Le Clézio,
Désert

1959
Raymond Queneau,
Zazie dans le métro

1969
Georges Perec,
La disparition

1990
Alexandre Jardin,
Le zèbre

1996
Marie Darrieussecq,
Truisme

Marguerite Donnadieu,
dite **Marguerite Duras** (1914-1996)

Marguerite Duras a grandi en Indochine, dans une famille ruinée par l'achat d'une terre incultivable, ce que la romancière racontera dans *Un barrage contre le Pacifique* (1950). En 1932, elle arrive en France, où elle fait des études de droit, de mathématiques et de sciences politiques. Durant la guerre, elle commence à publier des romans, de facture d'abord classique, qui évolueront ensuite vers un genre plus « statique » qui fera qu'on l'associera bien malgré elle au Nouveau Roman.

Les romanciers de l'invention

Des romanciers tels Boris Vian, Georges Perec et Raymond Queneau écrivent des romans en usant de leur liberté d'invention.

Le *best-seller*

À la fin du siècle, la production littéraire est marquée par l'économie de marché : omniprésence du *best-seller*, souvent adapté au grand écran, apparition des auteurs et auteures à la télévision ; importance des prix littéraires, qui font augmenter le nombre de ventes, etc.

On a marché sur la Lune…

1969 Premier débarquement sur la Lune

1989 Chute du mur de Berlin

XXᵉ siècle
Un survol

Après l'engouement pour la psychanalyse et les profondeurs insondables de l'inconscient, le XXᵉ siècle connaît les horreurs de la Deuxième Guerre mondiale et des camps de concentration. Devant ces réalités impossibles à décrire avec des mots, les réactions sont multiples. En poésie, les surréalistes s'inspirent des travaux de Sigmund Freud, produisent des textes qui n'ont pas nécessairement du sens et vont jusqu'à pratiquer la poésie sous hypnose. Au théâtre, Samuel Beckett et Eugène Ionesco écrivent des dialogues qui témoignent de l'incommunicabilité entre les êtres.

À la fin du siècle, la poésie est marginalisée tandis que, au théâtre, les metteurs et metteures en scène ont de plus en plus d'importance, au détriment des auteurs et auteures.

Le vaudeville et le théâtre de boulevard
(1ʳᵉ moitié du siècle)

Le succès du vaudeville, au siècle précédent, se poursuit : des auteurs comme Georges Feydeau, Sacha Guitry, Georges Courteline s'y moquent de la médiocrité de la bourgeoisie.

En marge du boulevard
(1ʳᵉ moitié du siècle)

Plusieurs auteurs dramatiques (Jean Cocteau, Jean Giraudoux, Jean Anouilh…) écrivent des pièces innovatrices qui sont en rupture avec les situations souvent convenues du boulevard. Jean Giraudoux s'inspire de la mythologie antique et écrit un théâtre humaniste.

Théâtre

1908	1917	1937	1944
Georges Feydeau, *Feu la mère de Madame*	Jean Cocteau, *Parade*	Jean Giraudoux, *Électre*	Jean Anouilh, *Antigone*

Poésie

1913	1918	1924	1946
Guillaume Apollinaire, *Alcools*	Guillaume Apollinaire, *Calligrammes*	André Breton, *Manifeste du surréalisme*. Cet essai marque la naissance officielle du mouvement surréaliste.	Jacques Prévert, *Paroles*. La poésie de Prévert, très proche de la langue parlée, a contribué à faire de *Paroles* l'un des recueils de poésie les plus vendus au monde. Prévert a côtoyé les surréalistes dans les années 20.

1926
Paul Eluard,
Capitale de la douleur

Le surréalisme
(1ʳᵉ moitié du siècle)

Ce mouvement s'est formé au début du siècle. Les surréalistes (André Breton, Paul Eluard, Benjamin Péret…) s'inspirent notamment des recherches de Sigmund Freud, qui explore l'inconscient grâce à la méthode de l'association libre. Les surréalistes entendent faire de même en poésie : ils veulent exprimer cette parole enfouie au fond de l'inconscient et pratiquent dans ce but l'écriture automatique.

Quelques caractéristiques de la poésie surréaliste :
• l'image sert de révélateur : elle permet de rapprocher deux réalités sans aucun rapport apparent ;
• l'image est plus importante que le sens ;
• la poésie ne doit pas avoir de préoccupations plastiques ou esthétiques ; elle est une tentative de percer certains mystères, dont ceux de l'inconscient.

Thiriat, *Bataille de Verdun*

Jean Anouilh (1910-1987)

Le dramaturge Jean Anouilh classait lui-même ses pièces en catégories : roses, brillantes, noires, grinçantes, secrètes, costumées et farceuses. Né en 1910, Anouilh décide très tôt de se consacrer au théâtre et est durant un temps le secrétaire de l'acteur Louis Jouvet. En 1938, avec sa pièce rose *Le bal des voleurs*, Anouilh est lancé. En 1944, *Antigone*, pièce noire créée sous l'occupation allemande, est un triomphe. En 1961, cependant, Anouilh connaît un échec avec *La grotte*, se tourne vers la mise en scène et arrête d'écrire temporairement. Sa dernière pièce date de 1975.

Eugène Ionesco (1909-1994)

Chef de file du théâtre de l'absurde, Eugène Ionesco est né en Roumanie, mais a passé sa jeunesse en France, où il s'installe définitivement vers 1940, après avoir été professeur de français à Bucarest. À Paris, où il travaille d'abord comme correcteur d'épreuves, sa pièce *La cantatrice chauve* est montée en 1950. La critique est hostile, l'époque est au théâtre bourgeois, Ionesco persiste. En 1951, il présente *La leçon*, puis *Les chaises* (1952). Auteur contesté, mais désormais très joué, il connaît ses plus grands succès dans les années 60.

Georges Feydeau (1862-1921)

Georges Feydeau commence dès l'adolescence à écrire de petites pièces de théâtre. Déjà, lorsqu'il a 20 ans, *Par la fenêtre* (1882) est présentée publiquement. Mais Feydeau, qui sera entre-temps comédien, devra attendre 1892 et le succès de *Monsieur chasse* avant de connaître la gloire et la fortune (qu'il dilapidera au jeu). Il passera les deux dernières années de sa vie dans une maison de santé, où il avait été interné pour troubles psychiques.

Le théâtre de l'absurde
(2ᵉ moitié du siècle)

Dans les œuvres d'Eugène Ionesco et de Samuel Beckett, le langage perd son sens, tourne à vide. Il y a une fissure entre les mots et les choses.

1950
Eugène Ionesco,
La cantatrice chauve

1953
Samuel Beckett,
En attendant Godot

1960
Eugène Ionesco,
Rhinocéros

2000

Guillaume Apollinaire (1880-1918)

Né à Rome d'un père italien et d'une mère polonaise, élevé dans le midi méditerranéen, Apollinaire s'installe en 1899 à Paris, où il exerce plusieurs métiers : « nègre » d'un feuilletoniste, précepteur, employé de banque, rédacteur d'un périodique financier… Il collabore à diverses revues, se lie avec les milieux de l'avant-garde artistique (Picasso, Braque, Jacob) et publie *Alcools* en 1913, un recueil de poèmes sans aucune ponctuation. Il s'engage volontairement en 1914, est blessé à la tempe par un éclat d'obus et doit être trépané. Il meurt de la grippe espagnole en 1918.

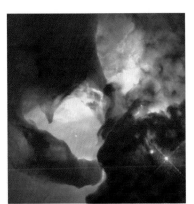

Image prise par le télescope Hubble

Paul Eluard (1895-1952)

En 1912, la tuberculose force Paul Eluard à interrompre ses études et à fréquenter le sanatorium, où il rencontre Gala, sa future femme, avec qui il côtoiera les cercles dadaïstes puis le groupe surréaliste. Il publie *Capitale de la douleur* en 1926, milite contre le fascisme dans les années 30, entre dans la clandestinité en 1940 avec Nusch, sa deuxième femme, et participe à la Résistance. Après la guerre, son œuvre est marquée par sa foi dans le communisme.

Si la littérature canadienne-française, puis québécoise, évolue au cours du XXe siècle autour de la question des valeurs traditionnelles et de l'identité nationale, elle ne peut cependant être restreinte à cette seule dimension. Littérature plurielle, elle s'ouvre de plus en plus à de nouveaux horizons et à de nouvelles voix. Les écrivains et écrivaines d'aujourd'hui s'appellent aussi bien Hélène Monette, Arlette Cousture ou Yves Beauchemin que Ying Chen, Dany Laferrière ou encore Marco Micone.

Gaston Miron (1928-1996)

Souvent qualifié de « poète national », Gaston Miron a écrit une œuvre engagée, marquée par les thèmes de l'amour et du pays. Né en 1928 à Sainte-Agathe-des-Monts, il s'installe à Montréal en 1947 et fonde en 1953 les éditions de l'Hexagone avec quelques amis. Il aura été notamment militant au sein du mouvement nationaliste québécois, animateur de l'Hexagone et professeur de littérature Son œuvre, *L'homme rapaillé* (1970) est constituée de poèmes parus dans diverses revues à partir des années 50.

Anne Hébert (1916-2000)

Poète et romancière, fille d'un critique littéraire, Anne Hébert commence à la fin des années 30 à publier poèmes et contes dans les revues et les journaux. En 1942, elle fait paraître un premier recueil de poèmes et travaille durant les années 50 à l'Office national du film, signant notamment un scénario portant sur son cousin, le poète Saint-Denys Garneau. Vers 1967, elle s'établit en France où elle vivra jusqu'en 1997, tout en séjournant régulièrement au Québec. Elle s'éteint le 22 janvier 2000, laissant derrière elle une œuvre d'une force incantatoire, parmi les plus respectées de la littérature québécoise.

1934
Alain Grandbois,
Poèmes

1942
Anne Hébert,
Les songes en équilibre

1901

Poésie

1904
Publication des *Poésies*
complètes d'Émile Nelligan

1937
Hector de Saint-Denys Garneau,
Regards et jeux dans l'espace

Émile Nelligan (1879-1941)

Poète à 16 ans, Émile Nelligan est interné dans un asile à 19 ans. Figure mythique de la littérature québécoise, il est influencé par les poètes symbolistes français et devient à 17 ans le plus jeune membre de l'École littéraire de Montréal, après avoir abandonné ses études et commencé à mener une vie de bohème. En 1899, lors de la lecture publique de la *Romance du vin*, il triomphe. Mais quelques mois plus tard, il entre à l'asile où les médecins diagnostiquent un cas de « dégénérescence mentale ». Il passera là le reste de sa vie et déclamera parfois des poèmes devant des visiteurs ou d'autres pensionnaires.

Hector de Saint-Denys Garneau (1912-1943)

La parution de *Regards et jeux dans l'espace* (1937) signale l'entrée de la poésie québécoise dans la modernité, même si, à l'époque, l'accueil réservé aux vers libres de Saint-Denys Garneau est plutôt tiède. Poète, grand amateur de musique, Saint-Denys Garneau est aussi aquarelliste et a exposé ses toiles au Musée des beaux-arts de Montréal. En 1934, il se joint au groupe de la Relève et publie dans la revue du même nom jusqu'en 1937. Puis, malade, déçu par l'accueil réservé à son recueil de poèmes, il se retire dans le manoir familial de Sainte-Catherine-de-Fossambault et meurt d'une crise cardiaque à 31 ans.

1940 Droit de vote des femmes

1948 *Refus global*

Yves Préfontaine (1937)

Yves Préfontaine publie ses premiers poèmes à 15 ans. Anthropologue de formation, animateur d'émissions radiophoniques, il est membre fondateur des revues *Situations* et *Le Québec libre,* de même que rédacteur en chef de la revue *Liberté* de 1961 à 1962.

Défilé de la Saint-Jean

1953
Fondation des éditions de l'Hexagone.
Les poètes de l'Hexagone désirent trouver une langue poétique apte à dire les aspirations et la réalité du Québec.

1967
Yves Préfontaine,
Pays sans parole.
Ce recueil témoigne des thèmes chers aux poètes de l'Hexagone.

1968
Michèle Lalonde,
« Speak White »,
un poème-affiche qui traite du rapport dominant/dominé entre les anglophones et les francophones

1982
Lucien Francœur,
Les rockeurs sanctifiés :
reptation impériale
et pyramidale manie

2000

1956
Claude Gauvreau,
Brochuges

1965
Gilles Vigneault,
« Les gens de mon pays »

1965
Roland Giguère,
L'âge de la parole

1970
Gaston Miron,
L'homme rapaillé

1972
Félix Leclerc,
« L'alouette en colère »

1974
Nicole Brossard,
Mécanique jongleuse

1997
Hélène Monette,
Plaisirs et paysages kitsch
(contes et poèmes)

René Lévesque, Jean Lesage et Paul Gérin-Lajoie,
artisans de la Révolution tranquille

Félix Leclerc (1914-1988)

Considéré par certains comme le « père » de la chanson québécoise, Félix Leclerc a chanté le pays, l'enfance, la nature, la vie des petites gens. D'abord annonceur à la radio de 1934 à 1939, il entre ensuite à Radio-Canada comme comédien et auteur, publie un premier recueil de contes en 1943, et débute comme chansonnier en France en 1950. Immédiatement, il connaît le succès. De retour au Québec en 1953, il poursuit sa carrière de chansonnier, d'écrivain et de dramaturge et s'engage politiquement pour la souveraineté du Québec en 1970. Il meurt à l'île d'Orléans en 1988.

1959 Mort de Maurice Duplessis

1960 Début de la Révolution tranquille

1967 Exposition universelle à Montréal

1970 Crise d'octobre

1974 Le français, langue officielle du Québec

1976 Jeux olympiques

1980 Premier référendum sur la souveraineté du Québec

1995 Deuxième référendum sur la souveraineté du Québec

XXᵉ siècle
Un survol
Littérature québécoise

Si la littérature canadienne-française, puis québécoise, évolue au cours du XXᵉ siècle autour de la question des valeurs traditionnelles et de l'identité nationale, elle ne peut cependant être restreinte à cette seule dimension. Littérature plurielle, elle s'ouvre de plus en plus à de nouveaux horizons et à de nouvelles voix. Les écrivains et écrivaines d'aujourd'hui s'appellent aussi bien Hélène Monette, Arlette Cousture ou Yves Beauchemin que Ying Chen, Dany Laferrière ou encore Marco Micone.

Germaine Guèvremont (1893-1968)

Après avoir étudié chez les sœurs de Sainte-Croix puis de Sainte-Anne, Germaine Guèvremont devient journaliste. En 1926, elle écrit pour *The Gazette*, puis pour le *Courrier de Sorel* et d'autres périodiques. Elle collaborera aussi à l'adaptation radiophonique du *Déserteur*, présenté sur les ondes de Radio-Canada à la fin des années 30. Son roman *Le Survenant*, dont le héros est un étranger et un nomade, marque une rupture dans la littérature québécoise, jusque-là tournée vers des valeurs très conservatrices.

1945
Germaine Guèvremont, *Le Survenant*

1945
Gabrielle Roy, *Bonheur d'occasion*. Avec *Au pied de la pente douce*, *Bonheur d'occasion* amorce le cycle des romans de la ville.

1933
Claude-Henri Grignon, *Un homme et son péché*

1937
Félix-Antoine Savard, *Menaud, maître-draveur*

Roman

Théâtre

1908
Damase Potvin, *Restons chez nous* (roman de la terre)

1916
Louis Hémon, *Maria Chapdelaine*. Ce roman du Français Louis Hémon est peut-être le plus littéraire des romans de la terre, ces romans à thèse où l'histoire sert à illustrer une idéologie, en l'occurrence celle des valeurs traditionnelles – dont l'attachement à la terre – de la société canadienne-française.

1944
Roger Lemelin, *Au pied de la pente douce*

1948
Gratien Gélinas, *Tit-Coq*

Roger Lemelin (1919-1992)

C'est à la suite d'un accident de ski que Roger Lemelin commence à écrire et publie *Au pied de la pente douce*, considéré comme le premier « roman de la ville » de la littérature québécoise. Né en 1919, Lemelin a dû abandonner ses études pour gagner sa vie. Romancier, il publie notamment *Les Plouffe* en 1948. Journaliste, il collabore de 1948 à 1952 aux magazines *Time*, *Life* et *Fortune*, et entreprend une carrière d'homme d'affaires en 1961. De 1972 à 1981, il sera président-directeur général du journal *La Presse*.

Riopelle, *L'érieux*

Réjean Ducharme (1941)

Chauffeur de taxi, correcteur d'épreuves, typographe, commis de bureau, scénariste, parolier de Robert Charlebois, dramaturge, romancier, artiste visuel… Réjean Ducharme aura durant sa vie pratiqué diverses activités. En 1966, lors de la parution de son roman *L'avalée des avalés*, il pique la curiosité du milieu littéraire québécois en refusant de se prêter au jeu des apparitions publiques et des entrevues. Certains iront même jusqu'à douter de son existence. Il a publié depuis plusieurs romans et pièces de théâtre, mais demeure toujours invisible.

Yves Beauchemin (1941)

Né à Noranda, diplômé en lettres (1965), professeur (1965-1967) puis recherchiste et conseiller musical à Radio-Québec à partir de 1969, Yves Beauchemin publie *Le matou* en 1981. Plus de 200 000 exemplaires sont vendus au Québec, plus d'un million à travers le monde. Le livre est bientôt adapté au cinéma et à la télévision et Yves Beauchemin commence à vivre de sa plume. Depuis, il a publié entre autres *Juliette Pomerleau* (1989) et *Le second violon* (1996).

1960
Gérard Bessette,
Le libraire,
roman parfois
comparé à *L'étranger*
de Camus.

1966
Marie-Claire Blais,
*Une saison dans la vie
d'Emmanuel*.
Prix Médicis.

1966
Réjean Ducharme,
L'avalée des avalés

1965
Hubert Aquin,
Prochain épisode

1978
Michel Tremblay,
*La grosse femme
d'à côté est enceinte*

1981
Yves Beauchemin,
Le matou, un des
premiers succès
de librairie de la
littérature québécoise

1985
Arlette Cousture,
*Les filles
de Caleb*,
un succès
de librairie
adapté à
la télévision

1984
Jacques Poulin,
Volkswagen blues

1998
Gaétan Soucy,
*La petite fille
qui aimait
trop les allumettes*

1995
Ying Chen,
L'ingratitude

1958
Marcel Dubé,
Un simple soldat

1968
Michel Tremblay,
Les belles-sœurs

1983
Marco Micone,
Addolorata

1987
Michel Marc
Bouchard,
Les feluettes

1994
Robert Lepage,
*Les sept branches
de la rivière Ota*

1997
Création à la
Comédie-Française,
à Paris, de la pièce
Les reines de
Normand Chaurette

1997
Wajdi Mouawad,
Littoral

1999
Daniel Danis,
Le chant du dire-dire

Marcel Dubé (1930)

Scénariste, journaliste, chroniqueur, poète, Marcel Dubé compte parmi les auteurs les plus importants de la dramaturgie québécoise. En 1950, il fonde avec un groupe d'amis la troupe de théâtre La Jeune Scène, qui crée ses premières pièces, dont *Zone*, où il dépeint les milieux populaires urbains, un univers omniprésent dans sa dramaturgie des premières années. Dans les années 60, il délaisse le réalisme populaire et s'intéresse davantage à l'univers de la bourgeoisie canadienne-française.

Michel Tremblay (1942)

Romancier et dramaturge, auteur de plus d'une trentaine de livres, Michel Tremblay compte parmi les écrivains québécois qui vivent de leur plume. Né en 1942, typographe de 1963 à 1966, puis magasinier au département des costumes de Radio-Canada (1966-1967), il soulève enthousiasme et controverse lors de la création de sa pièce *Les belles-sœurs* au Théâtre du Rideau Vert en 1968, notamment parce que ses personnages (des ménagères du Plateau-Mont-Royal) y parlent le joual. À partir de 1978, année de parution de *La grosse femme d'à côté est enceinte*, il se consacre surtout au roman.

Marco Micone (1945)

Né en Italie en 1945, le dramaturge Marco Micone s'installe au Québec en 1958. Professeur de langue italienne au collège Vanier, il s'intéresse aux difficultés d'adaptation des néo-Québécois et aborde cette question dans ses pièces de théâtre. Son poème « Speak What » fait écho au célèbre « Speak White » de Michèle Lalonde.

LE TEXTE NARRATIF

Le colporteur,
école française, XVIIᵉ siècle.

Tous les écrivains, Victor Hugo comme M. Zola, ont réclamé avec persistance le droit absolu, droit indiscutable, de composer, c'est-à-dire d'imaginer ou d'observer, suivant leur conception personnelle de l'art. Le talent provient de l'originalité, qui est une manière spéciale de penser, de voir, de comprendre et de juger.

[…]

Le lecteur, qui cherche uniquement dans un livre à satisfaire la tendance naturelle de son esprit, demande à l'écrivain de répondre à son goût prédominant, et il qualifie invariablement de remarquable ou de bien écrit l'ouvrage ou le passage qui plaît à son imagination idéaliste, gaie, grivoise, triste, rêveuse ou positive.

En somme, le public est composé de groupes nombreux qui nous crient :

— Consolez-moi.

— Amusez-moi.

— Attristez-moi.

— Attendrissez-moi.

— Faites-moi rêver.

— Faites-moi rire.

— Faites-moi frémir.

— Faites-moi pleurer.

— Faites-moi penser.

Seuls, quelques esprits d'élite demandent à l'artiste :

« Faites-moi quelque chose de beau, dans la forme qui vous conviendra le mieux, suivant votre tempérament. »

L'artiste essaie, réussit ou échoue.

Guy de Maupassant,
extrait de la préface de *Pierre et Jean*, 1888.

L'univers narratif · L'univers narratif · L'univers narratif · L'univers narratif
L'univers narratif
L'univers narratif

L'univers narratif

Tout texte narratif raconte une histoire, une histoire mettant en scène des personnages imaginaires qui vivent des événements dans des lieux et à une époque déterminés. Selon le type d'histoire racontée, l'univers narratif peut être vraisemblable, culturel, poétique, de science-fiction ou fantastique.

L'univers narratif est intimement lié à l'auteur ou l'auteure qui l'a créé : il reflète ses préoccupations, les thèmes qui lui sont chers, sa manière d'écrire et la forme que cette personne a choisie pour raconter son histoire.

Pénétrer dans un univers narratif donné, c'est donc en quelque sorte aller à la rencontre de celui ou de celle qui l'a créé.

Thomas Hart Benton (1889-1975),
Activités urbaines.

*Ici, il n'y a pas d'herbes, il n'y a pas d'arbres
ni d'eau, seulement la lumière
et le vent depuis des siècles.*

L'UNIVERS VRAISEMBLABLE

Ouvrir un roman, c'est comme partir en voyage. C'est rechercher le dépaysement. Certains romans offrent des itinéraires plutôt sages, mais les plus passionnants présentent des lieux inconnus, exotiques. Le désert, quel lieu propice au dépaysement, mais aussi quel lieu privilégié pour une rencontre avec soi-même ! Dans le roman *Désert*, de Jean-Marie Gustave Le Clézio, paru en 1980, Lalla, jeune Marocaine immigrée en France, retourne dans son pays d'origine pour retrouver ses racines.

Quand elle arrive sur l'immense plateau désert, le vent souffle à nouveau contre elle, la fait vaciller. C'est un vent froid et dur, qui ne cesse pas, qui s'appuie sur elle et la fait grelotter dans ses habits trempés de sueur. La lumière est très éblouissante, elle éclate dans le vent, ouvrant des étoiles au
5 sommet des rochers. Ici, il n'y a pas d'herbes, il n'y a pas d'arbres ni d'eau, seulement la lumière et le vent depuis des siècles. Il n'y a pas de chemins, pas de traces humaines. Lalla avance au hasard, au centre du plateau où ne vivent que les scorpions et les scolopendres. C'est un lieu où personne ne va, ni même les bergers du désert, et quand une de leurs bêtes s'y égare, ils bondissent en sifflant et la font
10 courir en arrière à coups de pierres.

Lalla marche lentement, les yeux presque fermés, posant le bout de ses pieds nus sur les roches brûlantes. C'est comme d'être dans un autre monde, près du soleil, en équilibre, près de tomber. Elle avance, mais le cœur d'elle est absent, ou plutôt, tout son être est en avant d'elle-même, dans son regard, dans ses sens
15 aux aguets ; seul son corps est en retard, encore hésitant sur les roches aux arêtes qui coupent.

[…]

Maintenant elle est immobile au centre du grand plateau de pierres. Autour d'elle il n'y a rien, seulement ces amoncellements de cailloux, cette poudre de lumière, ce vent froid et dur, ce ciel intense, sans nuage, sans vapeur.
20 Lalla reste sans bouger, debout sur une grande dalle de pierre un peu en pente, une dalle dure et sèche qu'aucune eau n'a polie. La lumière du soleil frappe sur elle, vibre sur son front, sur sa poitrine, dans son ventre, la lumière qui est un regard.

[…]

C'est autour d'elle, à l'infini, le désert qui rutile et ondoie, les gerbes d'étincelles, les lentes vagues des dunes qui avancent vers l'inconnu. Il y a des cités, de
25 grandes villes blanches aux tours fines comme les troncs des palmiers, des palais rouges ornés de feuillages, de lianes, de fleurs géantes. Il y a de grands lacs d'eau bleue comme le ciel, une eau si belle et si pure qu'il n'y en a nulle part ailleurs sur terre. C'est un rêve que fait Lalla, les yeux fermés, la tête renversée en arrière dans la lumière du soleil, les bras serrant ses genoux. C'est un rêve qui vient d'ailleurs, ❯

Écrivain fasciné par le soleil, le vent, la mer, **Jean-Marie Le Clézio** (Nice, 1940) a vécu un an dans la savane au Nigeria lorsqu'il était enfant. Adulte, il enseigne en Angleterre, publie un premier roman à 23 ans pour lequel il obtient le prix Renaudot (*Le procès-verbal*, 1963), vit en Thaïlande d'où il est expulsé pour avoir dénoncé la prostitution enfantine, séjourne au Panama, voyage au Mexique, entre autres, et se marie en 1975 avec une Marocaine. Auteur prolifique, il publie de nombreux romans et recueils de nouvelles dont les héros sont des enfants (*Mondo*, 1978). Il s'installe au Nouveau-Mexique en 1992.

30 qui existait ici sur le plateau de pierres longtemps avant elle, un rêve dans lequel elle entre maintenant, comme en dormant, et qui étend sa plage devant elle.

Où va la route ? Lalla ne sait pas où elle va, à la dérive, entraînée par le vent du désert qui souffle, tantôt brûlant ses lèvres et ses paupières, aveuglant et cruel, tantôt froid et lent, le vent qui efface les hommes et fait crouler les roches au pied 35 des falaises. C'est le vent qui va vers l'infini, au-delà de l'horizon, au-delà du ciel jusqu'aux constellations figées, à la Voie Lactée, au Soleil.

Le vent l'emporte sur la route sans limites, l'immense plateau de pierres où tourbillonne la lumière. Le désert déroule ses champs vides, couleur de sable, semés de crevasses, ridés, pareils à des peaux mortes. Le regard de l'Homme Bleu 40 est là, partout, jusqu'au plus lointain du désert, et c'est par son regard que Lalla voit maintenant la lumière. Elle ressent sur sa peau la brûlure du regard, le vent, la sécheresse, et ses lèvres ont le goût du sel. Elle voit la forme des dunes, de grands animaux endormis, et les hautes murailles noires de la Hamada, et l'immense ville desséchée de terre rouge. C'est le pays où il n'y a pas d'hommes, pas 45 de villes, rien qui s'arrête et qui trouble. Il y a seulement la pierre, le sable, le vent. ❮

Extrait de Jean-Marie Gustave Le Clézio,
Désert, © Éditions Gallimard, 1980.

Pour Le Clézio, le roman est l'occasion d'aller à la rencontre de paysages exotiques, d'explorer le monde et ses mystères, dans une quête de paix intérieure.

Comme ses ancêtres avant lui, il avait accepté
depuis l'enfance la profession à laquelle il était
prédestiné pour son actuelle réincarnation.

L'UNIVERS CULTUREL

Le contexte culturel dans lequel évoluent les personnages d'un roman fait aussi partie
de l'univers narratif. Se retrouver tout à coup, par la magie de la lecture, au cœur d'une
culture étrangère, fascinante, peut nourrir l'imaginaire tout autant que les péripéties de
l'histoire qui est racontée. Le roman *L'équilibre du monde*, de l'auteur canadien d'origine
indienne Rohinton Mistry, en est une illustration magistrale.

Dans le village, et dans leur famille, on était cordonnier de père en fils ; c'est-à-dire qu'ils appartenaient à la caste Chamaar, celle des tanneurs et des travailleurs du cuir. Mais, voilà très longtemps, bien avant la naissance d'Omprakash, alors que son père, Narayan, et son oncle, Ishvar, étaient
5 encore de jeunes garçons de dix et douze ans, leur père les avait envoyés apprendre la couture.

Les amis de leur père prirent peur pour la famille. « Dukhi Mochi est devenu fou, se lamentèrent-ils. Les yeux grands ouverts, il attire le désastre sur sa maisonnée. » Et la consternation fut générale dans tout le village : quelqu'un avait osé bri-
10 ser la chaîne immémoriale de la caste, la contrepartie n'allait pas tarder.

La décision de Dukhi Mochi de faire de ses fils des tailleurs était en effet courageuse, étant donné qu'il avait passé l'essentiel de sa vie à respecter sans régimber les traditions du système des castes. Comme ses ancêtres avant lui, il avait accepté depuis l'enfance la profession à laquelle il était prédestiné pour son
15 actuelle réincarnation.

Il avait cinq ans quand il avait commencé à s'initier à la vocation des Chamaars aux côtés de son père. La région ne comptant qu'une très faible population musulmane, il n'y avait pas d'abattoir proche où les Chamaars pouvaient se procurer des peaux. Il leur fallait attendre qu'une vache ou un buffle meure de mort naturelle
20 dans le village. On faisait alors appel aux Chamaars pour enlever la carcasse. Parfois on la leur donnait, parfois ils devaient payer, cela dépendait de la quantité de travail gratuit que le propriétaire – d'une caste supérieure – de l'animal avait pu extorquer aux Chamaars durant l'année.

Les Chamaars dépiautaient la bête, mangeaient la viande et tannaient la peau,
25 qui se transformait en sandales, fouets, harnais et outres. Dukhi apprit à apprécier ce moyen d'existence que constituait un animal mort pour sa famille. Et, au fur et à mesure qu'il acquérait de l'adresse, sa peau, imperceptiblement mais inexorablement, s'imprégnait de cette même odeur qui était en partie celle de son père, la puanteur de celui qui travaille le cuir, qui ne disparaissait pas après qu'il s'était lavé
30 et frotté dans la rivière.

Dukhi ne prit conscience que ses pores en étaient imbibés que le jour où sa mère, en l'embrassant, plissa le nez et dit, d'une voix où se mêlaient orgueil et inquiétude : « Tu deviens adulte, mon fils, je renifle le changement. »

Né à Bombay, en Inde, en 1952, **Rohinton Mistry** immigre au Canada en 1975, à Toronto. Pendant qu'il suit des cours à l'université, il participe à un concours littéraire et remporte un prix. Il se met alors à publier des fictions dans lesquelles l'Inde (tout particulièrement Bombay) joue un rôle de premier plan.

›

Pendant un certain temps, après cela, il ne cessa de porter son avant-bras à son
35 nez pour voir si l'odeur persistait. Est-ce que le dépiautage, se demandait-il, l'en
débarrasserait ? Ou bien pénétrait-elle au-delà de la peau ? Il s'enfonça une aiguille
dans le doigt pour humer son sang mais le test ne fut pas concluant, la minuscule
tache rubis ne constituant pas un échantillon suffisant. Et, en ce qui concernait les
muscles et les os, la puanteur se nichait-elle en eux également ? Non qu'il voulût
40 la chasser, il était heureux, alors, d'avoir la même odeur que son père.

Outre le tannage et le travail du cuir, Dukhi apprit ce que signifiait être un
Chamaar, un intouchable, dans une société villageoise. Cette partie de son éducation ne nécessita pas d'instruction particulière. Comme la puanteur des animaux
morts qui les imprégnait lui et son père, la morale du système des castes maculait
45 tout. Et, au cas où cela n'aurait pas suffi, le bavardage des adultes, les conversations
entre son père et sa mère comblaient les vides de sa connaissance du monde. ❮

Extrait de Rohinton Mistry, *L'équilibre du monde*,
© Éditions Albin Michel, 1998.

Simon, *Triplicar Highroad, Madras.*
Aquarelle réalisée pour son livre *Au corps de l'Inde.*
Carnets de voyage, **Éditions de la Boussole, 1999.**

*... il savait déjà inventer l'eau quand le soleil
donnait des coups de pompe sur l'Afrique
et que tous les gens s'évaporaient.*

L'UNIVERS POÉTIQUE

Parfois, plus que les personnages, plus que l'histoire, c'est la vision du monde originale d'un personnage et le langage poétique qui la traduit qui caractérisent l'univers narratif d'un auteur ou d'une auteure. Dans son roman *Le souffle de l'harmattan*, l'auteur québécois Sylvain Trudel présente la vision toute personnelle de son narrateur, un enfant qui s'est lié d'amitié avec un jeune de son âge, Habéké.

Si Habéké était parvenu jusqu'à moi, c'est à cause de l'eau qu'il s'était inventée pour survivre. Dans ce temps-là, Habéké n'avait que quatre ans, mais il savait déjà inventer l'eau quand le soleil donnait des coups de pompe sur l'Afrique et que tous les gens s'évaporaient. Les caméras filmaient tout
5 ça parce que c'était un horrible spectacle. Habéké parlait parfois de Saba, sa petite sœur, avec une deuxième voix qui ne sortait qu'à ces moments-là.

« Saba était tellement fatiguée qu'à la fin elle avait même plus la force de fermer les yeux. Elle est restée comme ça, pendant cinq heures, sans cligner. Puis on a été obligés de les fermer pour elle. On a tous essayé de pleurer, mais c'était peine
10 perdue parce qu'on n'avait plus assez d'eau pour faire des larmes. »

Ce soir-là, Habéké a grimpé sur une colline, car il se souvenait d'un insecte qui savait où aller pour boire. C'est un insecte qui s'expose au vent nocturne qui vient de la mer loin à l'est. Le jour c'est pas la peine parce que le vent arrive du désert, mais le soir, il est chargé d'humidité et quand il frappe la carapace chaude de l'in-
15 secte il fait se condenser dessus des petites gouttes d'eau. Au bout d'une heure, il se forme une grosse goutte qui coule de la carapace jusqu'à la bouche, et l'insecte l'avale. Habéké il a survécu comme ça, en se couchant sur le ventre et en offrant sa tête au vent du soir. Les gouttes se condensaient dans ses cheveux, et quand c'était suffisant, elles formaient des petits ruisseaux qui dévalaient sur ses tempes
20 pour arroser le lac desséché de sa bouche. Il a expliqué l'insecte à sa famille mais personne ne voulait croire son histoire. Le manque de croyances les a tous fait mourir de soif. Quelques jours plus tard, des coopératifs internationaux spécialisés dans les exportations ont offert une autre mer à Habéké et il est venu ici, dans l'abondance. Quand il est arrivé, il n'avait que quatre ans derrière lui. On aurait pu
25 le dénaturaliser Canadien : on lui a appris le français, il a joué au hockey, il a monté un vélo, regardé la télé, il s'est fait crier des noms, a vomi de la tourtière, s'est étouffé avec le corps du Christ et quoi encore. Mais Habéké a résisté à tout parce que, malgré les déformations, il sera pour toujours un Africain dans l'âme comme une roche est dure. Durant la vie entière sa pensée s'est faite en amharique comme
30 il l'avait promis. Personne ne peut envahir la pensée parce que la pensée c'est l'Exil et que chacun a l'Exil qu'il désire. Habéké et moi on s'était promis de visiter nos Exils un jour. J'aimais Habéké. Il avait l'intelligence. En Afrique il y a des zébus et on fait des chaussures avec leur peau. C'est affreux de penser que l'Exil des zébus est lié à nos souliers. Habéké ça l'enrageait parce qu'il était animiste. ❰

Ce sont ses lectures préparatoires à un projet de coopération au Mali qui inspirent à **Sylvain Trudel** (1963) le roman *Le souffle de l'harmattan* (1986). Il s'est tourné depuis entièrement vers l'écriture, publiant romans et nouvelles, et se consacre à la littérature jeunesse depuis 1995.

Extrait de Sylvain Trudel, *Le souffle de l'harmattan*, © Éditions Typo et Sylvain Trudel, 1997.

Sept masques, sept portes
et sept lunes dans le ciel...

L'UNIVERS
DE SCIENCE-FICTION

Que serait le monde s'il existait des mondes où...? Certains romans tentent de répondre à cette question. Les univers narratifs qui y sont développés, bien qu'invraisemblables, sont régis par leurs lois propres, de sorte qu'«un autre vraisemblable se substitue au vraisemblable quotidien». Tous ces univers ressortissent à l'univers de la science-fiction.

La nouvelle «La planète aux sept masques» de l'auteur français Gérard Klein présente l'un de ces univers.

Né à Paris en 1937, **Gérard Klein** est économiste de formation, mais mène depuis toujours une activité d'écrivain en parallèle. Il est l'un des chefs de file de la jeune école française de science-fiction. Ses principales œuvres sont *Les voiliers du soleil* (1961) et *Le temps n'a pas d'odeur* (1963). Comme critique, il tente de promouvoir auprès du public francophone les grandes œuvres anglo-saxonnes de science-fiction. Ses nouvelles trahissent son admiration pour des auteurs comme Ray Bradbury, Alfred van Vogt et Philip K. Dick.

Il franchit la porte de nacre d'un pas égal, et la lumière du jour fit soudain place à l'éclat joyeux d'une nuit de fête. Un parfum flottait dans l'air. Les rues plongeantes, qui découpaient en rocs sombres et réguliers l'entassement baroque de la ville étrangère, l'attiraient de leur animation discrète et du bruit étouffé de leurs voix anonymes. Il faillit se retourner, soucieux d'apercevoir une fois encore, par le porche de nacre, les étendues monotones du désert.

C'était des dunes qu'il venait, et avant même d'avoir traversé le désert, il avait franchi une autre étendue plus vaste et plus morte encore, l'espace. Car il appartenait à cette race de gens qui ne sont chez eux nulle part, et là où ils sont nés moins que partout ailleurs : les humains. Son visage était blanc, ou blême, ainsi que sont les nuées de sable qui planent parfois autour de la ville aux sept portes. Des années plus tôt, il avait entendu parler de la planète aux sept masques, et il avait couvert une longue distance pour découvrir cette merveille, le monde des fêtes éternelles. Il avait abandonné son navire loin de la ville, dans le désert, car il savait que les fragiles constructions eussent été détruites par le grondement des moteurs vomissant l'énergie. Et jour après jour, il avait gravi et oublié des dunes, il s'était mesuré aux fleuves de sable roux qui dévalent les versants cristallins du nord et se déversent, loin à l'ouest, dans la grande mer sèche.

C'était un homme dur et la fatigue n'avait guère de prise sur lui. Il avait eu faim, pourtant, et soif, et ses heures de repos avaient été rares. Mais l'impatience avait en lui vaincu l'épuisement. Il savait que la planète aux sept masques était un monde singulier, ignorant la guerre, l'hostilité et la souffrance, résultat d'une civilisation parvenue à son apogée et depuis arrêtée. D'aucuns sur la Terre la prétendaient déclinante et c'était ce qui avait excité la curiosité de Stello, soucieux de perfection et sachant la trouver là où la violente lumière des succès s'éteint, là où les torches des victoires disparaissent sous l'éclat plus tranquille des lampions de verre, et doutant enfin d'un si long déclin, d'une fin à jamais prolongée puisque nul n'a jamais contesté que la planète aux sept masques était déjà ce qu'elle est avant que la Terre fût peuplée.

Aussi, lorsqu'il franchit l'une des sept portes, celle qui luisait sous les rayons durs du soleil comme l'intérieur d'un rare coquillage, ayant fait le tour de la ville, examiné les murs étranges et scintillants comme un habit de paillettes, et compté les portes vouées à quelque symbolique mystérieuse des apparences, quelque chose qu'il avait appris à oublier sur d'autres mondes et dans l'espace, quelque chose qu'il avait cru abandonner à force de contempler les feux froids de ses instruments de bord et les chiffres loquaces de ses cadrans, s'amollit en lui.

Ce fut comme si ses bottes sonnaient pour la première fois sur les dalles d'une ancienne ville de la Terre, d'une ville qui fût la sienne et qu'il découvrît, comme s'il pénétrait dans une maison inconnue ayant pourtant abrité son enfance, ce fut un mélange de curiosité, d'étonnement et de tremblant souvenir.

Cette région de la ville était presque déserte. Les parois des rues, lisses, oscillaient comme des flammes. Il se souvint d'autres architectures entrevues sur d'autres mondes, plus puissantes, plus massives ; celle-ci n'avait que de la fragilité, et d'existence que par les yeux du spectateur.

La question qui l'avait hanté au cours de sa longue marche à travers le désert lui revint à l'esprit. Étaient-ce des humains qui peuplaient la planète aux sept masques ? Les documents sur ce point n'étaient ni insuffisants ni incomplets. Ils étaient seulement insatisfaisants. Certains traits ne peuvent se décrire avec des mots, ni même avec des chiffres, et les apparences ne sont que des enveloppes, des masques.

Une étrange tradition voulait que les habitants de la planète aux sept lunes fussent toujours masqués ; elle avait fait prendre leur civilisation pour une fête perpétuelle ou pour un rite incessant, mais peut-être était-ce seulement une façon de vivre, une façon d'être soi, d'établir une barrière infranchissable entre le dedans et le dehors, ou peut-être était-ce une souriante menace, l'expression d'une totale sérénité qui se révélait inquiétante à force de stabilité.

Sept masques, sept portes et sept lunes dans le ciel, de même qu'il y a sept voyelles dans la Vieille Langue, éclairant de leurs sonorités vives le dédale sournois des mots immuables. Sept masques capables de traduire les sept états profonds de l'âme, sans qu'eussent à bouger les traits figés de visages oubliés. Un masque pour chaque porte, et une porte pour chaque lune. Et sans doute une lune pour chaque voyelle. C'était là un langage inscrit dans l'espace, inscrit sur les murs de la ville sise au beau milieu du désert, inscrit sur les visages, un langage antique, peut-être le plus ancien de tous. ❮

Extrait de Gérard Klein, « La planète aux sept masques »,
dans *Histoires comme si…*, © Nouvelles éditions Oswald (Néo), 1985.

**Passionné de science-fiction,
Gérard Klein considère l'avenir comme son
véritable pays. Il a publié plusieurs romans
sous le pseudonyme de Gilles d'Argyre.**

*Et je reconnus, alors, que la maîtresse du logis,
sur l'accueillante courtoisie de laquelle
j'avais compté, n'était autre que la Mort.*

L'UNIVERS FANTASTIQUE

« Et puis, tout bascule. » Cette courte phrase résume bien l'effet que produit la lecture d'un récit fantastique. L'univers de l'inexplicable qui surgit dans le quotidien crée chez la personne qui lit un sentiment de malaise, de peur, voire d'effroi. Lire un récit fantastique, c'est en quelque sorte entreprendre un voyage au pays de la peur.

Ce récit de Jean-Marie Villiers de L'Isle-Adam, paru en 1883, illustre la fascination qu'a exercée le fantastique chez les auteurs du XIXᵉ siècle.

Né dans une famille d'aristocrates ruinée, **Villiers de L'Isle-Adam** (1838-1889) rencontre Baudelaire, fréquente cafés et théâtres, et publie à compte d'auteur sans connaître le succès. En 1867, il fonde la *Revue des lettres et des arts*, où paraissent ses premiers contes. En 1883, il connaît enfin le succès avec les *Contes cruels*, qui témoignent de son intérêt pour le fantastique. Les jeunes symbolistes se réclament alors de lui.

Par une grise matinée de novembre, je descendais les quais d'un pas hâtif. Une bruine froide mouillait l'atmosphère. Des passants noirs, obombrés de parapluies difformes, s'entrecroisaient.

La Seine jaunie charriait ses bateaux marchands pareils à des hannetons
5 démesurés. Sur les ponts, le vent cinglait brusquement les chapeaux, que leurs possesseurs disputaient à l'espace avec ces attitudes et ces contorsions dont le spectacle est toujours si pénible pour l'artiste.

Mes idées étaient pâles et brumeuses ; la préoccupation d'un rendez-vous d'affaires, accepté depuis la veille, me harcelait l'imagination. L'heure me pressait : je
10 résolus de m'abriter sous l'auvent d'un portail d'où il me serait plus commode de faire signe à quelque fiacre.

À l'instant même, j'aperçus, tout justement à côté de moi, l'entrée d'un bâtiment carré, d'aspect bourgeois.

Il s'était dressé dans la brume comme une apparition de pierre, et, malgré la
15 rigidité de son architecture, malgré la buée morne et fantastique dont il était enveloppé, je lui reconnus, tout de suite, un certain air d'hospitalité cordiale qui me rasséréna l'esprit.

« À coup sûr, me dis-je, les hôtes de cette demeure sont des gens sédentaires ! Ce seuil invite à s'y arrêter : la porte n'est-elle pas ouverte ? »

Donc, le plus poliment du monde, l'air satisfait, le chapeau à la main, – méditant même un madrigal pour la maîtresse de la maison, – j'entrai, souriant, et me trouvai, de plain-pied, devant une espèce de salle à toiture vitrée, d'où le jour tombait, livide.

À des colonnes étaient appendus des vêtements, des cache-nez, des chapeaux.
25 Des tables de marbre étaient disposées de toutes parts.

Plusieurs individus, les jambes allongées, la tête élevée, les yeux fixes, l'air positif, paraissaient méditer.

Et les regards étaient sans pensée, les visages couleur du temps.

Il y avait des portefeuilles ouverts, des papiers dépliés auprès de chacun d'eux.
30 Et je reconnus, alors, que la maîtresse du logis, sur l'accueillante courtoisie de laquelle j'avais compté, n'était autre que la Mort.

Je considérai mes hôtes.

Certes, pour échapper aux soucis de l'existence tracassière, la plupart de ceux qui occupaient la salle avaient assassiné leurs corps, espérant, ainsi, un peu plus
35 de bien-être.

Comme j'écoutais le bruit des robinets de cuivre scellés à la muraille et destinés à l'arrosage quotidien de ces restes mortels, j'entendis le roulement d'un fiacre. Il s'arrêtait devant l'établissement. Je fis la réflexion que mes gens d'affaires attendaient. Je me retournai pour profiter de la bonne fortune.

40 Le fiacre venait, en effet, de dégorger, au seuil de l'édifice, des collégiens en goguette qui avaient besoin de voir la mort pour y croire.

J'avisai la voiture déserte et je dis au cocher :

« Passage de l'Opéra ! »

Quelque temps après, aux boulevards, le temps me sembla couvert, faute d'hori-
45 zon. Les arbustes, végétations squelettes, avaient l'air, du bout de leurs branches noires, d'indiquer vaguement les piétons aux gens de police ensommeillés encore.

La voiture se hâtait.

Les passants, à travers la vitre, me donnaient l'idée de l'eau qui coule.

Une fois à destination, je sautai sur le trottoir et m'engageai dans le passage
50 encombré de figures soucieuses.

À son extrémité, j'aperçus, tout justement vis-à-vis de moi, l'entrée d'un café, – aujourd'hui consumé dans un incendie célèbre (car la vie est un songe), – et qui était relégué au fond d'une sorte de hangar, sous une voûte carrée, d'aspect morne. Les gouttes de pluie qui tombaient sur le vitrage supérieur obscurcissaient encore
55 la pâle lueur du soleil.

« C'était là que m'attendaient, pensai-je, la coupe en main, l'œil brillant et narguant le Destin, mes hommes d'affaires ! »

Je tournai donc le bouton de la porte et me trouvai, de plain-pied, dans une salle où le jour tombait d'en haut, par le vitrage, livide.

60 À des colonnes étaient appendus des vêtements, des cache-nez, des chapeaux.

Des tables de marbre étaient disposées de toutes parts.

Plusieurs individus, les jambes allongées, la tête levée, les yeux fixes, l'air positif, paraissaient méditer.

Et les visages étaient couleur du temps, les regards sans pensée.

65 Il y avait des portefeuilles ouverts et des papiers dépliés auprès de chacun d'eux.

Je considérai ces hommes.

›

Certes, pour échapper aux obsessions de l'insupportable conscience, la plupart de ceux qui occupaient la salle avaient, depuis longtemps, assassiné leurs « âmes », espérant, ainsi, un peu plus de bien-être.

70 Comme j'écoutais le bruit des robinets de cuivre, scellés à la muraille, et destinés à l'arrosage quotidien de ces restes mortels, le souvenir du roulement de la voiture me revint à l'esprit.

« À coup sûr, me dis-je, il faut que ce cocher ait été frappé, à la longue, d'une sorte d'hébétude, pour m'avoir ramené, après tant de circonvolutions, simplement
75 à notre point de départ ? – Toutefois, je l'avoue (s'il y a méprise), LE SECOND COUP D'ŒIL EST PLUS SINISTRE QUE LE PREMIER !… »

Je refermai donc, en silence, la porte vitrée et je revins chez moi, – bien décidé, au mépris de l'exemple, – et quoi qu'il pût m'advenir, – *à ne jamais faire d'affaires.* ❮

Jean-Marie Villiers de L'Isle-Adam,
« À s'y méprendre ! », dans *Contes cruels*, 1883.

**Hans Baldung
(v. 1484-1545),
*Le chevalier, la jeune fille et la mort.***

*... l'odeur ne pouvait se supporter
et la crainte était terrible.*

LA PESTE

L'épidémie et la mort ont été des thèmes très présents dans la littérature du Moyen Âge et dans celle de la Renaissance. La littérature de peur et d'épouvante qui a pris son essor au XIXe siècle a repris ces thèmes en créant des récits d'une efficacité redoutable, comme l'illustre la nouvelle «La peste» de Marcel Schwob, publiée en France en 1892. Ce genre connaît aujourd'hui un nouveau succès grâce à des auteurs comme l'Américain Stephen King.

Moi, Bonacorso de Neri de Pitti, fils de Bonacorso, gonfalonier de justice de la commune de Florence, dont l'écu fut couvert en l'an quatorze cent un, par ordre du roi Rupert, dans la cité de Trente, du Lion d'or rampant, je veux raconter pour mes descendants anoblis ce qui m'arriva quand je
5 commençai à courir le monde pour chercher l'aventure.

L'an mille trois cent soixante-quatorze, étant jeune homme sans argent, je m'enfuis de Florence sur les grandes routes avec Matteo pour compagnon. Car la peste dévastait la cité. La maladie était soudaine, et attaquait dans la rue. Les yeux devenaient brûlants et rouges, la gorge rauque ; le ventre enflait. Puis la bouche et
10 la langue se couvraient de petites poches pleines d'eau irritante. On était possédé par la soif. Une toux sèche secouait les malades pendant plusieurs heures. Ensuite, les membres se raidissaient aux articulations ; la peau se parsemait de taches rouges, gonflées ; qu'aucuns nomment bubons. Et finalement, les morts avaient la figure distendue et blanchâtre, avec des meurtrissures saignantes et la bouche
15 ouverte comme un cornet. Les fontaines publiques, presque épuisées par la chaleur, étaient entourées d'hommes courbés et maigres qui tâchaient d'y plonger la tête. Plusieurs s'y précipitèrent, et on les retirait par les crochets des chaînes, noirs de vase et le crâne fracassé. Les cadavres brunissants jonchaient le milieu des voies par où coule, dans la saison, le torrent des pluies ; l'odeur ne pouvait se sup-
20 porter et la crainte était terrible.

Mais Matteo était grand joueur de dés, nous nous égayâmes sitôt la sortie de la ville et nous bûmes à la première hôtellerie du vin mêlé pour notre salut de la mortalité. Là, il y eut des marchands de Gênes et de Pavie ; et nous les défiâmes, le cornet à dés en mains, et Matteo gagna douze ducats. Pour ma part, je les con-
25 viai au jeu de tables, où j'eus le bonheur de remporter un gain de vingt florins d'or, desquels ducats et florins nous achetâmes des mules et un chargement de laine, et Matteo, qui avait délibéré d'aller en Prusse, fit provision de safran.

Nous courûmes les chemins de Padoue à Vérone, nous revînmes à Padoue pour nous fournir plus amplement de laine, et nous voyageâmes jusqu'à Venise.
30 De là, passant la mer, nous entrâmes en Sclavonie, et visitâmes les bonnes villes jusqu'aux confins des Croates. À Buda, je tombai malade de la fièvre, et Matteo me laissa seul à l'hôtellerie, avec douze ducats, retournant à Florence où l'appelaient certaines affaires, et où je devais venir le rejoindre. Je gisais dans une chambre sèche et poussiéreuse, sur un sac de paille, sans médecin, et la porte ouverte sur ❯

Né dans une famille de la bourgeoisie juive très cultivée, **Marcel Schwob** (1867-1905) fut conteur, essayiste, chroniqueur et traducteur. Il connaît la célébrité à 24 ans avec son premier recueil de nouvelles, *Cœur double* (1891). Frappé d'une terrible maladie vers l'âge de 30 ans, il meurt à 37 ans.

Arnold Böcklin, *La peste*, 1898.

35 la salle à boire. La nuit de la Saint-Martin, il vint une compagnie de fifres et de flûtistes, avec quelque quinze ou seize soldats vénitiens et tudesques. Après avoir vidé beaucoup de flacons, écrasé les tasses d'étain et brisé les cruches contre les murs, ils commencèrent à danser au son du fifre. Ils passèrent par la porte leurs trognes rouges, et me voyant allongé sur mon sac, se mirent à me tirer dans la salle
40 en criant : « Ou tu boiras, ou tu mourras ! » puis me bernèrent, tandis que la fièvre me battait la tête et finirent par me plonger dans la paille du sac, dont ils lièrent l'ouverture autour de mon cou.

Je suai abondamment, et ma fièvre en fut sans doute dissipée, tandis que la colère me venait. Les bras étaient empêtrés et on m'avait ôté mon basilaire, sans
45 quoi je me serais rué, ainsi hérissé de paille, parmi les soldats. Mais je portais à la ceinture, sous mes chausses, une courte lame engainée ; je réussis à glisser ma main jusque-là, et par son moyen, je fendis la toile du sac.

Peut-être que la fièvre m'enflammait encore la cervelle ; mais le souvenir de la peste que nous avions laissée à Florence et qui depuis s'était répandue en
50 Sclavonie, se mélangea dans mon esprit à une sorte d'idée que je m'étais faite du visage de Sylla, le dictateur des Latins dont parle le grand Cicéron. Il ressemblait, disaient les Athéniens, à une mûre saupoudrée de farine. Je résolus de terrifier les gens d'armes vénitiens et tudesques ; et comme je me trouvais au milieu du réduit où l'hôtelier enfermait ses provisions et les fruits de conserve, j'eus rapidement
55 éventré une poche pleine de farine de maïs. Je me frottai la figure de cette poussière ; et, lorsqu'elle eut pris une teinte qui n'était ni jaune ni blanche, je me fis de ma lame une éraflure au bras, d'où je tirai assez de sang pour tacher irrégulièrement l'enduit. Puis je rentrai dans le sac, et j'attendis les bandits ivrognes. Ils vinrent en riant et en chancelant : à peine eurent-ils vu ma tête blanche et sai-
60 gnante qu'ils s'entrechoquèrent en criant : « La peste ! la peste ! »

Je n'avais pas repris mes armes, que l'hôtellerie était vide. Me sentant rétabli, à cause de la transpiration que m'avaient imposée ces ruffians, je me mis en route pour Florence, afin de rejoindre Matteo.

Je trouvai mon compagnon Matteo errant par la campagne florentine, et assez
65 mal en point. Il n'avait pas osé pénétrer dans la cité, pour la peste qui continuait à y rager. Nous rebroussâmes chemin, et nous dirigeâmes, en quête de fortune, vers les États du pape Grégoire. Montant vers Avignon, nous croisions des bandes d'hommes armés, portant lances, piques et vouges ; car les citoyens de Bologne venaient de se révolter contre le pape, à la requête de ceux de Florence (ce que
70 nous ignorions). Là, nous fîmes des jeux joyeux avec les gens d'un parti et de l'autre, tant aux tables qu'aux dés, si bien que nous gagnâmes environ trois cents ducats et quatre-vingts florins d'or.

La cité de Bologne était presque vide d'hommes, et nous fûmes reçus aux étuves avec des cris d'allégresse. Les chambres n'y sont pas jonchées de paille
75 comme en beaucoup de villes lombardes ; les grabats n'y manquent pas, quoique les sangles soient rompues pour la plupart. Matteo rencontra une Florentine de sa connaissance, Monna Giovanna ; pour moi, qui ne pensais pas à m'enquérir du nom de la mienne, j'en fus content.

❯

Là, nous bûmes d'abondance, et du vin épais de la contrée et de la cervoise, et nous mangeâmes confitures et tartelettes ; Matteo, à qui j'avais conté mon aventure, feignant d'aller au retrait, descendit dans les cuisines, et revint accoutré en pestiféré. Les filles des étuves s'enfuirent de tous côtés, poussant des cris aigus, puis elles se rassurèrent, et vinrent toucher, encore peureuses, la figure de Matteo. Monna Giovanna ne voulut pas retourner avec lui, et resta tremblante dans un coin, disant qu'il sentait la fièvre. Cependant Matteo, ivre, posa la tête parmi les pots, sur la table, que ses ronflements faisaient trembler, et il ressemblait aux figures de bois bariolées que les banquistes montrent sur les estrades.

Finalement, nous quittâmes Bologne, et après diverses aventures, nous arrivâmes près d'Avignon, où nous apprîmes que le pape faisait mettre en prison tous les Florentins, et les faisait brûler, eux et leurs livres, pour se venger de la rébellion. Mais nous fûmes avertis trop tard ; car les sergents du maréchal du pape nous surprirent pendant la nuit, et nous jetèrent à la prison d'Avignon.

Avant d'être mis en question, nous fûmes examinés par un juge et provisoirement condamnés au cachot bas, jusqu'à information, avec le pain sec et l'eau, ce qui est la coutume de la justice ecclésiastique. Je parvins toutefois à cacher sous ma robe notre sac de toile, qui contenait un peu de polenta et des olives.

Le sol du cachot était marécageux ; et nous n'avions d'air que par un soupirail grillé qui s'ouvrait à ras de terre sur la cour de la conciergerie. Nos pieds étaient passés dans les trous de ceps très lourds de bois, nos mains liées à des chaînes assez lâches, de telle manière que nos corps se touchaient depuis le genou jusqu'à l'épaule. L'huissier du guichet nous fit la grâce de nous dire que nous étions en suspicion de poison ; car le pape avait su par certains ambassadeurs que les gonfaloniers de la commune de Florence entretenaient le dessein de le faire mourir.

Nous étions ainsi dans la noirceur de la prison, n'entendant nul bruit, ne sachant pas l'heure du jour ni de la nuit, en grand danger d'être brûlés. Je me souvins alors de notre stratagème ; et il nous vint l'idée que la justice papale, par terreur de la maladie, nous ferait jeter dehors. J'atteignis avec peine ma polenta, et il fut convenu que Matteo s'en barbouillerait la figure et se tacherait de sang, tandis que je crierais pour attirer les sbires. Matteo disposa son masque, et commença des hurlements rauques, comme s'il avait la gorge prise. J'invoquai la Notre-Dame, en secouant mes chaînes. Mais le cachot était profond, le portail épais, et il faisait nuit. Pendant plusieurs heures, nous suppliâmes inutilement. Je cessai mes cris ; cependant, Matteo continuait à geindre. Je le poussai du coude, afin qu'il se reposât jusqu'au jour : ses gémissements devinrent plus forts. Je le touchai dans l'obscurité : mes mains n'atteignaient que son ventre qui me parut gonflé comme une outre. Et alors, la peur me saisit : mais j'étais collé contre lui. Et tandis qu'il criait d'une voix enrouée : « À boire ! à boire ! » jusqu'à ce qu'il me semblât entendre l'appel désespéré d'une meute lâchée, le rond pâle du jour levant tomba du soupirail. Et alors la sueur froide coula sur mes membres ; car, sous son masque poudreux, sous les taches de sang desséché, je vis qu'il était livide, et je reconnus les croûtes blanches et le suintement rouge de la peste de Florence. ❮

Marcel Schwob, « La peste », nouvelle parue dans *Le roi au masque d'or*, 1892.

Le personnage

Le personnage est l'une des composantes essentielles du texte narratif. Qu'il soit inspiré par une personne réelle ou inventé de toutes pièces, il est le résultat d'un travail de création et il n'existe que grâce aux mots du texte. On ne sait de lui que ce que les mots du texte révèlent.

Un auteur ou une auteure peut présenter et faire connaître son personnage de diverses façons :
• en lui attribuant un nom ou un surnom ;
• en le décrivant physiquement (personnage « vu du dehors ») ;
• en faisant connaître certaines de ses caractéristiques psychologiques (personnage « vu du dedans ») ;
• en fournissant des renseignements sur son passé ;
• en le faisant interagir avec d'autres personnages (personnage « en action ») ;
• en décrivant les différentes étapes d'une transformation qu'il aurait subie.

Louise Freshman Brown,
Femme au fauteuil rouge, 1994.

— Et toi, comment t'appelles-tu ?
demanda Élise en riant.

MONSIEUR ÉMILE

Le nom d'un personnage n'est jamais le fruit du hasard. Il peut être très révélateur. Par exemple, il peut marquer l'appartenance à une classe sociale (« la marquise de... »), à une fonction (« l'abbé »); il peut aussi, comme dans le roman du Québécois Yves Beauchemin, *Le matou*, révéler certains traits caractéristiques du personnage.

Et ton père, lui? — Mon père? Y'est parti travailler dans des autres pays.

À son air, on voyait que ce n'était pas la première fois qu'il répondait à cette question et qu'il la trouvait d'ailleurs particulièrement assommante. — Quel
5 monde! quel monde! soupira Picquot.

Il se tourna vers Bertrand qui épluchait des pommes de terre en lisant un photo-roman: — De la graine de bandit, voilà ce que nous semons! Gare à la récolte! — Qui te garde, alors? fit Élise en se penchant au-dessus du comptoir. — Je me garde tout seul. Je suis assez vieux. — Et qui te fait à manger? — Personne.
10 Je fouille dans le frigidaire, puis je mange des *Mae West*, des beurrées de beurre de pinotes, toutes sortes d'affaires, répondit l'autre, étonné par la question. Voulez-vous voir mon chat? demanda-t-il tout à coup.

Il partit en courant et revint cinq minutes plus tard avec un gros matou tigré couché à la renverse dans ses bras. La panse gonflée, les yeux mi-clos, l'animal sem-
15 blait gavé. Mais dès qu'il fut dans le restaurant, l'odeur de la cuisson le réveilla. Il se mit à jeter de petits coups d'œil inquisiteurs en se pourléchant les babines, puis s'échappa des bras de son maître et alla se réfugier sous une table, endroit idéal pour planifier une expédition en toute quiétude. — C'est Déjeuner, fit le petit garçon encore tout essoufflé par sa course. C'est mon chat depuis longtemps
20 longtemps longtemps. Quand je faisais pipi dans mes culottes, c'était mon chat. — Et toi, comment t'appelles-tu? demanda Élise en riant. — Émile, Émile Chouinard.

C'est à ce moment que se produisit l'événement extraordinaire. — Eh bien, *monsieur Émile*, lança Picquot en s'avançant derrière le comptoir, vous aurez la
25 bonté de tenir votre griffard loin de moi. Sinon, je le transforme en civet, menaça-t-il en faisant des yeux terribles.

Élise fit signe au cuisinier de baisser le ton, puis se tourna vers l'enfant. Ce dernier contemplait Picquot d'un air ravi. Quelque chose dans les paroles du cuisinier avait touché en lui une corde céleste. Il s'approcha de la table juste au
30 moment où son chat, après un long et savant calcul, allait s'élancer vers la cuisine, l'attrapa par la queue et le souleva. Déjeuner se transforma en un paquet de docilité gélatineuse. — Tiens, dit-il en tendant l'animal au cuisinier, je te le prête pour un tit bout de temps. Mais fais-y bien attention, ajouta-t-il en levant le doigt en l'air.

Puis, sous le regard médusé des assistants, il se dirigea vers la sortie en sou-
35 riant et prit sa course sur le trottoir. — Mais il a la tête fêlée, votre *pickpocket*,

« Mon univers de fiction est réduit au passé proche et au présent de ce que je vis. Cela tient à ma façon d'écrire. C'est de mon vécu que me viennent des messages. Je prends des notes dans mon calepin et j'attends. Je reçois ce qui vient. Je suis à l'écoute. Dans un état de disponibilité et de passivité. Le livre se forme. Le vécu est transformé, malaxé par l'imagination. »
(Yves Beauchemin)

s'écria Picquot, un peu embarrassé par les rires qui s'élevaient autour de lui. Qu'est-ce que vous voulez que je fasse de cette sale bête? Si un inspecteur arrivait, quelle scène, mes amis! Allons, à la cave, galeux. Quant à toi, ajouta-t-il en se retournant vers Bertrand qui maîtrisait mal son hilarité, ferme-la juste et aux
40 légumes!

Une demi-heure plus tard, le petit garçon faisait sa réapparition. — Salut, Émile, lança Florent, blagueur. Ton chat n'est plus ici. Un inspecteur vient de l'emporter.

Le petit garçon s'était arrêté net au milieu de la place et avait mis les mains sur
45 les hanches. — Je m'appelle pas Émile, dit-il froidement. — C'est pourtant bien le nom que tu nous as donné tout à l'heure.

Une expression de hauteur dédaigneuse se répandit sur son visage. Il s'approcha lentement, grimpa sur un tabouret et se pencha au-dessus du comptoir de façon à se trouver nez à nez avec Florent. Tout le monde l'observait. — Je m'ap-
50 pelle *monsieur* Émile, laissa-t-il tomber d'une voix égale. Je suis pus un bébé, tu sais. Je me garde tout seul. Les ceuses qui m'appelleront pas monsieur Émile, je vas leur crisser un coup de pied sur la jambe, ok?

Il se retourna vers Picquot et, avec son plus charmant sourire: — Donne-moi mon chat, maintenant. Tu l'as eu assez longtemps. ❮

Extrait de Yves Beauchemin, *Le matou*,
Éditions Québec/Amérique, 1981.

Le matou au cinéma, une réalisation de Jean Beaudin (1985)
avec Guillaume Lemay-Thivierge dans le rôle de «monsieur» Émile.

> *— Mon nom ?*
> *Vous m'en avez donné un :*
> *vous m'avez appelé Venant.*

SURVENANT

Le surnom donné à un personnage, plus que son nom, laisse voir comment il est perçu par les autres personnages ou par l'auteur ou l'auteure. Le surnom peut évoquer un trait physique (« Poil de Carotte »), un trait psychologique (« Douce »); il peut aussi évoquer l'effet désagréable que le personnage produit (« La Scouine »).

Dans le roman écrit en 1945 par l'auteure soréloise Germaine Guèvremont, *Le Survenant*, c'est l'origine énigmatique du personnage qui donne naissance à son surnom.

U n soir d'automne, au Chenal du Moine, comme les Beauchemin s'apprêtaient à souper, des coups à la porte les firent redresser. C'était un étranger de bonne taille, jeune d'âge, paqueton au dos, qui demandait à manger.

— Approche de la table. Approche sans gêne, Survenant, lui cria le père Didace.

5 D'un simple signe de la tête, sans même un mot de gratitude, l'étranger accepta. Il dit seulement :

— Je vas toujours commencer par nettoyer le cochon.

Après avoir jeté son baluchon dans l'encoignure, il enleva sa chemise de laine à carreaux rouge vif et vert à laquelle manquaient un bouton près de l'encolure et 10 un autre non loin de la ceinture. Puis il fit jouer la pompe avec tant de force qu'elle geignit par trois ou quatre fois et se mit à lancer l'eau hors de l'évier de fonte, sur le rond de tapis, et même sur le plancher où des nœuds saillaient çà et là. Insouciant l'homme éclata de rire ; mais nul autre ne songeait même à sourire. Encore moins Phonsine qui, mécontente du dégât, lui reprocha :

15 — Vous savez pas le tour !

Alors par coups brefs, saccadés, elle manœuvra si bien le bras de la pompe que le petit baquet déborda bientôt. De ses mains extraordinairement vivantes l'étranger s'y baigna le visage, s'inonda le cou, aspergea sa chevelure, tandis que les regards s'acharnaient à suivre le moindre de ses mouvements. On eût dit qu'il 20 apportait une vertu nouvelle à un geste pourtant familier à tous.

Dès qu'il eut pris place à table, comme il attendait, Didace, étonné, le poussa :

— Quoi c'est que t'attends, Survenant ? Sers-toi. On est toujours pas pour te servir.

L'homme se coupa une large portion de rôti chaud, tira à lui quatre patates 25 brunes qu'il arrosa généreusement de sauce grasse et, des yeux, chercha le pain. Amable, hâtivement, s'en taillait une tranche de deux bons doigts d'épaisseur, sans s'inquiéter de ne pas déchirer la mie. Chacun de la tablée que la faim travaillait l'imita. Le vieux les observait à la dérobée, l'un après l'autre. Personne, cependant, ne semblait voir l'ombre de mépris qui, petit à petit, comme une brume d'au-30 tomne, envahissait les traits de son visage austère. Quand vint son tour, lui, Didace, fils de Didace, qui avait le respect du pain, de sa main gauche prit douce-ment près de lui la miche rebondie, l'appuya contre sa poitrine demi-nue encore

La romancière **Germaine Guèvremont** « a été la première, au Canada français, à dessiner un paysage terrien qui ne soit pas la projection d'un rêve nationaliste ». (G. Marcotte)

Le Survenant,
Radio-Canada, 1955,
avec Jean Coutu
(Le Survenant) et
Suzanne Langlois
(Phonsine).

moite des sueurs d'une longue journée de labour, et, de la main droite, ayant raclé
son couteau sur le bord de l'assiette jusqu'à ce que la lame brillât de propreté,
35 tendrement il se découpa un quignon de la grosseur du poing.

Tête basse, les coudes haut levés et la parole rare, sans plus se soucier du
voisin, les trois hommes du chenal, Didace, son fils, Amable-Didace, et Beau-Blanc,
le journalier, mangeaient de bel appétit. À pleine bouche ils arrachaient jusqu'à
la dernière parcelle de viande autour des os qu'ils déposaient sur la table. Parfois
40 l'un s'interrompait pour lancer un reste à Z'Yeux-ronds, le chien à l'œil larmoyant,
mendiant d'un convive à l'autre. Ou bien un autre piquait une fourchetée de mie
de pain qu'il sauçait dans un verre de sirop d'érable, au milieu de la table. Ou encore
un troisième, du revers de la main, étanchait sur son menton la graisse qui coulait,
tels deux rigolets.

45 Seule Alphonsine pignochait dans son assiette. Souvent il lui fallait se lever
pour verser un thé noir, épais comme de la mélasse. À l'encontre des hommes qui
buvaient par lampées dans des tasses de faïence grossière d'un blanc crayeux, cru,
et parfois aussi dans des bols qu'ils voulaient servis à la rasade, quelle qu'en fût la
grandeur, la jeune femme aimait boire à petites gorgées, dans une tasse de fantaisie
50 qu'elle n'emplissait jamais jusqu'au bord.

Après qu'il en eut avalé suffisamment, l'étranger consentit à dire :

— C'est un bon thé, mais c'est pas encore un vrai thé de chanquier. Parlez-
moi d'un thé assez fort qu'il porte la hache, sans misère !

Ce soir-là, ni le jour suivant qu'il passa au travail en compagnie des autres, l'étran-
55 ger ne projeta pas de partir. À la fin de la relevée, Didace finit par lui demander :

— Resteras-tu longtemps avec nous autres ?

— Quoi ! je resterai le temps qu'il faut !

— D'abord, dis-nous qu'est ton nom ? D'où que tu sors ?

— Mon nom ? Vous m'en avez donné un : vous m'avez appelé Venant.

60 — On t'a pas appelé Venant, corrigea Didace. On a dit : le Survenant. ❮

Extrait de Germaine Guèvremont, *Le Survenant*,
© succession Germaine Guèvremont, 1974.

*... mais ses yeux
étaient bien à elle.*

SCARLETT O'HARA

Les précisions fournies dans la description physique d'un personnage contribuent à lui conférer toute sa personnalité.

Le roman mondialement connu de l'auteure américaine Margaret Mitchell, *Autant en emporte le vent*, met en scène Scarlett O'Hara, une héroïne jolie, capricieuse et déterminée. Dès les premières lignes du roman, le portrait physique que l'auteure fait de Scarlett annonce le caractère résolu du personnage.

Scarlett sous les traits
de Vivian Leigh dans le film
de Victor Fleming, 1939.

Le succès d'*Autant en emporte le vent* (1936) fut tel qu'on raconte qu'il s'en est parfois vendu 50 000 exemplaires en une seule journée aux États-Unis. **Margaret Mitchell** (1900-1949), l'auteure, est née à Atlanta, où elle a été journaliste avant d'entreprendre l'écriture de ce roman en 1926.

Scarlett O'Hara n'était pas d'une beauté classique, mais les hommes ne s'en apercevaient guère quand, à l'exemple des jumeaux Tarleton, ils étaient captifs de son charme. Sur son visage se heurtaient avec trop de netteté
5 les traits délicats de sa mère, une aristocrate du littoral, de descendance française, et les traits lourds de son père, un Irlandais au teint fleuri. Elle n'en avait pas moins une figure attirante, avec son menton pointu et ses mâchoires fortes. Ses yeux, légèrement bridés et
10 frangés de cils drus, étaient de couleur vert pâle sans la moindre tache noisette. Ses sourcils épais et noirs traçaient une oblique inattendue sur sa peau d'un blanc de magnolia, cette peau à laquelle les femmes du Sud attachaient tant de prix et qu'elles défendaient avec tant de
15 soins, à l'aide de capelines, de voiles et de mitaines, contre les ardeurs du soleil de Georgie.

En ce radieux après-midi d'avril 1861, Scarlett O'Hara était assise entre Stuart et Brent Tarleton sous la véranda fraîche et ombreuse de Tara, la plantation de son père, et offrait une image ravissante. Les onze mètres de sa nouvelle robe de mous-
20 seline verte à fleurs bouffaient sur les cerceaux de sa crinoline et leur teinte s'harmonisait parfaitement avec celle des sandales de maroquin vert à talons plats que son père lui avait rapportées depuis peu d'Atlanta. La robe dégageait à ravir la taille la plus fine de trois comtés et son corsage très ajusté moulait une poitrine bien formée pour une jeune fille de seize ans. Malgré la façon pudique dont elle avait étalé
25 ses jupes, malgré l'air réservé que lui donnaient ses cheveux lisses, ramenés en chignon, malgré l'immobilité de ses petites mains blanches croisées sur son giron, Scarlett avait peine à dissimuler sa véritable nature. Dans son visage, empreint d'une expression de douceur minutieusement étudiée, ses yeux verts, frondeurs, autoritaires, pleins de vie, ne correspondaient en rien à son attitude compassée.
30 Elle devait ses bonnes manières aux réprimandes affectueuses de sa mère et à la discipline plus rigoureuse de sa mama, mais ses yeux étaient bien à elle. ❨

Extrait de Margaret Mitchell, *Autant en emporte le vent*, 1936;
© Éditions Gallimard, 1938, traduction de Pierre-François Caillé.

44

Elle aurait voulu vivre
dans quelque vieux manoir,
comme ces châtelaines au long corsage...

EMMA BOVARY

Si l'enfance et l'adolescence sont des périodes déterminantes dans la vraie vie, elles le sont aussi pour les personnages de roman. Les auteurs retournent fréquemment aux années de jeunesse de leurs personnages pour leur donner une certaine « épaisseur » psychologique, un « vécu » qui pourra expliquer certains de leurs comportements à l'âge adulte. Dans son roman *Madame Bovary*, Gustave Flaubert raconte l'histoire d'une femme qui, déçue par son mariage et par une liaison avec un jeune châtelain, finit par se suicider.

Flaubert suggère que ce sont les années de couvent d'Emma, au cours desquelles la jeune fille a été initiée aux joies de la lecture, qui ont façonné le tempérament rêveur et romantique de son héroïne.

L e soir, avant la prière, on faisait dans l'étude une lecture religieuse. C'était, pendant la semaine, quelque résumé d'Histoire sainte ou les *Conférences* de l'abbé Frayssinous, et, le dimanche, des passages du *Génie du Christianisme*, par récréation. Comme elle écouta, les premières fois, la lamentation
5 sonore des mélancolies romantiques se répétant à tous les échos de la terre et de l'éternité ! Si son enfance se fût écoulée dans l'arrière-boutique d'un quartier marchand, elle se serait peut-être ouverte alors aux envahissements lyriques de la nature, qui, d'ordinaire, ne nous arrivent que par la traduction des écrivains. Mais elle connaissait trop la campagne ; elle savait le bêlement des troupeaux, les
10 laitages, les charrues. Habituée aux aspects calmes, elle se tournait au contraire vers les accidentés. Elle n'aimait la mer qu'à cause de ses tempêtes, et la verdure seulement lorsqu'elle était clairsemée parmi les ruines. Il fallait qu'elle pût retirer des choses une sorte de profit personnel ; et elle rejetait comme inutile tout ce qui ne contribuait pas à la consommation immédiate de son cœur, – étant de tem-
15 pérament plus sentimentale qu'artiste, cherchant des émotions et non des paysages.

Il y avait au couvent une vieille fille qui venait tous les mois, pendant huit jours, travailler à la lingerie. Protégée par l'archevêché comme appartenant à une ancienne famille de gentilshommes ruinés sous la Révolution, elle mangeait au
20 réfectoire à la table des bonnes sœurs, et faisait avec elles, après le repas, un petit bout de causette avant de remonter à son ouvrage. Souvent les pensionnaires s'échappaient de l'étude pour l'aller voir. Elle savait par cœur des chansons galantes du siècle passé, qu'elle chantait à demi-voix, tout en poussant son aiguille. ❯

❯ PAGE 11

Pressé de questions sur l'origine et les sources de son personnage, **Gustave Flaubert** a un jour déclaré : « Madame Bovary, c'est moi ! »

Elle contait des histoires, vous apprenait des nouvelles, faisait en ville vos commissions, et prêtait aux grandes, en cachette, quelque roman qu'elle avait toujours dans les poches de son tablier, et dont la bonne demoiselle elle-même avalait de longs chapitres, dans les intervalles de sa besogne. Ce n'étaient qu'amours, amants, amantes, dames persécutées s'évanouissant dans des pavillons solitaires, postillons qu'on tue à tous les relais, chevaux qu'on crève à toutes les pages, forêts sombres, troubles du cœur, serments, sanglots, larmes et baisers, nacelles au clair de lune, rossignols dans les bosquets, *messieurs* braves comme des lions, doux comme des agneaux, vertueux comme on ne l'est pas, toujours bien mis, et qui pleurent comme des urnes. Pendant six mois, à quinze ans, Emma se graissa donc les mains à cette poussière des vieux cabinets de lecture. Avec Walter Scott, plus tard, elle s'éprit de choses historiques, rêva bahuts, salle des gardes et ménestrels. Elle aurait voulu vivre dans quelque vieux manoir, comme ces châtelaines au long corsage qui, sous le trèfle des ogives, passaient leurs jours, le coude sur la pierre et le menton dans la main, à regarder venir du fond de la campagne un cavalier à plume blanche qui galope sur un cheval noir. Elle eut dans ce temps-là le culte de Marie Stuart et des vénérations enthousiastes à l'endroit des femmes illustres ou infortunées. Jeanne d'Arc, Héloïse, Agnès Sorel, la belle Ferronnière et Clémence Isaure, pour elle, se détachaient comme des comètes sur l'immensité ténébreuse de l'histoire, où saillissaient encore çà et là, mais plus perdus dans l'ombre et sans aucun rapport entre eux, saint Louis avec son chêne, Bayard mourant, quelques férocités de Louis XI, un peu de Saint-Barthélemy, le panache du Béarnais, et toujours le souvenir des assiettes peintes où Louis XIV était vanté.

À la classe de musique, dans les romances qu'elle chantait, il n'était question que de petits anges aux ailes d'or, de madones, de lagunes, de gondoliers, pacifiques compositions qui lui laissaient entrevoir, à travers la niaiserie du style et les imprudences de la note, l'attirante fantasmagorie des réalités sentimentales. Quelques-unes de ses camarades apportaient au couvent les keepsakes qu'elles avaient reçus en étrennes. Il les fallait cacher; c'était une affaire; on les lisait au dortoir. Maniant délicatement leurs belles reliures de satin, Emma fixait ses regards éblouis sur le nom des auteurs inconnus qui avaient signé, le plus souvent, comtes ou vicomtes, au bas de leurs pièces.

Première page
du manuscrit du roman
Madame Bovary.

Le roman de Flaubert
a été porté à l'écran
en 1991 par Claude Chabrol,
avec Isabelle Huppert
dans le rôle d'Emma Bovary.

Elle frémissait, en soulevant de son haleine le papier de soie des gravures, qui se levait à demi plié et retombait doucement contre la page. C'était, derrière la balustrade d'un balcon, un jeune homme en court manteau qui serrait dans ses bras une jeune fille en robe blanche, portant une aumônière à sa ceinture ; ou bien
60 les portraits anonymes des ladies anglaises à boucles blondes qui, sous leur chapeau de paille rond, vous regardent avec leurs grands yeux clairs. On en voyait d'étalées dans des voitures, glissant au milieu des parcs, où un lévrier sautait devant l'attelage que conduisaient au trot deux petits postillons en culotte blanche. D'autres, rêvant sur des sofas près d'un billet décacheté, contemplaient la lune, par
65 la fenêtre entr'ouverte, à demi drapée d'un rideau noir. Les naïves, une larme sur la joue, becquetaient une tourterelle à travers les barreaux d'une cage gothique, ou, souriant, la tête sur l'épaule, effeuillaient une marguerite de leurs doigts pointus, retroussés comme des souliers à la poulaine. Et vous y étiez aussi, sultans à longues pipes, pâmés sous des tonnelles aux bras des bayadères, djiaours, sabres
70 turcs, bonnets grecs, et vous surtout, paysages blafards des contrées dithyrambiques, qui souvent nous montrez à la fois des palmiers, des sapins, des tigres à droite, un lion à gauche, des minarets tartares à l'horizon, au premier plan des ruines romaines, puis des chameaux accroupis ; — le tout encadré d'une forêt vierge bien nettoyée, et avec un grand rayon de soleil perpendiculaire tremblotant dans
75 l'eau, où se détachent en écorchures blanches, sur un fond d'acier gris, de loin en loin, des cygnes qui nagent.

Et l'abat-jour du quinquet, accroché dans la muraille au-dessus de la tête d'Emma, éclairait tous ces tableaux du monde, qui passaient devant elle les uns après les autres, dans le silence du dortoir et au bruit lointain de quelque fiacre
80 attardé qui roulait encore sur les boulevards. ❱

Extrait de Gustave Flaubert, *Madame Bovary*, 1857.

Elle eut pitié
de cette pauvre créature...

JULIEN SOREL

Un personnage de roman n'a rien de l'image inerte d'un tableau accroché au mur : c'est un être vivant, qui entre en relation avec d'autres personnages.

L'effet que le personnage crée, l'influence qu'il exerce ou qu'il subit, les actes qu'il accomplit, les paroles qu'il prononce sont autant d'éléments qui contribuent à le définir.

Dans le roman de Stendhal *Le rouge et le noir*, on voit comment Julien Sorel, fils d'ouvrier, parvient à gravir les échelons de la société et comment cette ascension sociale s'effectue grâce à l'effet qu'il provoque chez les gens qui l'entourent.

Au début du roman, Mme de Rênal, épouse d'un maire de province, cherche un précepteur pour ses enfants...

Gérard Philippe (Julien Sorel) et Danielle Darrieux (Mme de Rênal) dans l'adaptation du roman de Stendhal au cinéma par Claude Autant-Lara (1954).

Avec la vivacité et la grâce qui lui étaient naturelles quand elle était loin des regards des hommes, Mme de Rênal sortait par la porte-fenêtre du salon qui donnait sur le jardin, quand elle aperçut près de la porte d'entrée la figure d'un jeune paysan presque encore enfant, extrêmement pâle et qui
5 venait de pleurer. Il était en chemise bien blanche, et avait sous le bras une veste fort propre de ratine violette.

Le teint de ce petit paysan était si blanc, ses yeux si doux, que l'esprit un peu romanesque de Mme de Rênal eut d'abord l'idée que ce pouvait être une jeune fille déguisée, qui venait demander quelque grâce à M. le maire. Elle eut pitié de cette
10 pauvre créature, arrêtée à la porte d'entrée, et qui évidemment n'osait pas lever la main jusqu'à la sonnette. Mme de Rênal s'approcha, distraite un instant de l'amer chagrin que lui donnait l'arrivée du précepteur. Julien, tourné vers la porte, ne la voyait pas s'avancer. Il tressaillit quand une voix douce dit tout près de son oreille :

— Que voulez-vous ici, mon enfant ?

15 Julien se tourna vivement, et, frappé du regard si rempli de grâce de Mme de Rênal, il oublia une partie de sa timidité. Bientôt, étonné de sa beauté, il oublia tout, même ce qu'il venait faire. Mme de Rênal avait répété sa question.

— Je viens pour être précepteur, Madame, lui dit-il enfin, tout honteux de ses larmes qu'il essuyait de son mieux.

Stendhal

«Je viens pour être précepteur, Madame...»
Gravure de H. J. Dubouchet pour *Le rouge et le noir*, 1884.

Mme de Rênal resta interdite, ils étaient fort près l'un de l'autre à se regarder.
Julien n'avait jamais vu un être aussi bien vêtu et surtout une femme avec un teint
si éblouissant, lui parler d'un air doux. Mme de Rênal regardait les grosses larmes
qui s'étaient arrêtées sur les joues si pâles d'abord et maintenant si roses de
ce jeune paysan. Bientôt elle se mit à rire, avec toute la gaieté folle d'une jeune fille,
elle se moquait d'elle-même et ne pouvait se figurer tout son bonheur. Quoi,
c'était là ce précepteur qu'elle s'était figuré comme un prêtre sale et mal vêtu, qui
viendrait gronder et fouetter ses enfants!

— Quoi, Monsieur, lui dit-elle enfin, vous savez le latin?

Ce mot de Monsieur étonna si fort Julien qu'il réfléchit un instant.

— Oui, Madame, dit-il timidement.

Mme de Rênal était si heureuse, qu'elle osa dire à Julien:

— Vous ne gronderez pas trop ces pauvres enfants?

— Moi, les gronder, dit Julien étonné, et pourquoi?

— N'est-ce pas, Monsieur, ajouta-t-elle après un petit silence et d'une voix
dont chaque instant augmentait l'émotion, vous serez bon pour eux, vous me le
promettez?

S'entendre appeler de nouveau Monsieur, bien sérieusement, et par une dame
si bien vêtue, était au-dessus de toutes les prévisions de Julien: dans tous les
châteaux en Espagne de sa jeunesse, il s'était dit qu'aucune dame comme il faut ne
daignerait lui parler que quand il aurait un bel uniforme. Mme de Rênal, de son
côté, était complètement trompée par la beauté du teint, les grands yeux noirs de
Julien et ses jolis cheveux qui frisaient plus qu'à l'ordinaire, parce que pour se
rafraîchir il venait de plonger la tête dans le bassin de la fontaine publique. À sa
grande joie, elle trouvait l'air timide d'une jeune fille à ce fatal précepteur, dont elle
avait tant redouté pour ses enfants la dureté et l'air rébarbatif. ❮

Extrait de Stendhal, *Le rouge et le noir,*
Chronique de 1830, 1830.

❯ PAGE 11

«Notre plus grand romancier,
Stendhal, étudiait les hommes
comme des insectes étranges,
qui vivent et meurent, poussés
par des forces fatales. »
(Émile Zola)

Je suis seule et j'ai peur.

BÉRÉNICE

Ce que ressent une personne est rarement accessible à ceux qui l'entourent. La vie intérieure d'un personnage, elle, peut être révélée grâce à la magie de l'écriture.

Quand on accède ainsi au monde intérieur du personnage, on peut penser qu'on accède aussi à celui de la personne qui l'a créé. Par exemple, dès les premières pages du roman *L'avalée des avalés*, on est plongé dans le monde intérieur de Bérénice, la narratrice, qui est sans doute aussi celui de Réjean Ducharme, l'auteur du roman.

❭ PAGE 21

Tous les romans de
Réjean Ducharme mettent
en scène des personnages
marginaux et fragiles,
comme cette Bérénice de
L'avalée des avalés qui,
obsédée par la crainte
d'être dévorée, se réfugie
dans un univers poétique.

Tout m'avale. Quand j'ai les yeux fermés, c'est par mon ventre que je suis avalée, c'est dans mon ventre que j'étouffe. Quand j'ai les yeux ouverts, c'est par ce que je vois que je suis avalée, c'est dans le ventre de ce que je vois que je suffoque. Je suis avalée par le fleuve trop grand, par le ciel trop
5 haut, par les fleurs trop fragiles, par les papillons trop craintifs, par le visage trop beau de ma mère. Le visage de ma mère est beau pour rien. S'il était laid, il serait laid pour rien. Les visages, beaux ou laids, ne servent à rien. On regarde un visage, un papillon, une fleur, et ça nous travaille, puis ça nous irrite. Si on se laisse faire, ça nous désespère. Il ne devrait pas y avoir de visages, de papillons, de fleurs. Que
10 j'aie les yeux ouverts ou fermés, je suis englobée : il n'y a plus assez d'air tout à coup, mon cœur se serre, la peur me saisit.

L'été, les arbres sont habillés. L'hiver, les arbres sont nus comme des vers. Ils disent que les morts mangent les pissenlits par la racine. Le jardinier a trouvé deux vieux tonneaux dans son grenier. Savez-vous ce qu'il en a fait ? Il les a sciés en deux
15 pour en faire quatre seaux. Il en a mis un sur la plage, et trois dans le champ. Quand il pleut, la pluie reste prise dedans. Quand ils ont soif, les oiseaux s'arrêtent de voler et viennent y boire.

Je suis seule et j'ai peur. Quand j'ai faim, je mange des pissenlits par la racine et ça se passe. Quand j'ai soif, je plonge mon visage dans l'un des seaux et j'aspire.
20 Mes cheveux déboulent dans l'eau. J'aspire et ça se passe : je n'ai plus soif, c'est comme si je n'avais jamais eu soif. On aimerait avoir aussi soif qu'il y a d'eau dans le fleuve. Mais on boit un verre d'eau et on n'a plus soif. L'hiver, quand j'ai froid, je rentre et je mets mon gros chandail bleu. Je ressors, je recommence à jouer dans la neige, et je n'ai plus froid. L'été, quand j'ai chaud, j'enlève ma robe. Ma robe ne
25 me colle plus à la peau et je suis bien, et je me mets à courir. On court dans le sable. On court, on court. Puis on a moins envie de courir. On est ennuyé de courir. On s'arrête, on s'assoit et on s'enterre les jambes. On se couche et on s'enterre tout le corps. Puis on est fatigué de jouer dans le sable. On ne sait plus quoi faire. On regarde, tout autour, comme si on cherchait. On regarde, on regarde. On
30 ne voit rien de bon. Si on fait attention quand on regarde comme ça, on s'aperçoit que ce qu'on regarde nous fait mal, qu'on est seul et qu'on a peur. On ne peut rien contre la solitude et la peur. ❬

Extrait de Réjean Ducharme, *L'avalée des avalés*,
© Éditions Gallimard, 1966.

*Quand elle apparaissait
sur le seuil,
mon cœur bondissait.*

ARABIE

Qu'est-ce qui rend un personnage attachant? Quelle aventure vit-il qui fait que jamais on ne l'oublie? Si le personnage est la composante essentielle de tout texte narratif, c'est que l'histoire qui y est racontée et qui le met en scène repose essentiellement sur lui. Ce qui est fascinant, c'est de le voir se transformer, c'est de voir sa situation s'améliorer ou se détériorer, c'est de penser que l'on aurait pu vivre ce qu'il vit. L'écrivain irlandais James Joyce est considéré comme l'un des auteurs les plus importants du XXe siècle. Outre son œuvre majeure, *Ulysse*, il a écrit un recueil de nouvelles, *Gens de Dublin*. Cette œuvre contient la nouvelle «Arabie», qui illustre comment la progression de l'action influe sur le personnage principal et le transforme.

« **N**orth Richmond Street », finissant en impasse, était une rue tranquille, sauf à l'heure où les garçons sortaient de l'école chrétienne des frères. Une maison à deux étages, inhabitée, s'élevait au bout de l'impasse, séparée de ses voisines par un tertre carré. Les autres maisons de la rue, qui avaient
5 conscience des vies décentes qu'elles abritaient, se regardaient, l'une l'autre avec des visages bruns imperturbables.

Le locataire qui nous avait précédés, un prêtre, était mort dans le salon du fond. Il flottait un air de moisi dans toutes les pièces fermées depuis longtemps, et la chambre de débarras, derrière la cuisine, était jonchée de vieilles paperasses
10 inutiles. Je découvris dans le tas quelques livres brochés aux pages humides et repliées: *L'Abbé* de Walter Scott, *Le Dévot Communiant* et les *Mémoires* de Vidocq. Ce dernier était mon préféré à cause de ses feuilles jaunies. Le jardin à l'abandon derrière la maison comportait un pommier au milieu et quelques buissons épars; et sous l'un d'eux, je découvris la pompe à bicyclette, toute rouillée, du dernier
15 habitant. C'était un prêtre très charitable; il avait laissé par testament tout son argent aux bonnes œuvres et son mobilier à sa sœur.

Avec les jours courts de l'hiver, le crépuscule tombait avant que nous ayons fini de dîner, et quand nous nous retrouvions dans la rue, les maisons étaient déjà toutes sombres. Le coin de ciel au-dessus de nous était d'un violet toujours
20 changeant; et vers lui les réverbères de la rue tendaient leurs faibles lanternes. L'air froid nous piquait et nous jouions jusqu'à ce que nos corps fussent tout échauffés. Nos cris se répondaient dans la rue silencieuse. Le cours de nos jeux nous entraînait, par les ruelles boueuses et sombres, jusque derrière les maisons, où nous portions des défis aux tribus qui peuplaient les masures jusqu'aux portes des jardins
25 obscurs et mouillés, d'où montaient les odeurs des trous d'ordures; jusqu'aux écuries noires et odorantes, où le cocher étrillait et lustrait le cheval, ou faisait sonner les harnais aux boucles métalliques; et quand nous revenions vers la rue, la lumière, à travers les fenêtres des cuisines, débordait sur les petites cours. Si nous apercevions mon oncle en train de tourner le coin, nous nous cachions dans l'om- ❯

bre jusqu'à ce que nous ayons eu la satisfaction de le voir pénétrer, sans dommage, dans la maison ; ou si la sœur de Mangan sortait sur le pas de la porte et appelait son frère pour le souper, de notre coin obscur nous la surveillions, tandis qu'elle inspectait la rue en tous sens. Nous attendions, pour voir si elle resterait ou s'en irait ; et, si elle s'obstinait, nous quittions notre noire cachette et marchions, résignés, vers la porte de Mangan. Elle nous attendait, sa silhouette dessinée par la lumière de la porte entrouverte. Son frère la taquinait toujours avant d'obéir, et je restais près de la grille à la regarder. Sa robe se balançait aux mouvements de son corps, et la tresse molle de ses cheveux battait de côté et d'autre.

Chaque matin, je m'asseyais sur le parquet du salon de devant, pour surveiller sa porte. Le store était baissé jusqu'à deux centimètres du châssis, de sorte que personne ne pouvait me voir. Quand elle apparaissait sur le seuil, mon cœur bondissait. Je courais vers le hall, saisissais mes livres et la suivais. Je ne perdais jamais de vue la silhouette brune ; et lorsqu'elle arrivait au point où nos chemins divergeaient, j'allongeais le pas afin de la dépasser. Ceci se renouvelait matin après matin. Je ne lui avais jamais parlé, sauf un petit mot quelconque par-ci par-là ; et cependant, à son nom, mon sang ne faisait qu'un tour.

Son image m'accompagnait partout, même dans les endroits les moins romantiques. Les samedis soirs, quand ma tante allait au marché, il me fallait l'accompagner pour porter les paquets. Nous marchions à travers les rues étincelantes, coudoyés par les hommes ivres et les femmes qui palabraient, au milieu des jurons des ouvriers, des cris aigus des garçons boutiquiers qui montaient la garde auprès des barils de têtes de porcs, et des notes nasillardes des chanteurs des rues, qui chantaient une chanson populaire sur O'Donovan Rossa ou une ballade sur les troubles de notre pays natal. Tous ces bruits convergeaient pour moi en une seule sensation, une sensation de vie ; je m'imaginais porter mon calice sain et sauf au milieu d'une foule d'ennemis. Son nom montait à mes lèvres par moments en prières étranges, et en louanges que moi-même je ne comprenais pas. Souvent, mes yeux s'emplissaient de larmes (je ne saurais dire pourquoi) ; et d'autres fois il y avait comme un flot qui partait de mon cœur pour aller se répandre dans mon sein. Je pensais peu à l'avenir. Je ne savais pas si je lui parlerais un jour, ou jamais ; ou, si je lui parlais, comment je lui exprimerais ma confuse adoration. Mais mon corps était comme une harpe ; ses mots et ses gestes, comme les doigts qui couraient sur les cordes.

Un soir, j'entrai dans le salon du fond, où le prêtre était mort. C'était un soir sombre et pluvieux, et il n'y avait aucun bruit dans la maison. Par un des carreaux cassés, j'entendais la pluie heurter la terre de ses petites aiguilles d'eau incessantes qui jouaient sur les plates-bandes trempées. À distance une lampe, ou une fenêtre éclairée brillait au-dessous de moi. J'étais reconnaissant de ne pas y voir davantage. Tous mes sens semblaient vouloir se voiler, et, sur le bord de l'évanouissement, je pressai mes paumes jusqu'à les faire trembler, en murmurant : « Ô amour ! ô amour ! » à plusieurs reprises.

Un jour enfin elle m'adressa la parole. Aux premiers mots qu'elle me dit, je me sentis si troublé que je ne sus que répondre. Elle me demanda :

— Allez-vous à l'Arabie ?

Je ne me rappelle plus si je répondis oui ou non.

Marc Chagall,
Devant les voyageurs, 1917.

— Ce doit être une foire de charité splendide, dit-elle, et j'aimerais tant y aller.

— Et pourquoi ne pouvez-vous pas y aller? demandai-je.

En parlant, elle faisait tourner sans cesse un bracelet d'argent à son poignet. Elle ne pouvait pas, dit-elle, parce que, pendant cette semaine, il devait y avoir une

80 retraite à son couvent. Son frère et deux autres garçons se disputaient leurs casquettes à ce moment, et j'étais seul à la grille. Elle s'appuyait sur l'un des barreaux et penchait la tête vers moi. La lumière qui faisait face à notre porte éclairait la courbe blanche de son cou, enflammait ses cheveux, illuminait la main sur la grille, et tombait sur un côté de sa robe, éclairant l'ourlet blanc d'un jupon, juste visible,

85 car elle s'appuyait négligemment.

— C'est vous qui devriez y aller, dit-elle.

— Si j'y vais, répondis-je, je vous rapporterai quelque chose.

Quelles folies sans nombre consumèrent les pensées de mes jours et de mes nuits à dater de ce soir-là! J'aurais voulu annihiler l'intervalle monotone. Je m'ir-

90 ritais du travail de l'école. La nuit dans ma chambre et le jour en classe, son image s'interposait entre moi et la page que je m'efforçais de lire. Les syllabes du mot Arabie m'arrivaient à travers le silence dans lequel mon âge baignait luxueusement et projetaient comme un enchantement oriental tout autour de moi. Je demandai la permission d'aller à la foire le samedi soir. Ma tante en fut surprise, et dit qu'elle

95 espérait que ce n'était pas pour quelque réunion de francs-maçons. Je répondais peu en classe. Je regardais le visage du professeur, qui, d'aimable, devenait sévère; il espérait, disait-il, que je n'allais pas devenir paresseux. Il m'était impossible de rassembler mes idées vagabondes. Je n'avais presque plus de patience pour l'ouvrage sérieux de la vie, qui, maintenant qu'il se mettait en travers de mes désirs,

100 ne me paraissait plus qu'un jeu d'enfant, un jeu laid et fastidieux.

Le samedi matin, je rappelai à mon oncle que je désirais aller à la foire le soir. Il s'agitait auprès du portemanteau, cherchant la brosse à chapeau, et répliqua sèchement: «Oui, mon garçon, je le sais.» Comme il était dans le hall, je ne pus aller regarder par la fenêtre du salon. Je sentis une mauvaise humeur régner dans

105 la maison, et je marchai lentement vers l'école. L'air était impitoyablement cru, et déjà mon cœur faiblissait.

Quand je rentrai pour dîner, mon oncle n'était pas encore revenu. Mais il était de bonne heure. Je m'assis et fixai quelque temps la pendule; puis, son tic-tac finissant par m'énerver, je quittai la chambre. Je remontai l'escalier et gagnai la par-

110 tie supérieure de la maison. Les pièces du haut, froides, vides et obscures, libérèrent mon âme, et je passais de chambre en chambre en chantant. De la fenêtre donnant sur la rue, je vis mes compagnons qui jouaient. Leurs cris me parvenaient, affaiblis, indistincts, et, appuyant mon front sur la vitre froide, je regardais en face la sombre maison où elle habitait. Je restai là bien une heure

115 entière, mon imagination ne voyant qu'une silhouette en robe brune, qu'une lampe éclairant discrètement la courbe de la nuque, la main sur les barreaux et l'ourlet de la robe.

Quand je descendis de nouveau, je trouvai Mme Mercer assise devant le feu. C'était une vieille bavarde, la veuve d'un prêteur sur gages, qui amassait des tim-

120 bres usagés pour quelque œuvre pieuse. Il me fallut endurer le caquetage autour de la table à thé. Le repas se prolongea plus d'une heure; et mon oncle n'arrivait

toujours pas. Mme Mercer se leva pour s'en aller : elle était fâchée, mais ne pouvait attendre plus longtemps, car il était huit heures passées et elle n'aimait pas être dehors trop tard, l'air du soir étant mauvais pour elle. Quand elle fut partie, je
125 commençai à arpenter la pièce de long en large, en serrant les poings. Ma tante dit :

— J'ai peur qu'il ne te faille renoncer à cette foire, en cette nuit de Notre-Seigneur.

À neuf heures, je perçus le bruit de la clef de mon oncle dans la serrure à la porte d'entrée. Il parlait tout seul, et j'entendis le portemanteau basculer sous le
130 poids de son pardessus. Je pouvais interpréter ces signes. Quand il fut au milieu de son repas, je lui demandai de me donner l'argent pour aller à l'Exposition. Il avait oublié.

— Les gens sont au lit, et leur premier sommeil est passé, dit-il.

Je ne souriais pas. Ma tante lui dit avec énergie :
135 — Ne peux-tu pas lui donner l'argent et le laisser filer ? Voilà assez longtemps qu'il t'attend.

Mon oncle répondit qu'il était très fâché d'avoir oublié. Il dit qu'il croyait au vieil adage : « Rien que du travail et point de plaisir fait de Jack un ennuyeux garçon. »
140 Il me demanda où je comptais aller, et, quand je l'eus dit pour la seconde fois, il me demanda si je connaissais l'*Adieu de l'Arabe à son coursier*. Quand je quittai la cuisine, il commençait à en réciter les premières lignes à ma tante.

Je tenais un florin serré dans ma main, comme je déambulais le long de la rue Buckingham vers la gare. La vue des rues remplies d'acheteurs et brillantes de
145 lumières me rappela le but de mon voyage. Je pris une place de troisième dans un train vide. Après une intolérable attente, le train démarra lentement. Il grimpait le long de maisons en ruine et par-dessus la rivière scintillante. À la gare de Westland Row, une foule de gens se pressaient aux portes des compartiments ; mais les porteurs les refoulèrent, disant que ce train-là était un spécial pour la foire, et je restai
150 seul dans mon wagon vide. Quelques minutes plus tard le train s'arrêta devant une plate-forme en bois improvisée pour la circonstance. En arrivant dans la rue, je vis au cadran lumineux d'une horloge qu'il était dix heures moins dix ; et devant moi il y avait un grand bâtiment sur lequel s'étalaient les lettres magiques.

Je ne trouvai aucune entrée à six pence ; aussi de peur que la foire ne fermât,
155 je passai rapidement par un tourniquet et tendis un shilling à un homme qui avait l'air fatigué. Je me trouvai dans un grand hall, ceinturé à la moitié de sa hauteur par une galerie. Presque toutes les boutiques étaient fermées et la plus grande partie du hall était dans l'obscurité. Le silence qui y régnait me paraissait semblable à celui d'une église après les offices. Je marchai timidement jusqu'au milieu du bâti-
160 ment. Quelques personnes étaient réunies autour des boutiques encore ouvertes. Devant un rideau, au-dessus duquel les mots CAFÉ CHANTANT étaient écrits en lampes de couleur, deux hommes comptaient de l'argent sur un plateau. J'écoutai le tintement de la monnaie qui tombait.

Me rappelant avec difficulté pourquoi j'étais venu, je m'approchai d'une des
165 boutiques, et j'examinai des vases en porcelaine et des services à thé à fleurs. À la porte de la boutique, une jeune fille causait et riait avec deux jeunes gens. Je remarquai leur accent anglais et j'écoutai vaguement leur conversation :

Poète et romancier irlandais, **James Joyce** (1882-1941) a vu son livre *Ulysse* (1922), un des grands romans du XXe siècle, déclaré « matière obscène » par un tribunal de New York avant d'être brûlé. James Joyce commence par écrire des nouvelles, et part ensuite vivre à Zurich et à Trieste, où il enseigne l'anglais, puis, à partir de 1920, à Paris. Là, il parvient à faire publier *Ulysse*, malgré la censure anglo-saxonne. Il travaille ensuite à *La veillée de Finnegan*, texte étrange où il fond quelque 60 langues en une seule.

— Oh! je n'ai jamais dit chose pareille!

— Oh! mais vous l'avez dit!

170 — Oh! mais jamais de la vie!

— N'a-t-elle pas dit cela?

— Oui. Je l'ai entendu.

— Oh!… quel… blagueur!

M'apercevant, la jeune fille vint vers moi et me demanda si je désirais acheter
175 quelque chose. Le ton de sa voix n'était pas encourageant; elle semblait ne m'avoir
parlé que par acquit de conscience. Je regardai humblement les grandes jarres qui,
comme des sentinelles orientales, s'élançaient de chaque côté de l'entrée sombre
de la boutique et murmurai:

— Non, merci.

180 La jeune fille changea la position de l'un des vases et retourna vers les deux
jeunes gens. Ils recommencèrent à parler du même sujet. Une ou deux fois, la
jeune fille me regarda par-dessus son épaule.

Je m'attardai devant sa boutique, tout en sachant combien c'était inutile, afin
de faire croire que je prenais un intérêt réel aux objets.

185 Puis, lentement, je m'en allai et marchai jusqu'au milieu du bâtiment. Je faisais sonner les deux pence avec les six pence dans ma poche. J'entendis une voix
crier de l'autre côté de la galerie que la lumière était éteinte. La partie supérieure
du hall était maintenant tout à fait noire.

Levant la tête pour regarder dans cette obscurité, il me sembla me voir moi-
190 même, petite épave que la vanité chassait et tournait en dérision; et mes yeux
brûlaient d'angoisse et de rage. ❮

James Joyce, « Arabie », dans *Gens de Dublin*, Plon, 1963.
Traduction de Yva Fernandez, Hélène Du Pasquier et Jacques-Paul Reynaud.

Le lieu

Le lieu · Le lieu · Le lieu · Le lieu · Le lieu · Le lieu · Le lieu
Le lieu
Le lieu
Le lieu

Toute histoire racontée dans un texte narratif possède son décor. Qu'il s'agisse d'un village perdu de la campagne française, d'une mégapole du XXIIe siècle ou d'un palais décrépit de Venise, le lieu où évoluent les personnages et où se déroule l'action fait partie de l'univers narratif. Ce lieu comprend les espaces extérieurs (villes, forêts, etc.), les habitations où vivent les personnages et l'environnement culturel dans lequel ils évoluent.

En plus de servir de toile de fond à l'histoire, le lieu peut aussi être intimement lié aux personnages et révéler leur statut social, leurs conditions de vie, certains aspects de leur personnalité. Parfois, le lieu acquiert une dimension symbolique et devient l'un des thèmes de l'œuvre.

Giorgio De Chirico,
Mélancolie d'une rue, 1912.

*Une manière commode
de faire la connaissance d'une ville
est de chercher comment on y travaille,
comment on y aime et comment on y meurt.*

ORAN

Dans un roman, le lieu où se déroule l'action ne se limite pas à son aspect physique. Par exemple, une ville ne se limite pas à ses rues, à ses maisons, à la mer ou à la campagne qui l'entoure, mais comprend aussi les personnes qui l'habitent, l'atmosphère qui s'en dégage, son histoire.

Dans les premières pages du roman *La peste*, Albert Camus présente la ville algérienne d'Oran comme un lieu ordinaire, mais la description qu'il en fait laisse entrevoir que cette ville sera le théâtre d'événements dramatiques.

Les curieux événements qui font le sujet de cette chronique se sont produits en 194., à Oran. De l'avis général, ils n'y étaient pas à leur place, sortant un peu de l'ordinaire. À première vue, Oran est, en effet, une ville ordinaire et rien de plus qu'une préfecture française de la côte algérienne.

5 La cité elle-même, on doit l'avouer, est laide. D'aspect tranquille, il faut quelque temps pour apercevoir ce qui la rend différente de tant d'autres villes commerçantes, sous toutes les latitudes. Comment faire imaginer, par exemple, une ville sans pigeons, sans arbres et sans jardins, où l'on ne rencontre ni battements d'ailes ni froissements de feuilles, un lieu neutre pour tout dire ? Le change-

10 ment des saisons ne s'y lit que dans le ciel. Le printemps s'annonce seulement par la qualité de l'air ou par les corbeilles de fleurs que des petits vendeurs ramènent des banlieues ; c'est un printemps qu'on vend sur les marchés. Pendant l'été, le soleil incendie les maisons trop sèches et couvre les murs d'une cendre grise ; on ne peut plus vivre alors que dans l'ombre des volets clos. En automne, c'est, au contraire,

15 un déluge de boue. Les beaux jours viennent seulement en hiver.

Une manière commode de faire la connaissance d'une ville est de chercher comment on y travaille, comment on y aime et comment on y meurt. Dans notre petite ville, est-ce l'effet du climat, tout cela se fait ensemble, du même air frénétique et

20 absent. C'est-à-dire qu'on s'y ennuie et qu'on s'y applique à prendre des habitudes. Nos concitoyens travaillent beaucoup, mais toujours pour s'enrichir. Ils s'intéressent surtout au commerce et ils s'occupent d'abord, selon leur expression, de faire des

25 affaires. Naturellement ils ont du goût aussi pour les joies simples, ils aiment les femmes, le cinéma et les bains de mer. Mais, très raisonnablement, ils réservent ces plaisirs pour le samedi soir et le dimanche, essayant, les autres jours de la semaine, de

30 gagner beaucoup d'argent. Le soir, lorsqu'ils quittent leurs

La ville d'Oran à l'époque du récit de Camus.

Albert Camus
au cours d'une
répétition de sa pièce
Caligula au Théâtre
de Paris en 1958.

bureaux, ils se réunissent à heure fixe dans les cafés, ils se promènent sur le même
boulevard ou bien ils se mettent à leurs balcons. Les désirs des plus jeunes sont
violents et brefs, tandis que les vices des plus âgés ne dépassent pas les associations
de boulomanes, les banquets des amicales et les cercles où l'on joue gros jeu sur
35 le hasard des cartes.

On dira sans doute que cela n'est pas particulier à notre ville et qu'en somme
tous nos contemporains sont ainsi. Sans doute, rien n'est plus naturel, aujour-
d'hui, que de voir des gens travailler du matin au soir et choisir ensuite de perdre
aux cartes, au café, et en bavardages, le temps qui leur reste pour vivre. Mais il
40 est des villes et des pays où les gens ont, de temps en temps, le soupçon d'autre
chose. En général, cela ne change pas leur vie. Seulement, il y a eu le soupçon
et c'est toujours cela de gagné. Oran, au contraire, est apparemment une ville sans
soupçons, c'est-à-dire une ville tout à fait moderne. Il n'est pas nécessaire, en
conséquence, de préciser la façon dont on s'aime chez nous. Les hommes et les
45 femmes, ou bien se dévorent rapidement dans ce qu'on appelle l'acte d'amour, ou
bien s'engagent dans une longue habitude à deux. Entre ces extrêmes, il n'y a pas
souvent de milieu. Cela non plus n'est pas original. À Oran comme ailleurs, faute
de temps et de réflexion, on est bien obligé de s'aimer sans le savoir.

Ce qui est plus original dans notre ville est la difficulté qu'on peut y trouver à
50 mourir. Difficulté, d'ailleurs, n'est pas le bon mot et il serait plus juste de parler
d'inconfort. Ce n'est jamais agréable d'être malade, mais il y a des villes et des pays
qui vous soutiennent dans la maladie, où l'on peut, en quelque sorte, se laisser
aller. Un malade a besoin de douceur, il aime à s'appuyer sur quelque chose, c'est
bien naturel. Mais à Oran, les excès du climat, l'importance des affaires qu'on y
55 traite, l'insignifiance du décor, la rapidité du crépuscule et la qualité des plaisirs,
tout demande la bonne santé. Un malade s'y trouve bien seul. Qu'on pense alors
à celui qui va mourir, pris au piège derrière des centaines de murs crépitants de
chaleur, pendant qu'à la même minute, toute une population, au téléphone ou
dans les cafés, parle de traites, de connaissements et d'escompte. On comprendra
60 ce qu'il peut y avoir d'inconfortable dans la mort, même moderne, lorsqu'elle
survient ainsi dans un lieu sec. ❮

Extrait de Albert Camus, *La peste*, © Éditions Gallimard, 1947.

> PAGE 14

Le roman *La peste* illustre
de façon symbolique la nécessité
pour l'être humain de lutter
contre le mal. En publiant
ce roman juste après
la Deuxième Guerre mondiale,
Albert Camus a voulu donner
au monde un message d'espoir.

Manuscrit de *La peste*.

*Tout devenait monstrueux
dans cette solitude aquatique,
dans cette profondeur sylvestre...*

LA FORÊT AMAZONIENNE

Parfois, un lieu est choisi pour l'effet qu'il produit sur les personnages. Comme une personne, un lieu peut être menaçant et faire réagir les personnages; il contribue alors au déroulement de l'histoire. Il peut aussi créer un effet psychologique profond sur les personnages, comme dans cet extrait du roman *Moravagine* de Blaise Cendrars, où trois hommes remontent le fleuve en plein cœur de la forêt amazonienne.

Nous remontions l'Orénoque sans parler.

Cela dura des semaines, des mois.

Il faisait une chaleur d'étuve.

Deux d'entre nous étaient toujours en train de ramer, le troisième s'occupait
5 de pêche et de chasse. À l'aide de quelques branchages et des palmes, nous avions transformé notre chaloupe en carbet. Nous étions donc à l'ombre. Malgré cela nous pelions, la peau nous tombait de partout et nos visages étaient tellement racornis que chacun de nous avait l'air de porter un masque. Et ce masque nouveau qui nous collait au visage, qui se rétrécissait, nous comprimait le crâne, nous
10 meurtrissait, nous déformait le cerveau. Coincées, à l'étroit, nos pensées s'atrophiaient.

Vie mystérieuse de l'œil.

Agrandissement.

Milliards d'éphémères, d'infusoires, de bacilles, d'algues, de levures, regards,
15 ferments du cerveau.

Silence.

Tout devenait monstrueux dans cette solitude aquatique, dans cette profondeur sylvestre, la chaloupe, nos ustensiles, nos gestes, nos mets, ce fleuve sans courant que nous remontions et qui allait s'élargissant, ces arbres barbus, ces tail-
20 lis élastiques, ces fourrés secrets, ces frondaisons séculaires, les lianes, toutes ces herbes sans nom, cette sève débordante, ce soleil prisonnier comme une nymphe et qui tissait, tissait son cocon, cette buée de chaleur que nous remorquions, ces nuages en formation, ces vapeurs molles, cette route ondoyante, cet océan de feuilles, de coton, d'étoupe, de lichens, de mousses, ce grouillement d'étoiles, ce
25 ciel de velours, cette lune qui coulait comme un sirop, nos avirons feutrés, les remous, le silence.

Nous étions entourés de fougères arborescentes, de fleurs velues, de parfums charnus, d'humus glauque.

Écoulement. Devenir. Compénétration. Tumescence. Boursouflure d'un bour-
30 geon, éclosion d'une feuille, écorce poisseuse, fruit baveux, racine qui suce, graine qui distille. Germination. Champignonnage. Phosphorescence. Pourriture. Vie.

Vie, vie, vie, vie, vie, vie, vie, vie.

Blaise Cendrars (Suisse, 1887-Paris, 1961), de son vrai nom Frédéric Sauser, a eu une vie pour le moins mouvementée. À 15 ans, il s'enfuit de sa Suisse natale pour courir le monde : Moscou, Pékin, Londres… Il parcourt l'Inde, se rend au Canada, écrit son premier texte célèbre à New York. À Paris, où il se fixe, il fréquente les peintres cubistes et les milieux anarchistes ; il voyage et publie, des poèmes d'abord, puis des romans. Blessé en 1915, durant la guerre, il doit être amputé d'un bras. Puis il participe à la réalisation d'un film, compose un ballet (1928), est correspondant de guerre (1939)… Il meurt en 1961.

Mystérieuse présence pour laquelle éclatent à heure fixe les spectacles les plus grandioses de la nature.

35   Misère de l'impuissance humaine, comment ne pas en être épouvanté, c'était tous les jours la même chose !

Tous les matins, un mauvais frisson nous réveillait. Le ciel glissait sur une tringle, les branches s'agitaient comme une couverture bigarrée et c'était tout à coup le déclic des oiseaux et des singes, juste un quart d'heure avant l'aube. Ébats, 40 cris, chants instantanés, égosillements, sabas, perruches, nous ronchonnions dans ce remue-ménage. Nous savions d'avance ce que la journée nous réservait. Derrière nous, le fleuve fumant se trouait de déchirures, devant nous, il s'ouvrait béant, floconneux, sale. Des draps et des rideaux claquaient au vent. Une seconde, on voyait le soleil nu, tout nu, comme en chair de poule, puis un immense 45 édredon nous tombait dessus, un édredon de moiteur qui nous bouchait la vue, les oreilles, un édredon qui nous étouffait. Les bruits, les voix, les chants, les sif-flements, les appels étaient absorbés comme par un gigantesque tampon. Des couleurs giratoires se déplaçaient le long de notre bord et faisaient tache ; à travers la brume et les vapeurs les êtres et les choses nous apparaissaient comme des 50 tatouages opaques, imprécis, déteints. Le soleil avait la lèpre. Nous étions comme encapuchonnés, avec six mètres d'air autour de nous et un plafond de douze pieds, un plafond d'ouate, un plafond matelassé. Inutile de crier. Des gouttes de sueur nous coulaient le long du corps, se détachaient, nous tombaient sur l'estomac, grosses, tièdes, lentes, grosses comme des œufs sur le point d'éclore, lentes comme 55 la fièvre en éclosion. ❰

Extrait de Blaise Cendrars, *Moravagine*, © Grasset, 1926.

Des ténèbres épaisses
noyaient l'unique chambre
du premier étage...

LE CORON

Le lieu où vit un personnage joue un rôle déterminant dans un roman : la maison qu'il habite, la chambre où il dort, les meubles et les objets qui l'entourent permettent souvent de découvrir certaines de ses caractéristiques, comme son statut social, ses habitudes, ses goûts, ses rapports avec les autres personnages, etc.

Le roman *Germinal* d'Émile Zola, qui fait partie du cycle romanesque des *Rougon-Macquart*, décrit les conditions de vie misérables des mineurs dans le nord de la France au XIXe siècle. Dans l'extrait qui suit, Zola décrit minutieusement le logis de la famille Maheu, une petite maison dans une cité ouvrière, le coron.

> PAGE 11

« Ce que les Rougon-Macquart
d'**Émile Zola** apportent de
réellement neuf à la littérature,
c'est l'annonce du roman-
reportage. » (Julien Gracq)

Émile Zola

Au milieu des champs de blé et de betteraves, le coron des Deux-Cent-Quarante dormait sous la nuit noire. On distinguait vaguement les quatre immenses corps de petites maisons adossées, des corps de caserne ou d'hôpital, géométriques, parallèles, que séparaient les trois larges avenues,
5 divisées en jardins égaux. Et, sur le plateau désert, on entendait la seule plainte des rafales, dans les treillages arrachés des clôtures.

Chez les Maheu, au numéro 16 du deuxième corps, rien ne bougeait. Des ténèbres épaisses noyaient l'unique chambre du premier étage, comme écrasant de leur poids le sommeil des êtres que l'on sentait là, en tas, la bouche ouverte,
10 assommés de fatigue. Malgré le froid vif du dehors, l'air alourdi avait une chaleur vivante, cet étouffement chaud des chambrées les mieux tenues, qui sentent le bétail humain.

Quatre heures sonnèrent au coucou de la salle du rez-de-chaussée, rien encore ne remua, des haleines grêles sifflaient, accompagnées de deux ronflements
15 sonores. Et, brusquement, ce fut Catherine qui se leva. Dans sa fatigue, elle avait, par habitude, compté les quatre coups du timbre, à travers le plancher, sans trouver la force de s'éveiller complètement. Puis, les jambes jetées hors des couvertures, elle tâtonna, frotta enfin une allumette et alluma la chandelle. Mais elle restait assise, la tête si pesante, qu'elle se renversait entre les deux épaules, cédant
20 au besoin invincible de retomber sur le traversin.

Maintenant, la chandelle éclairait la chambre, carrée, à deux fenêtres, que trois lits emplissaient. Il y avait une armoire, une table, deux chaises de vieux noyer, dont le ton fumeux tachait durement les murs, peints en jaune clair. Et rien autre, des hardes pendues à des clous, une cruche posée sur le carreau, près d'une ter-
25 rine rouge servant de cuvette. Dans le lit de gauche, Zacharie, l'aîné, un garçon de vingt et un ans, était couché avec son frère Jeanlin, qui achevait sa onzième année ; dans celui de droite, deux mioches, Lénore et Henri, la première de six ans, le second de quatre, dormaient aux bras l'un de l'autre ; tandis que Catherine partageait le troisième lit avec sa sœur Alzire, si chétive pour ses neuf ans, qu'elle
30 ne l'aurait même pas sentie près d'elle, sans la bosse de la petite infirme qui lui enfonçait les côtes. La porte vitrée était ouverte, on apercevait le couloir du palier,

Renaud, Judith Henry
et Jean-Roger Milo,
Germinal (1993), un film
de Claude Berri d'après
le roman d'Émile Zola.

l'espèce de boyau où le père et la mère occupaient un quatrième lit, contre lequel ils avaient dû installer le berceau de la dernière venue, Estelle, âgée de trois mois à peine.

35   Cependant, Catherine fit un effort désespéré. Elle s'étirait, elle crispait ses deux mains dans ses cheveux roux, qui lui embroussaillaient le front et la nuque. Fluette pour ses quinze ans, elle ne montrait de ses membres, hors du fourreau étroit de sa chemise, que des pieds bleus, comme tatoués de charbon, et des bras délicats, dont la blancheur de lait tranchait sur le teint blême du visage, déjà gâté 40 par les continuels lavages au savon noir. Un dernier bâillement ouvrit sa bouche un peu grande, aux dents superbes dans la pâleur chlorotique des gencives; pendant que ses yeux gris pleuraient de sommeil combattu, avec une expression douloureuse et brisée qui semblait enfler de fatigue sa nudité entière. ❰

Extrait de Émile Zola, *Germinal*, 1885.

**Dernière page du
manuscrit de *Germinal*.**

Un hôtel comme le Château Frontenac
est tout désigné pour recevoir
les rois et leur suite...

LE CHÂTEAU FRONTENAC

Dans un roman, quel rôle peut donc jouer la description d'un édifice célèbre déjà abondamment photographié, reproduit dans tous les dépliants touristiques, vu chaque année par des milliers de touristes? En plus d'aider à planter le décor, une telle description peut servir à faire découvrir une dimension symbolique insoupçonnée de cet édifice; par exemple, dans son roman *Les Plouffe*, Roger Lemelin se sert du château Frontenac pour mettre en évidence le faste associé aux conquérants anglais et leur arrogance à l'égard du milieu populaire francophone.

> PAGE 20

La famille décrite par **Roger Lemelin** dans *Les Plouffe* ressemble à la famille québécoise typique à la veille de la Deuxième Guerre mondiale: mère tyrannique, père effacé, enfants accrochés aux jupes de leur mère. Le regard que porte Lemelin sur la famille et le Québec en général est la plupart du temps bienveillant, mais la description qu'il en fait demeure impitoyable.

Les Anglais ayant enlevé le Canada à la France en 1760, et les Québécois s'étant obstinés à rester Français dans leurs mœurs, dans leur langue et dans leur architecture, les conquérants semblent avoir cru bon, pour défier cette résistance, de dresser sur un site stratégique un édifice qui marquât
5 leur victoire: le Château Frontenac. Cet immense et luxueux hôtel du Pacifique Canadien, dont les plus importants actionnaires, dit-on, sont Anglo-Saxons, coiffe le Cap Diamant de ses lourdes tourelles de briques, se mire dans le Saint-Laurent et regarde froidement les bateaux qui arrivent ou qui s'en vont. Planté au sommet d'une montagne, face à l'Est, au-dessus des épaules d'une ville qui s'écoule en
10 pente derrière lui, il offre au lever du soleil un masque de rigidité qui travestit le visage turbulent du Québec entassé dans son immense arrière-cour. Cette pacifique forteresse est perchée si haut qu'elle dépasse de cent coudées les plus audacieux clochers et jette de l'ombre sur les séminaires, l'Archevêché, les monastères et les couvents, qui sont pourtant, Dieu le sait, installés sur les plus beaux sites
15 de Québec.

Un hôtel comme le Château Frontenac est tout désigné pour recevoir les rois et leur suite, les princes, les premiers ministres et les cardinaux. Mais comme ces importants personnages ne viennent pas tous les jours, il faut bien miser sur une clientèle plus stable: les touristes américains. On les attire avec le pittoresque que
20 présente le pays conquis: caractère français, fortifications, rues étroites et tortueuses, sanctuaires miraculeux, orchestre du dix-huitième siècle et cuisine appropriée. Ces clients du Sud enjambent à flot les frontières et, bigarrés, tapageurs, établissent leurs quartiers généraux au Château Frontenac, puis relèvent leurs manches. Ils se hâtent d'inventorier le pittoresque et l'historique de la ville
25 qu'ils ont vite fait d'évaluer en pieds, en secondes et en dollars. Revigorés par cette pilule de savoir condensé, et la conscience calmée par un rapide tour d'autobus du haut duquel ils ont jeté quelques nickels, ils rentrent vite dans leur chambre et font face au bon *rye* canadien, se gargarisant déjà des formidables blagues qu'ils feront partager aux femmes qui les accompagnent. L'Américain moyen, le plus
30 souvent puritain chez lui, vient à Québec pour la raison qui le fait aussi courir à

Mexico : faire la noce. L'attrait historique de ces villes justifie son voyage, flatte sa curiosité et enveloppe sa conscience méticuleuse dans les voiles vaporeux d'un noble dicton : voyager pour s'instruire. Et alors, paradoxe touchant : la toute catholique ville de Québec, que des esprits malins comparent à Port-Royal,
35 devient le rendez-vous de touristes en mal de bacchanales qu'ils n'osent organiser chez eux.

Les autorités du Château Frontenac font tout pour plaire à cette précieuse clientèle. Les Américains, n'aimant peut-être pas les Noirs, on refuse à
40 ces derniers l'accès de l'hôtel. On ne s'y dépense pas non plus en courbettes pour les Québécois pendant l'été, car si on accepte leur argent pendant la saison morte, on n'aime pas que ces indigènes coudoient les spectateurs de juin et juillet qui ont payé pour les
45 voir. C'est bien assez qu'ils envahissent par troupeaux, le dimanche soir, la terrasse Dufferin qui ceinture le Château, afin de contempler, au moins une fois par semaine, du haut du Cap, leur cher grand fleuve.

50 C'est dans cet hôtel que pénétra ce soir-là Ovide Plouffe, raide comme un os dans son habit bien repassé, et tenant à son bras Rita Toulouse éblouie.

Le roman *Les Plouffe* (1948) a fait l'objet d'un casse-tête vers 1955.

Les deux jeunes gens, habitués de marcher sur du linoléum, de l'asphalte ou du bois, semblaient à chaque pas s'empêtrer dans le tapis moelleux de l'immense
55 hall, sillonné en tous sens par les silhouettes galonnées des chasseurs et des porteurs. Des grappes de voyageurs en chemises à carreaux pendaient aux guichets et faisaient retentir leurs joviales exclamations d'Américains en pique-nique. La plupart étaient de haute taille, et Ovide, d'un œil inquiet, mesurait le nombre de pouces qui lui manquaient pour les rattraper. Il serra plus fort le bras de Rita Toulouse,
60 car un chasseur (pour Ovide, le garçon occupait un poste important) les suivait d'un œil soupçonneux. Rita accueillit l'étreinte d'Ovide avec complaisance, l'incorporant au vaste sentiment de propriété qui la pénétrait. Le Château lui ouvrait ses portes, l'auréolait du feu de ses lustres, l'accueillait dans l'atmosphère de luxe que méritait sa beauté blonde et qui lui avait jusqu'alors été refusée. Dans ce hall
65 fastueux, elle cueillerait des mille mains de la richesse, pensait-elle, le diplôme de grande distinction auquel lui donnaient droit sa coiffure, sa robe, ses souliers et le loquet serti de verroteries qu'elle portait à son cou bruni par le soleil de l'été. La tête haute, souriante à son succès, les yeux pétillants de bonheur, elle marchait, la croupe ondulante, se frayant comme en triomphe un chemin à travers tous ces
70 regards d'hommes qu'elle croyait fixés sur elle.

Le couple émergea de la cohue chamarrée et s'engagea dans un long couloir qui véhiculait l'écho d'une musique de danse. Elle soupira :

— Les hommes sont bien tous les mêmes. Ils ont des regards qui vous déshabillent. C'est gênant. ❮

Extrait de Roger Lemelin, *Les Plouffe*,
© Les Éditions internationales Alain Stanké, 1999.

*La maison était plutôt biscornue...
Il était clair qu'elle n'avait pas été construite
pour être jolie...*

LA CURIEUSE MAISON ROSE

Si la maison qu'habite un personnage révèle certains aspects de sa personnalité, se pourrait-il qu'elle agisse aussi sur lui ? Autrement dit, un personnage peut-il ressembler à la maison qu'il habite ? Dans sa nouvelle *La curieuse maison rose*, Hugues Corriveau met en scène un personnage qui pourrait répondre à cette question...

Diplômé en lettres, professeur, **Hugues Corriveau** (Sorel, 1948) a publié une vingtaine de titres (poésie, romans, nouvelles, essais) depuis 1978. À la fois écrivain et critique littéraire, il collabore à plusieurs revues, parmi lesquelles *Lettres québécoises*, *Trois* et *Mœbius*.

Bien que le train se fût arrêté, qu'il se trouvât en gare depuis un long moment, je m'attardais avant de descendre, sachant qu'il en avait encore pour un quart d'heure avant de repartir. Surtout, je trouvais passionnante la femme avec qui j'avais eu le plaisir de parler depuis notre départ. Elle dissertait
5 sur tout, mais avec un à-propos toujours convaincant. Elle n'abordait pas de sujets qu'elle connaissait mal ou qui lui déplaisaient. Juste en face de la gare, se trouvait une petite maison aux tons de rose qui faisait dos aux voies, à peine ombragée par quelques grands chênes rouges. On pouvait, de notre fenêtre, regarder à loisir deux femmes qui se promenaient dans le jardin propre et rectiligne. La maison
10 était plutôt biscornue, ne suivant que l'instinct du propriétaire ou les besoins secrets des pièces qu'elle renfermait. Il était clair qu'elle n'avait pas été construite pour être jolie, pour qu'on la trouvât belle, mais bien pour être fonctionnelle, pour s'articuler autour de l'architecture intérieure. Nous remarquions trois fenêtres de différentes grandeurs, asymétriques ; là, l'avancée d'un mur ou un angle plutôt sur-
15 prenant ; là, l'inclinaison d'une pente de toit étonnamment longue et basse. Bref, cela avait un air anarchique, mais qui donnait le goût de pénétrer les secrets qu'elle recelait. J'étais encore étonné de la voir à cet endroit ; je ne me lassais pas de la redécouvrir à chacun de mes retours, nouvelle à chaque fois, puisqu'elle n'était construite que depuis deux ans à peine. Voyant tout à coup que je me
20 préoccupais moins de ce qu'elle me racontait, la femme tourna la tête vers l'endroit où je regardais et laissa échapper un « Oh ! » indéfinissable. « Comment trouvez-vous cela ? » Je lui avais posé la question sans me rendre compte que je changeais abruptement de sujet. « Étonnant, pour le moins », dit-elle, réservée. Précisant sa pensée, elle ajouta qu'« elle trouvait du reste cela affreux, nu, comme si la maison
25 n'était pas finie, les femmes y paraissaient affreuses et la mode n'en prendrait jamais* ». Que la mode de cette architecture prenne un jour, j'en doutais moi-même, mais de là à trouver cette maison laide, il devait y avoir excès. Pire, comment pouvait-elle supposer qu'elle enlaidissait même les personnes qui y vivaient ? Bouleversé, je m'excusai aussitôt et descendis. Seul sur le quai, j'étais en proie à

---

* Marcel Proust *Du côté de chez Swann*, tome I, p. 244.

30 une espèce de panique qui me fit attendre le départ du train avant de traverser la voie. Il partit enfin dans un vacarme qui me parut infernal. La vue que j'avais sur la maison fut libérée. Françoise et ma fille se promenaient dans notre jardin que je regardais vraiment, aurais-je juré, pour la première fois. Elles me virent, m'envoyèrent des saluts joyeux et je commençai à m'approcher d'elles. Je sentais bien
35 qu'elles m'attiraient dans un piège. Je fixais le rose des murs, l'anarchie structurale de notre demeure et je me retins de pleurer. Je venais d'un seul coup de perdre la paix. ❮

Hugues Corriveau, « La curieuse maison rose »,
dans *Autour des gares*, © L'instant même, 1995.

René Magritte, *Éloge de la dialectique*, 1936.

La forme

Depuis ses origines au Moyen Âge, le genre romanesque a constitué un champ d'exploration privilégié pour les auteurs et les auteures, ce qui a donné lieu à des formes sans cesse renouvelées.

Ces explorations ont porté, entre autres choses, sur les voies narratives et le point de vue, ce qui a donné:
- le récit à la première personne (*je/nous*);
- le récit à la troisième personne (*il/elle*);
- le récit à la deuxième personne (*tu/vous*).

Les formes que peut prendre le récit lui-même se sont aussi multipliées au cours du temps: journal intime du héros ou de l'héroïne, correspondance entre les personnages, insertion d'un récit dans le récit, etc., si bien qu'il est presque impossible aujourd'hui de décrire les caractéristiques formelles du genre romanesque.

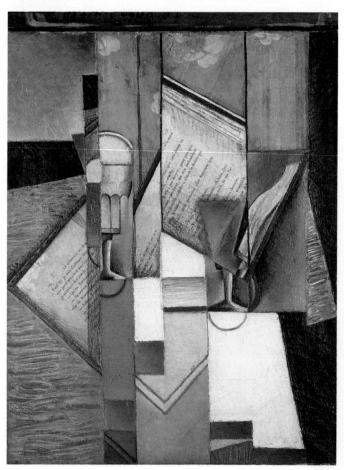

Juan Gris, *Le livre*, 1913.

Vous voyez, lecteur, que je suis en beau chemin,
et qu'il ne tiendrait qu'à moi
de vous faire attendre un an, deux ans, trois ans,
le récit des amours de Jacques...

RUPTURES

Le roman est un genre qui permet de multiplier les variations autour de la forme. Au XVIIIe siècle déjà, dans son roman *Jacques le Fataliste et son Maître*, Denis Diderot a démontré une volonté de rompre avec la manière traditionnelle d'écrire un roman: son récit se présente sous la forme d'une suite de dialogues qui sont entrecoupés de séquences narratives contenant digressions, interpellations du lecteur, réflexions philosophiques, aventures vécues par d'autres personnages, etc. Cette grande virtuosité démontre bien que le genre romanesque est un genre multiforme.

Comment s'étaient-ils rencontrés? Par hasard, comme tout le monde. Comment s'appelaient-ils? Que vous importe? D'où venaient-ils? Du lieu le plus prochain. Où allaient-ils? Est-ce que l'on sait où l'on va? Que disaient-ils? Le maître ne disait rien; et Jacques disait que son capitaine disait que

5 tout ce qui nous arrive de bien et de mal ici-bas était écrit là-haut.

LE MAÎTRE — C'est un grand mot que cela.

JACQUES — Mon capitaine ajoutait que chaque balle qui partait d'un fusil avait son billet.

LE MAÎTRE — Et il avait raison…

10 Après une courte pause, Jacques s'écria: «Que le diable emporte le cabaretier et son cabaret!

LE MAÎTRE — Pourquoi donner au diable son prochain? Cela n'est pas chrétien.

JACQUES — C'est que, tandis que je m'enivre de son mauvais vin, j'oublie de mener nos chevaux à l'abreuvoir. Mon père s'en aperçoit; il se fâche. Je hoche de

15 la tête; il prend un bâton et m'en frotte un peu durement les épaules. Un régiment passait pour aller au camp devant Fontenoy; de dépit je m'enrôle. Nous arrivons; la bataille se donne.

LE MAÎTRE — Et tu reçois la balle à ton adresse.

JACQUES — Vous l'avez deviné; un coup de feu au genou; et Dieu sait les

20 bonnes et mauvaises aventures amenées par ce coup de feu. Elles se tiennent ni plus ni moins que les chaînons d'une gourmette. Sans ce coup de feu, par exemple, je crois que je n'aurais été amoureux de ma vie, ni boiteux.

LE MAÎTRE — Tu as donc été amoureux?

JACQUES — Si je l'ai été!

25 LE MAÎTRE — Et cela par un coup de feu?

JACQUES — Par un coup de feu.

LE MAÎTRE — Tu ne m'en as jamais dit un mot.

JACQUES — Je le crois bien.

LE MAÎTRE — Et pourquoi cela?

30 JACQUES — C'est que cela ne pouvait être dit ni plus tôt ni plus tard.

> PAGE **9**

«La grande valeur, la grande originalité de **Diderot**, c'est d'avoir introduit dans la grave et ordonnée prose du livre, la vivacité, le sautillement, le désordre un peu fou, le tintamarre, la vie fiévreuse de la conversation.»
(E. et J. de Goncourt)

LE MAÎTRE — Et le moment d'apprendre ces amours est-il venu ?

JACQUES — Qui le sait ?

LE MAÎTRE — À tout hasard, commence toujours… »

Jacques commença l'histoire de ses amours. C'était l'après-dîner : il faisait un
35 temps lourd ; son maître s'endormit. La nuit les surprit au milieu des champs ; les
voilà fourvoyés. Voilà le maître dans une colère terrible et tombant à grands coups
de fouet sur son valet, et le pauvre diable disant à chaque coup : « Celui-là était
apparemment encore écrit là-haut… »

Vous voyez, lecteur, que je suis en beau chemin, et qu'il ne tiendrait qu'à moi
40 de vous faire attendre un an, deux ans, trois ans, le récit des amours de Jacques,
en le séparant de son maître et en leur faisant courir à chacun tous les hasards qu'il
me plairait. Qu'est-ce qui m'empêcherait de marier le maître et de le faire cocu ?
d'embarquer Jacques pour les îles ? d'y conduire son maître ? de les ramener tous
les deux en France sur le même vaisseau ? Qu'il est facile de faire des contes ! Mais
45 ils en seront quittes l'un et l'autre pour une mauvaise nuit, et vous pour ce délai.

L'aube du jour parut. Les voilà remontés sur leurs bêtes et poursuivant leur
chemin. — Et où allaient-ils ? — Voilà la seconde fois que vous me faites cette
question, et la seconde fois que je vous réponds : Qu'est-ce que cela vous fait ? Si
j'entame le sujet de leur voyage, adieu les amours de Jacques… Ils allèrent quelque
50 temps en silence. Lorsque chacun fut un peu remis de son chagrin, le maître dit à
son valet : « Eh bien, Jacques, où en étions-nous de tes amours ?

JACQUES — Nous en étions, je crois, à la déroute de l'armée ennemie. […] » ❮

Extrait de Denis Diderot,
Jacques le Fataliste et son Maître, 1796.

Denis Diderot et les encyclopédistes,
gravure d'après Meissonier.

Je la regardais, d'abord de ce regard
qui n'est pas que le porte-parole des yeux...

JE

Le roman est le genre privilégié de l'introspection. On peut en effet, surtout lorsque l'histoire est racontée par la personne qui l'a vécue, connaître de l'intérieur les pensées du personnage, participer à son cheminement, partager ses joies et ses peines. Dans ce genre de récit à la première personne, le roman prend l'allure d'une confidence.

Le roman introspectif, qui s'est imposé au XIXe siècle, connaîtra son apogée avec l'œuvre de plus de 3000 pages de Marcel Proust, *À la recherche du temps perdu*. Ce long roman comprend sept volumes. Dans le premier, *Du côté de chez Swann*, l'auteur évoque ses souvenirs d'enfance et l'éveil de sa sensibilité, qui sera à l'origine de sa vocation d'écrivain.

Tout à coup, je m'arrêtai, je ne pus plus bouger, comme il arrive quand une vision ne s'adresse pas seulement à nos regards, mais requiert des perceptions plus profondes et dispose de notre être tout entier. Une fillette d'un blond roux, qui avait l'air de rentrer de promenade et tenait à la main une
5 bêche de jardinage, nous regardait, levant son visage semé de taches roses. Ses yeux noirs brillaient et, comme je ne savais pas alors, ni ne l'ai appris depuis, réduire en ses éléments objectifs une impression forte, comme je n'avais pas, ainsi qu'on dit, assez « d'esprit d'observation » pour dégager la notion de leur couleur, pendant longtemps, chaque fois que je repensai à elle, le souvenir de leur éclat se
10 présentait aussitôt à moi comme celui d'un vif azur, puisqu'elle était blonde : de sorte que, peut-être si elle n'avait pas eu des yeux aussi noirs – ce qui frappait tant la première fois qu'on la voyait – je n'aurais pas été, comme je le fus, plus particulièrement amoureux, en elle, de ses yeux bleus.

❯

Un amour de Swann, une adaptation de *À la recherche du temps perdu*,
de Volker Schlöndorf (1985) avec Jeremy Irons et Ornella Muti.

❯ PAGE **14**

L'œuvre monumentale de **Marcel Proust** annonce la littérature moderne en faisant une large place au « moi » dans l'acte d'écriture.

Je la regardais, d'abord de ce regard qui n'est pas que le porte-parole des yeux,
15 mais à la fenêtre duquel se penchent tous les sens, anxieux et pétrifiés, le regard
qui voudrait toucher, capturer, emmener le corps qu'il regarde et l'âme avec lui ;
puis, tant j'avais peur que d'une seconde à l'autre mon grand-père et mon père,
apercevant cette jeune fille, me fissent éloigner en me disant de courir un peu
devant eux, d'un second regard, inconsciemment supplicateur, qui tâchait de
20 la forcer à faire attention à moi, à me connaître ! Elle jeta en avant et de côté ses
pupilles pour prendre connaissance de mon grand-père et de mon père, et sans
doute l'idée qu'elle en rapporta fut celle que nous étions ridicules, car elle se
détourna, et d'un air indifférent et dédaigneux, se plaça de côté pour épargner à
son visage d'être dans leur champ visuel et tandis que, continuant à marcher et ne
25 l'ayant pas aperçue, ils m'avaient dépassé, elle laissa ses regards filer de toute leur
longueur dans ma direction, sans expression particulière, sans avoir l'air de me
voir, mais avec une fixité et un sourire dissimulé que je ne pouvais interpréter
d'après les notions que l'on m'avait données sur la bonne éducation que comme
une preuve d'outrageant mépris ; et sa main esquissait en même temps un geste
30 indécent, auquel, quand il était adressé en public à une personne qu'on ne connaissait pas, le petit dictionnaire de civilité que je portais en moi ne donnait qu'un
seul sens, celui d'une intention insolente. ‹

Extrait de Marcel Proust,
Du côté de chez Swann, 1913.

Vingtième et
dernier cahier manuscrit
de *À la recherche du temps perdu*.

Manuscrit pour *Du côté de chez Swann*.

*Et c'est le lendemain à Ram
qu'ils devaient faire la rencontre
qui allait changer leur vie à tous.*

ILS

Même quand les événements rapportés dans un roman sont inspirés de faits vécus, le romancier ou la romancière peut tout de même choisir de prendre une certaine distance avec l'histoire, en écrivant le récit à la troisième personne.

C'est le choix qu'a fait Marguerite Duras dans son roman autobiographique *Un barrage contre le Pacifique*. Dans ce premier roman, qui la fit connaître, Marguerite Duras raconte une période importante de son enfance, passée en Indochine avec sa mère et son frère.

Il leur avait semblé à tous les trois que c'était une bonne idée d'acheter ce cheval. Même si ça ne devait servir qu'à payer les cigarettes de Joseph. D'abord, c'était une idée, ça prouvait qu'ils pouvaient encore avoir des idées. Puis ils se sentaient moins seuls, reliés par ce cheval au monde extérieur,
5 tout de même capables d'en extraire quelque chose, de ce monde, même si ce n'était pas grand-chose, même si c'était misérable, d'en extraire quelque chose qui n'avait pas été à eux jusque-là, et de l'amener jusqu'à leur coin de plaine saturé de sel, jusqu'à eux trois saturés d'ennui et d'amertume. C'était ça les transports : même d'un désert, où rien ne pousse, on pouvait encore faire sortir quelque
10 chose, en le faisant traverser à ceux qui vivent ailleurs, à ceux qui sont du monde.

Cela dura huit jours. Le cheval était trop vieux, bien plus vieux que la mère pour un cheval, un vieillard centenaire. Il essaya honnêtement de faire le travail qu'on lui demandait et qui était bien au-dessus de ses forces depuis longtemps, puis il creva.
15 Ils en furent dégoûtés, si dégoûtés, en se retrouvant sans cheval sur leur coin de plaine, dans la solitude et la stérilité de toujours, qu'ils décidèrent le soir même qu'ils iraient tous les trois le lendemain à Ram, pour essayer de se consoler en voyant du monde.

Et c'est le lendemain à Ram qu'ils devaient faire la rencontre qui allait chan-
20 ger leur vie à tous. ❬

Extrait de Marguerite Duras, *Un barrage contre le Pacifique*, © Éditions Gallimard, 1950.

❭ **PAGE 15**

Marguerite Duras a grandi en Indochine, dans une famille ruinée par l'achat d'une terre incultivable, prise d'assaut chaque année par les eaux de la mer de Chine. C'est cet épisode de son enfance que l'écrivaine relate dans *Un barrage contre le Pacifique*, une fiction à teneur autobiographique.

L'amant, du réalisateur Jean-Jacques Annaud (1991), d'après le récit autobiographique de Marguerite Duras.

Et voici
comment je m'imagine
ton agonie...

TU

Dans un roman, le narrateur semble généralement raconter l'histoire à ses lecteurs et à ses lectrices. Parfois, comme dans *Jacques le Fataliste*, il s'autorise même à interpeller son « lecteur ». La personne qui lit le roman croit alors que l'histoire lui est racontée personnellement.

Dans le roman *Cantique des plaines*, qui lui a valu le Prix du Gouverneur général, l'écrivaine canadienne Nancy Huston met en scène une narratrice qui s'adresse directement au personnage principal de l'histoire, son grand-père, pour lui raconter sa propre vie.

E t voici comment je m'imagine ton agonie : le monde se met à tomber lentement à s'écouler à s'éloigner à s'alléger à fondre et à couler, comme lorsque la neige s'en va tout doucement de la forêt, ou comme une peinture dont les formes glisseraient peu à peu hors du cadre pour ne rien laisser sur
5 la toile, et pendant ce temps tes membres s'alourdissent et s'engourdissent jusqu'à ne plus faire qu'un avec le matelas, avec la terre, jusqu'à ce que ta rage elle-même devienne de l'écume dont les millions de bulles éclatent à mesure que tu t'enfonces dans la matière... Je vois une route qui traverse la plaine en une courbe infinie et le soleil qui l'écrase, qui t'écrase toi contre l'asphalte, la pierre pulvérisée et le
10 goudron – oui désormais tu fais partie de cette route, Paddon, ce long ruban gris suggérant qu'il serait peut-être possible d'aller quelque part –, tu es aplati enfin sur cette plaine, une cicatrice à peine perceptible à sa surface. L'écoulement et la chute et le glissement remontent jusqu'à ton visage, le poids s'appuie sur tes traits, les tirant vers le bas, et la toute dernière chose qu'enregistre ton cerveau avant de suc-
15 comber au bulldozer de la torpeur asphaltée, c'est la voix de Mamie en train de chuchoter *Pardonne-nous nos offenses*.

Et puis rien. ❮

Extrait de Nancy Huston, *Cantique des plaines*, © Leméac, 1993.

Née à Calgary dans un milieu anglophone, **Nancy Huston** (1953) s'installe à Paris en 1973 et publie un premier roman, écrit en français, en 1981 (*Les variations Goldberg*). Depuis, elle a publié essais et romans, écrits principalement en français, traduisant elle-même plusieurs de ses textes dans sa langue maternelle. *Cantique des plaines* a d'abord été écrit en anglais.

Nancy Huston lit en public des passages de son roman *Dolce Agonia* (2001).

De l'autre côté de la source,
les yeux de Popeye fixaient l'homme,
semblables à deux boutons
de caoutchouc noir et souple.

POINTS DE VUE

Qui voit ce qui est décrit dans un roman? On peut penser que l'histoire présentée est racontée telle qu'elle est perçue par le narrateur. Il arrive toutefois souvent que le narrateur présente un lieu, un personnage ou un événement tel qu'il est vu, non pas par lui-même, mais par l'un des personnages de l'histoire. Par exemple, au début du roman *Sanctuaire*, de l'auteur américain William Faulkner, deux hommes s'observent. Le narrateur nous décrit chacun d'eux vu par les yeux de l'autre.

Caché derrière l'écran des broussailles qui entouraient la source, Popeye regardait l'homme boire. Un vague sentier venant de la route aboutissait à la source. Popeye avait vu l'homme, un grand sec, tête nue, en pantalon de flanelle grise fatigué, sa veste de tweed sur le bras, déboucher du sen-
5 tier et s'agenouiller pour boire à la source.

La source jaillissait à la racine d'un hêtre et s'écoulait sur un fond de sable tout ridé par l'empreinte des remous. Tout autour s'était développée une épaisse végétation de roseaux et de ronces, de cyprès et de gommiers, à travers lesquels les rayons d'un soleil invisible ne parvenaient que divisés et diffus. Quelque part,
10 caché, mystérieux, et pourtant tout proche, un oiseau lança trois notes, puis se tut.

À la source l'homme buvait, son visage affleurant le reflet brisé et multiplié de son geste. Lorsqu'il se releva, il découvrit au milieu de son propre reflet, sans avoir pour cela entendu aucun bruit, l'image déformée du canotier de Popeye.

En face de lui, de l'autre côté de la source, il aperçut une espèce de gringalet,
15 les mains dans les poches de son veston, une cigarette pendant sur son menton. Son complet était noir: veston cintré à taille haute, pantalon au repli encroûté de boue tombant sur des chaussures crottées. Son visage au teint étrange, exsangue, semblait vu à la lumière électrique. Sur ce fond de silence et de soleil, avec son canotier sur le coin de l'œil et ses mains sur les hanches, il avait la méchante
20 minceur de l'étain embouti.

Derrière lui, l'oiseau chanta de nouveau, trois mesures monotones, constamment répétées: un chant à la fois dépourvu de sens et profond, qui s'éleva du silence plein de soupirs et de paix dans lequel le lieu semblait s'isoler, et d'où surgit, l'instant d'après, le bruit d'une automobile qui passa sur la route et mourut
25 dans le lointain.

Ayant bu, l'homme restait à genoux près de la source. «C'est un revolver que tu as dans cette poche?» fit l'autre.

De l'autre côté de la source, les yeux de Popeye fixaient l'homme, semblables à deux boutons de caoutchouc noir et souple. «Je te parle, tu entends, reprit Popeye.
30 Qu'est-ce que tu as dans ta poche?»

Originaire du Mississippi, **William Faulkner** (1897-1962) publie ses premiers poèmes en 1919. En 1926 paraît son premier roman, suivi notamment par *Le bruit et la fureur* (1929) et *Sanctuaire*, publié en 1931. André Malraux voyait dans *Sanctuaire* «l'introduction de la tragédie grecque dans le roman policier». Faulkner a remporté le prix Nobel de littérature en 1949.

L'homme avait toujours son veston sur le bras. Il allongea une main vers le veston. D'une poche dépassait un chapeau de feutre bouchonné, et de l'autre un livre. « Laquelle ? dit-il.

— Inutile de me faire voir, fit Popeye, suffit de me le dire. »

35 La main s'arrêta dans son geste. « C'est un livre.

— Quel livre ? demanda Popeye.

— Un livre, simplement. Un livre comme tout le monde en lit. Il y a des gens qui lisent.

— Tu lis des livres ? » dit Popeye.

40 La main de l'homme s'était figée au-dessus du veston. Leurs regards se croisaient de part et d'autre de la source. La mince volute de la cigarette se tordait devant la figure de Popeye que la fumée faisait grimacer d'un côté, comme un masque où le sculpteur eût représenté deux expressions simultanées.

De sa poche-revolver, Popeye sortit un mouchoir crasseux qu'il déploya sur 45 ses talons. Puis il s'accroupit, face à l'homme, de l'autre côté de la source. C'était un après-midi de mai ; il était environ quatre heures. Accroupis de part et d'autre de la source, ils restèrent ainsi pendant deux heures. Par intervalles, derrière, dans le marécage, l'oiseau chantait, comme actionné par un mécanisme d'horlogerie. Deux fois encore d'invisibles autos passèrent sur la grand-route et moururent dans 50 le lointain. De nouveau, l'oiseau chanta.

« Et, naturellement, fit l'homme de l'autre côté de la source, vous ne savez pas son nom. Vous ne seriez pas capable de reconnaître un oiseau, à moins qu'il ne chante en cage dans le hall d'un hôtel ou ne vaille quatre dollars sur un plat. » Popeye ne répondit pas. Il restait accroupi, dans son complet noir étriqué, sa 55 poche droite déformée par une bosse contre son flanc, à tortiller et pincer des cigarettes entre ses minuscules mains de poupée, tout en crachant dans la source. ❬

Extrait de William Faulkner, *Sanctuaire*, © Éditions Gallimard, 1972.
Traduction de R.-N. Raimbault et Henri Delgove.

William Faulkner en 1950. Originaire d'une ancienne famille aristocratique sudiste ruinée par la guerre de Sécession (1861-1865), Faulkner resta toujours profondément attaché à son Sud natal ; il en fit le décor de plusieurs de ses romans.

*Le mieux serait d'écrire
les événements au jour le jour.*

LE JOURNAL INTIME

Comme les mémoires et autres formes d'écriture autobiographique, le journal intime commence à apparaître à la fin du XVIIIe siècle. Cette forme varie toutefois selon le projet d'écriture de la personne qui le rédige. Il peut s'agir d'un journal intime authentique dans lequel sont consignées les réflexions que l'on décide de publier ou encore d'un texte issu de l'imaginaire d'un auteur ou d'une auteure qui a choisi cette forme pour raconter son histoire, comme l'a fait Jean-Paul Sartre dans son premier roman, *La nausée*, paru en 1938.

L
e mieux serait d'écrire les événements au jour le jour. Tenir un journal pour y voir clair. Ne pas laisser échapper les nuances, les petits faits, même s'ils n'ont l'air de rien, et surtout les classer. Il faut dire comment je vois cette table, la rue, les gens, mon paquet de tabac, puisque c'est *cela* qui a
5 changé. Il faut déterminer exactement l'étendue et la nature de ce changement.

Par exemple, voici un étui de carton qui contient ma bouteille d'encre. Il faudrait essayer de dire comment je le voyais *avant* et comment à présent je le [1]   Eh bien! c'est un parallélépipède rectangle, il se détache sur – c'est idiot, il n'y a rien à en dire. Voilà ce qu'il faut éviter, il ne faut pas mettre de
10 l'étrange où il n'y a rien. Je pense que c'est le danger si l'on tient un journal: on s'exagère tout, on est aux aguets, on force continuellement la vérité. D'autre part, il est certain que je peux, d'un moment à l'autre – et précisément à propos de cet étui ou de n'importe quel autre objet –, retrouver cette impression d'avant-hier. Je dois être toujours prêt, sinon elle me glisserait encore entre les doigts. Il ne faut
15 rien [2]   mais noter soigneusement et dans le plus grand détail tout ce qui se produit. Naturellement je ne peux plus rien écrire de net sur ces histoires de samedi et d'avant-hier, j'en suis déjà trop éloigné; ce que je peux dire seulement, c'est que, ni dans l'un ni dans l'autre cas, il n'y a rien eu de ce qu'on appelle à l'ordinaire un événement. Samedi les gamins jouaient aux ricochets et je voulais
20 lancer, comme eux, un caillou dans la mer. À ce moment-là, je me suis arrêté, j'ai laissé tomber le caillou et je suis parti. Je devais avoir l'air égaré, probablement, puisque les gamins ont ri derrière mon dos.

Voilà pour l'extérieur. Ce qui s'est passé en moi n'a pas laissé de traces claires. Il y avait quelque chose que j'ai vu et qui m'a dégoûté, mais je ne sais plus si je
25 regardais la mer ou le galet. Le galet était plat, sec sur tout un côté, humide et boueux sur l'autre. Je le tenais par les bords, avec les doigts très écartés, pour éviter de me salir.

Avant-hier, c'était beaucoup plus compliqué. Et il y a eu aussi cette suite de coïncidences, de quiproquos, que je ne m'explique pas. Mais je ne vais pas
30 m'amuser à mettre tout cela sur le papier. ❮

Extrait de Jean-Paul Sartre, *La nausée*,
© Éditions Gallimard, 1938.

1. Un mot laissé en blanc.

2. Un mot est raturé peut-être « forcer » ou « forger », un autre rajouté en surcharge est illisible.

❯ PAGE 14

Le roman *La nausée* de **Jean-Paul Sartre** peut être vu comme la chronique d'un monde absurde où l'être humain perd les illusions sur lesquelles se fondait sa vie.

Tes lettres, enfin !

LE ROMAN ÉPISTOLAIRE

Proche du journal intime, le roman écrit sous forme de lettres dans lesquelles les personnages se racontent, se livrent l'un à l'autre, est une forme qui a donné naissance à des œuvres comme *Lettres portugaises* (1669), *Julie ou La nouvelle Héloïse* (1761) et *Les liaisons dangereuses* (1782). Le roman par lettres est la forme idéale pour explorer la notion de point de vue. L'écrivaine d'origine chinoise Ying Chen a choisi cette forme pour raconter dans son deuxième roman, *Les lettres chinoises*, l'histoire de deux jeunes amoureux chinois qui sont séparés parce que le jeune homme, Yuan, a choisi de venir s'établir à Montréal.

Ying Chen est née en 1961 à Shanghai, en Chine, où elle a suivi des cours de russe, d'anglais, de japonais, d'italien, et a décroché un diplôme en langue et littérature françaises (1983). En 1989 elle s'installe à Montréal et obtient une maîtrise en création littéraire (1991). L'année suivante, elle publie un premier roman, *La mémoire de l'eau*. Mais c'est surtout avec *L'ingratitude* (1995) qu'elle se fait connaître.

Me voilà à l'aéroport de Vancouver. Il me faut prendre un avion canadien pour continuer mon trajet. En attendant l'heure du départ, je veux te redire, Sassa, ma souffrance de te quitter. Quand je suis monté dans l'avion, tu souriais. Comment peux-tu me faire cela, ma maligne? Comment
5 peux-tu ne pas pleurer un peu à un moment pareil? Il est vrai que tes pleurs ne sauraient pas mieux me consoler. Mais ton sourire muet, ton sourire intelligent et moqueur m'a troublé. Il est imprimé dans ma mémoire et engendrera des douleurs qui m'accompagneront désormais sur le nouveau chemin de ma vie. Est-ce bien cela que tu voulais, hein?

10 Il est inutile de te donner des explications. Tu peux tout comprendre et tout supporter sauf cela. Ainsi, tu trouves normal que j'abandonne une terre qui m'a nourri, pauvrement, pendant une vingtaine d'années, pour un autre bout du monde inconnu, que je quitte une belle jeune fille pour aller saluer une tante « américaine ». Tu m'as même dit que tu apprécies en moi cette espèce d'instinct
15 vagabond. Mais tu ne veux pas croire que c'est en quittant ce pays que j'apprends à le mieux aimer. Le mot « aimer », tu le trouveras peut-être trop fort. Pourtant, je pourrais dire que c'est aujourd'hui, bien plus qu'à d'autres moments de ma vie, que je ressens un profond besoin de reconnaître mon appartenance à mon pays. C'est important d'avoir un pays quand on voyage. Un jour, tu com-
20 prendras tout cela : quand tu présentes ton passeport à une dame aux lèvres serrées, quand tu te retrouves parmi des gens dont tu ignores jusqu'à la langue, et surtout quand on te demande tout le temps de quel pays tu viens. Pour pouvoir vivre dans un monde civilisé, il faut s'identifier, c'est cela.
25 Ta pensée m'occupe complètement et je vis dans l'espoir de te revoir très bientôt.

Yuan, de Vancouver

[...]

Ying Chen à Shanghai en 1997.

Ying Chen au marché
de Shanghai en 1997.

Tes lettres, enfin! J'ai envie maintenant de prêter ma plus belle jupe à ma
sœur, de faire beaucoup de ménage pour maman et de réviser pendant deux
30 bonnes heures mes leçons de français pour faire plaisir à papa. Et tout cela en
l'honneur de ton arrivée là-bas! À force de t'avoir souhaité un bon voyage, j'oublie
presque la douleur que m'a causée ce départ. Je suis enfin soulagée de toutes sortes
de peurs: que ton avion ne soit en panne au-dessus de l'océan, ou que tu ne
tombes dans des mains inconnues et méchantes.

35 Que d'autre puis-je donc te souhaiter à part la sécurité? «Bonne chance»,
peut-être? Mais je ne comprends toujours pas après quelle chance tu cours. Il me
semble que tu as tes chances ici dans ton pays. Tu as tes parents qui t'ont gâté, ta
fiancée qui est prête à se jeter dans le fleuve Huang-Pu pour toi, ton poste de travail solide comme du fer, ton petit appartement à toi presque gratuit. Bien sûr, tu
40 avais des ennuis ici, comme moi, comme tout le monde. Tu supportais mal le goût
inquiétant de l'eau du robinet, l'odeur étouffante dans les autobus toujours
bondés, tes voisins qui te connaissaient mieux que toi-même, ta supérieure qui te
tapotait la nuque comme à un petit enfant, etc.

Mais y a-t-il jamais des chances sans ennuis ou des ennuis sans chances? Au
45 collège, nous avons appris un proverbe français: «Après la pluie, le beau temps.»
Existe-t-il là-bas un proverbe semblable à celui-ci? Est-ce que les gens y sont aussi
optimistes? Moi je poursuivrais la phrase ainsi: «... Et après le beau temps, la
pluie (ou la neige).»

Va pour le proverbe. Pour toi, je préfère te souhaiter un beau temps éternel. Je
50 t'embrasse, mon soleil.

Sassa, de Shanghai ❮

Extrait de Ying Chen, *Les lettres chinoises*, © Leméac, 1993.

*— Une histoire, vovó,
une histoire !*

RELAIS
DE NARRATION

Au cours d'un roman, il arrive parfois qu'un des personnages se substitue au narrateur et se mette à raconter une histoire : ce peut être un événement important de sa propre vie, l'histoire d'un autre personnage ou encore une histoire inventée, comme dans cet extrait du roman de Pierre Samson, *Un garçon de compagnie*.

La fillette s'approcha de sa grand-mère dont elle secoua la jupe en prenant un air buté. La vieille fit mine d'être tirée de son sommeil. En fait, elle songeait à sa famille, source de fierté, à ses fils vigoureux, à ses filles prolifiques. La vie, quoique dure, avait été bonne pour elle. Elle souleva la
5 petite sans effort, l'installa sur ses genoux.

Marc Chagall,
Femme enceinte, **1913.**

— Une histoire, *vovó*, une histoire !

La vieille la ceignit de ses bras rudes et la força à se caler contre sa poitrine. Elle racla sa mémoire et retrouva caché, là contre ses souvenirs de jeunesse, un conte qu'elle croyait avoir perdu. Elle renifla le parfum de sa filleule et laissa son
10 cœur s'envoler.

Un seigneur vivait avec ses trois filles, trois jolies fées, bonnes comme l'eau, mais légères comme le vent. Aucune ne voulait se marier, car nul homme n'avait eu l'heur de les charmer. Un matin, il les rassembla dans la clairière et leur dit :

— La forêt est bonne dans sa perfection. Celle d'entre vous trois qui accouchera d'un
15 enfant digne de ces bois héritera de toute ma fortune.

C'était un homme fabuleusement riche, aussi ses filles s'engouffrèrent-elles dans la jungle à la recherche du compagnon idéal.

La première, magicienne, se changea en serpent et s'accoupla au Python, maître du royaume vert. Elle grossit, heureuse et persuadée de donner à son père un descendant
20 digne des lieux. Elle accoucha d'une fille à la peau de soie et aux yeux perçants. Elle déborda d'une joie telle en la voyant, elle l'étreignit avec tant de force qu'elle broya l'enfant et, sans pouvoir s'en empêcher, l'engloutit d'un trait.

— Voilà bien une leçon, pensa-t-elle en sifflant.

Elle reprit forme humaine et retourna chez son père.

25 La seconde, rusée, s'assit dans la grande rivière, écarta les jambes et imprima à son corps les ondulations du poisson femelle prêt à pondre. Bien entendu, le poisson le plus vigoureux, maître du royaume bleu, l'approcha et l'arrosa. Elle grossit, heureuse et persuadée de donner à son père un descendant digne des lieux. Elle accoucha d'un garçon à la peau nacrée et aux pieds palmés. Mais dès qu'il fut sorti d'elle, il suffoqua à l'air libre
30 et expira sur la grève.

— Voilà bien une leçon, pensa-t-elle en gigotant.

Elle se sécha et retourna chez son père.

La troisième, la plus belle, grimpa à un arbre et charma un perroquet irisé, maître du royaume blanc. C'était l'ara le plus fabuleux qu'elle ait vu de sa courte vie. Elle
35 grossit, heureuse et persuadée de donner à son père un descendant digne des lieux. Elle accoucha d'un garçon à la peau multicolore et doué de parole. Mais sitôt dans les bras de sa mère, il se débattit, se jeta du haut de la branche et s'écrasa contre une pierre.

— Voilà bien une leçon, pensa-t-elle en s'ébrouant.

Elle descendit de l'arbre et retourna chez son père.

40 Les sœurs atteignirent la maison en pleurant toutes les trois. Leur père leur demanda la cause de leur chagrin. Une à une, elles relatèrent leur malheur, honteuses d'avoir échoué. Mais, le seigneur les prit dans ses bras et leur dit qu'il était fier d'elles parce qu'elles avaient appris d'elles-mêmes la seule leçon que la nature daigne vous enseigner.

La vieille laissa traîner la phrase avant de reprendre longuement son souffle.

45 — Et dis-moi, *vovó*, la leçon, c'est quoi ?

La grand-mère saisit doucement l'enfant aux épaules et la plaça de façon à ce que la petite la regardât bien en face.

— L'histoire te montre, mon miel, que tu seras femme et, qu'en donnant la vie, une femme donne aussi la mort. ❨

Extrait de Pierre Samson, *Un garçon de compagnie*,
© Éditions Les Herbes rouges, 1997.

Pierre Samson (1958) a voyagé au Brésil, où il a campé l'action de ses trois premiers romans, *Le messie de Bélem* (1996), *Un garçon de compagnie* (1997) et *Il était une fois une ville* (1999). Il a par ailleurs collaboré plusieurs fois au quotidien *Le Devoir* et travaille depuis plusieurs années pour la télévision comme scripteur et recherchiste.

Moments romanesques · Moments romanesques · Moments romanesques
Moments romanesques Moments romanesques
Moments romanesques

Moments romanesques

De quoi se souvient-on lorsque l'on pense à un roman que l'on a beaucoup aimé? Parfois c'est d'un personnage que l'on a trouvé particulièrement attachant, amusant, énigmatique, parfois c'est d'une scène particulièrement forte, qui avait déclenché en nous une forte émotion lors de la lecture, et qui resurgit lorsqu'on repense au roman, des années plus tard.

Les scènes d'un roman qui nous ont ainsi marqué constituent souvent des moments clés de l'histoire, des moments où le personnage principal se trouve confronté aux autres personnages ou à lui-même. Ce sont ces scènes-là qu'on aimerait faire lire aux autres pour susciter en eux l'envie de lire le roman en entier.

Julius Schnorr von Carolsfeld
(1794-1872), *La chute.*

*... il méditait tout un plan d'éducation
pour sa fille, voulant la faire heureuse,
bonne, droite et tendre.*

UN PASSAGE

Le premier roman de Guy de Maupassant, *Une vie*, paru en 1883, met en scène une jeune femme normande, Jeanne, issue d'une famille aristocratique. Au début du roman, Jeanne a dix-sept ans. Elle s'apprête à quitter le couvent pour faire son entrée dans le monde. Sa vie de femme mariée ne sera qu'une suite de désillusions. À la mort de son mari, elle reportera toute son affection sur son fils, qui la décevra à son tour. Jeanne découvrira que, dans la vie, être bonne et honnête n'assure pas le bonheur.

Chapitre 1

Jeanne, ayant fini ses malles, s'approcha de la fenêtre, mais la pluie ne cessait pas.

L'averse, toute la nuit, avait sonné contre les carreaux et les toits. Le ciel bas et chargé d'eau semblait crevé, se vidant sur la terre, la délayant en bouillie, la fon-
5 dant comme du sucre. Des rafales passaient pleines d'une chaleur lourde. Le ronflement des ruisseaux débordés emplissait les rues désertes où les maisons, comme des éponges, buvaient l'humidité qui pénétrait au dedans et faisait suer les murs de la cave au grenier.

Jeanne, sortie la veille du couvent, libre enfin pour toujours, prête à saisir tous
10 les bonheurs de la vie dont elle rêvait depuis si longtemps, craignit que son père hésitât à partir si le temps ne s'éclaircissait pas, et pour la centième fois depuis le matin elle interrogeait l'horizon.

Puis elle s'aperçut qu'elle avait oublié de mettre son calendrier dans son sac de voyage. Elle cueillit sur le mur le petit carton divisé par mois, et portant au milieu
15 d'un dessin la date de l'année courante 1819 en chiffres d'or. Puis elle biffa à coups de crayon les quatre premières colonnes, rayant chaque nom de saint jusqu'au 2 mai, jour de sa sortie du couvent.

Une voix, derrière la porte, appela: «Jeannette!»

Jeanne répondit: «Entre, papa.» Et son père parut.
20 Le baron Simon-Jacques Le Perthuis des Vauds était un gentilhomme de l'autre siècle, maniaque et bon. Disciple enthousiaste de J.-J. Rousseau, il avait des tendresses d'amant pour la nature, les champs, les bois, les bêtes.

Aristocrate de naissance, il haïssait par instinct quatre-vingt-treize; mais philosophe par tempérament et libéral par éducation, il exécrait la tyrannie d'une
25 haine inoffensive et déclamatoire.

Sa grande force et sa grande faiblesse, c'était la bonté, une bonté qui n'avait pas assez de bras pour caresser, pour donner, pour étreindre, une bonté de créateur, éparse, sans résistance, comme l'engourdissement d'un nerf de la volonté, une lacune dans l'énergie, presque un vice.

⟩ PAGE 11

Dans *Une vie*, **Guy de Maupassant** adopte volontairement le style le plus neutre qui soit pour mieux traduire la platitude de la vie de son personnage.

⟩

30   Homme de théorie, il méditait tout un plan d'éducation pour sa fille, voulant la faire heureuse, bonne, droite et tendre.

Elle était demeurée jusqu'à douze ans dans la maison, puis, malgré les pleurs de la mère, elle fut mise au Sacré-Cœur.

Il l'avait tenue là sévèrement enfermée, cloîtrée, ignorée et ignorante des
35 choses humaines. Il voulait qu'on la lui rendît chaste à dix-sept ans pour la tremper lui-même dans une sorte de bain de poésie raisonnable ; et, par les champs, au milieu de la terre fécondée, ouvrir son âme, dégourdir son ignorance à l'aspect de l'amour naïf, des tendresses simples des animaux, des lois sereines de la vie.

Elle sortait maintenant du couvent, radieuse, pleine de sèves et d'appétits
40 de bonheur, prête à toutes les joies, à tous les hasards charmants que dans le désœuvrement des jours, la longueur des nuits, la solitude des espérances, son esprit avait déjà parcourus.

Elle semblait un portrait de Véronèse avec ses cheveux d'un blond luisant qu'on aurait dit avoir déteint sur sa chair, une chair d'aristocrate à peine nuancée
45 de rose, ombrée d'un léger duvet, d'une sorte de velours pâle qu'on apercevait un peu quand le soleil la caressait. Ses yeux étaient bleus, de ce bleu opaque qu'ont ceux des bonshommes en faïence de Hollande.

Elle avait, sur l'aile gauche de la narine, un petit grain de beauté, un autre à droite, sur le menton, où frisaient quelques poils si semblables à sa peau qu'on les
50 distinguait à peine. Elle était grande, mûre de poitrine, ondoyante de la taille. Sa voix nette semblait parfois trop aiguë ; mais son rire franc jetait de la joie autour d'elle. Souvent, d'un geste familier, elle portait ses deux mains à ses tempes comme pour lisser sa chevelure.

Elle courut à son père et l'embrassa, en l'étreignant : « Eh bien, partons-nous ? »
55 dit-elle.

[…]

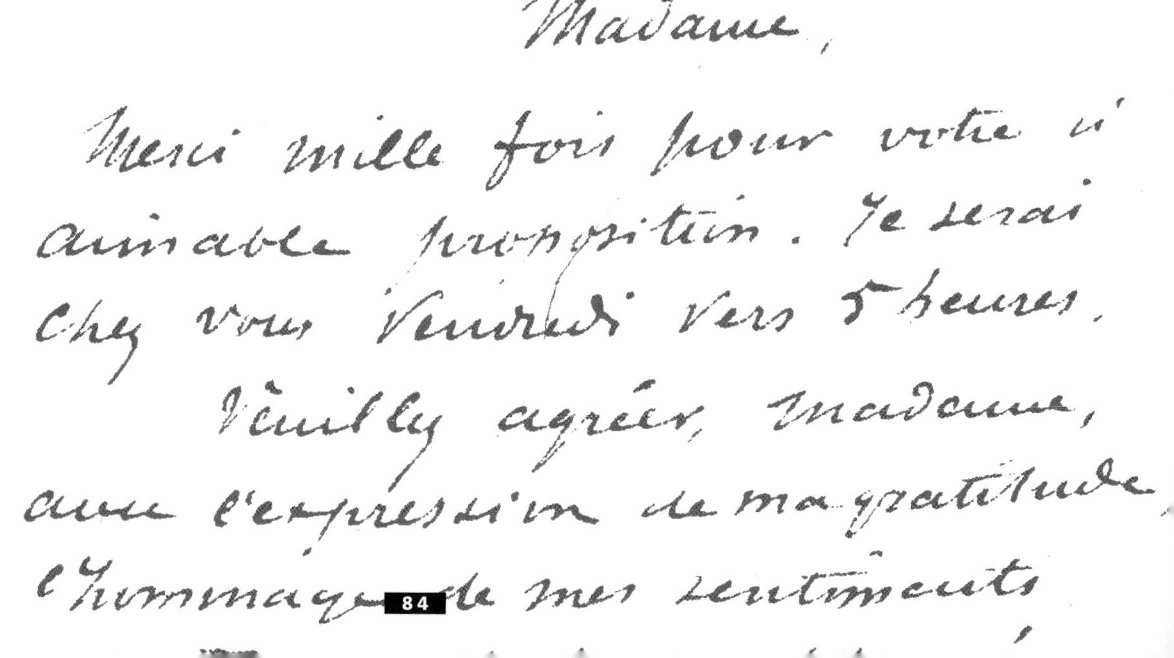

Madame,

Merci mille fois pour votre si aimable proposition. Je serai chez vous vendredi vers 5 heures.

Veuillez agréer, madame, avec l'expression de ma gratitude, l'hommage de mes sentiments

Chapitre 11

Elle demeura trois mois dans sa chambre, devenue si faible et si pâle qu'on la croyait et qu'on la disait perdue. Puis peu à peu elle se ranima. Petit père et tante Lison ne la quittaient plus, installés tous deux aux Peuples. Elle avait gardé de cette secousse une maladie nerveuse ; le moindre bruit la faisait défaillir, et elle 60 tombait en de longues syncopes provoquées par les causes les plus insignifiantes.

Jamais elle n'avait demandé de détails sur la mort de Julien. Que lui importait ? N'en savait-elle pas assez ? Tout le monde croyait à un accident, mais elle ne s'y trompait pas ; et elle gardait en son cœur ce secret qui la torturait : la connaissance de l'adultère, et la vision de cette brusque et terrible visite du comte, le jour 65 de la catastrophe.

Voilà que maintenant son âme était pénétrée par des souvenirs attendris, doux et mélancoliques, des courtes joies d'amour que lui avait autrefois données son mari. Elle tressaillait à tout moment à des réveils inattendus de sa mémoire ; et elle le revoyait tel qu'il avait été en ces jours de fiançailles, et tel aussi qu'elle l'avait 70 chéri en ses seules heures de passion écloses sous le grand soleil de la Corse. Tous les défauts diminuaient, toutes les duretés disparaissaient, les infidélités elles-mêmes s'atténuaient maintenant dans l'éloignement grandissant du tombeau fermé. Et Jeanne, envahie par une sorte de vague gratitude posthume pour cet homme qui l'avait tenue en ses bras, pardonnait les souffrances passées pour ne 75 songer qu'aux moments heureux. Puis le temps marchant toujours et les mois tombant sur les mois poudrèrent d'oubli, comme d'une poussière accumulée, toutes ses réminiscences et ses douleurs ; et elle se donna tout entière à son fils.

Il devint l'idole, l'unique pensée des trois êtres réunis autour de lui ; et il régnait en despote. Une sorte de jalousie se déclara même entre ces trois esclaves 80 qu'il avait, Jeanne regardant nerveusement les grands baisers donnés au baron après les séances de cheval sur un genou. Et tante Lison négligée par lui comme elle l'avait toujours été par tout le monde, traitée parfois en bonne par ce maître qui ne parlait guère encore, s'en allait pleurer dans sa chambre en comparant les insignifiantes caresses mendiées par elle et obtenues à peine aux étreintes qu'il gar-85 dait pour sa mère et pour son grand-père.

[…] ❮

Extraits de Guy de Maupassant, *Une vie*, 1883.

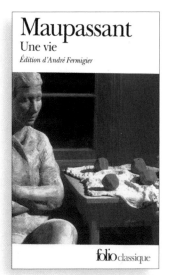

Guy de Maupassant, *Une vie*, Éditions Gallimard, 1999. Collection Folio classique.

*« Quel dommage !
Je deviendrai vieux, affreux, horrible.
Mais ce portrait restera toujours jeune. »*

UNE RÉVÉLATION

Dorian Gray est l'unique roman de l'auteur anglais Oscar Wilde. Dorian est un jeune dandy qui a la révélation de sa beauté en voyant son portrait. Il fait le vœu que son portrait vieillisse à sa place. Son vœu sera exaucé, mais il découvrira de façon brutale que chez l'être humain, la mort est inéluctable.

Chapitre 3

Lord Henry s'approcha pour examiner le tableau. C'était assurément une merveilleuse œuvre d'art, un portrait d'une ressemblance extraordinaire.

« Mon cher, mes plus sincères félicitations, dit-il, c'est le plus beau portrait des
5 temps modernes. M. Gray, venez vous regarder. »

Le jeune homme tressaillit comme si on l'avait arraché à un rêve.

« Est-ce vraiment fini ? » demanda-t-il en descendant de l'estrade.

« Tout à fait fini, dit le peintre, et vous avez admirablement posé aujourd'hui. Je vous en suis infiniment reconnaissant. »

10 « C'est grâce à moi, intervint Lord Henry, n'est-ce pas, M.Gray ? »

Dorian ne répondit pas, mais s'avança lentement vers le tableau. Lorsqu'il le vit, il recula et rougit un instant de plaisir. Son regard eut un éclair de joie comme s'il se reconnaissait pour la première fois de sa vie. Il demeura immobile, ébloui. Il lui semblait bien entendre Hallward lui parler mais il ne pouvait pas saisir ses
15 paroles. Il avait la révélation soudaine de sa propre beauté. Il n'y avait pas cru auparavant. Il n'avait vu dans les compliments de Basil qu'une manifestation d'amitié excessive. Il les avait écoutés, en avait ri, puis les avait oubliés. Ils avaient été sans influence sur lui. Alors Lord Henry Wotton était venu avec son étrange panégyrique de la jeunesse, et l'annonce terrible de sa brièveté. Il l'avait troublé.
20 Maintenant qu'il contemplait le reflet de sa propre beauté, éclatait la vérité profonde des affirmations de Lord Henry. Oui, un jour son visage serait ridé et flétri, son regard pâle et éteint, sa gracieuse silhouette alourdie et défigurée. Ses lèvres perdraient leur éclat vermeil et ses cheveux leur reflet d'or. La vie allait modeler son âme, et avilir son corps. Il deviendrait horrible, hideux et grotesque. À cette
25 pensée, il lui sembla qu'un poignard le transperçait. Il frissonna jusqu'en ses fibres les plus secrètes. Ses yeux devinrent d'un améthyste bleu sombre, et s'embuèrent de larmes. Une main de glace oppressait son cœur.

« Il ne vous plaît pas, » s'écria enfin Hallward, plutôt vexé par un silence qu'il ne s'expliquait pas.

30 « Bien sûr qu'il lui plaît, » dit Lord Henry. « À qui ne plairait-il pas ? C'est une des plus grandes œuvres de l'art moderne. Je vous en donnerai tout ce qu'il vous plaira mais je le veux. »

Homme élégant, raffiné, à l'esprit vif, **Oscar Wilde** (1854-1900) est célèbre dès la parution de ses premiers écrits. D'origine irlandaise, il fait des études à Oxford, en Angleterre, et publie ensuite des récits et des contes, de même qu'un unique roman, *Le portrait de Dorian Gray* (1891). Ses comédies séduisent Londres et lui assurent gloire et fortune. Mais la dénonciation publique de ses mœurs homosexuelles le fait condamner à deux ans de travaux forcés (1895-1897). Désormais ruiné, sa réputation perdue, il quitte l'Angleterre pour la France et termine sa vie dans la déchéance.

« Il ne m'appartient pas Henry ! »

« À qui appartient-il donc ? »

35 « À Dorian, naturellement ! » répondit le peintre.

« Il en a de la chance ! »

« Quel dommage ! murmura Dorian Gray, sans quitter son portrait des yeux. « Quel dommage ! Je deviendrai vieux, affreux, horrible. Mais ce portrait restera toujours jeune. Il ne sera jamais plus âgé qu'en ce jour de juin… Si ce pouvait être
40 le contraire. Si je demeurais toujours jeune et que le portrait vieillisse à ma place ! Je donnerais tout, tout pour qu'il en soit ainsi. Il n'est rien au monde que je ne donnerais. Je donnerais mon âme ! »

« Voilà un arrangement qui ne vous conviendrait guère, Basil, » s'écria Lord Henry en riant. « Il serait dur pour votre œuvre. »

45 « Je m'y opposerais absolument ! » dit Hallward.

Dorian Gray se tourna vers lui. « Je le crois, Basil : vous aimez plus votre art que vos amis. Je ne compte pas plus pour vous qu'un motif de bronze vert. Oui, tout juste autant. »

Le peintre le regarda stupéfait. Cela ne ressemblait guère à Dorian de parler
50 ainsi. Que s'était-il passé ? Il semblait furieux. Le rouge lui était monté au visage, ses joues étaient brûlantes.

« Oui, » poursuivit-il, « je suis moins pour vous que votre Hermès d'ivoire ou votre faune d'argent. Ils vous plairont toujours. Mais combien de temps vous plairai-je encore ? Jusqu'à ma première ride, je présume. Je sais maintenant que
55 lorsqu'on perd sa beauté, on a tout perdu. Votre tableau me l'a appris. Lord Henry a tout à fait raison. La jeunesse est le seul bien qui vaille d'être possédé. Lorsque je me sentirai vieillir, je me tuerai. »

❯

William Powell Frith, *Une exposition à la Royal Academy de Londres,* **1881.**

**Frith a peint Oscar Wilde
dans la foule des invités
(à droite, à l'avant-plan, derrière l'enfant).**

Chapitre 13

Quelques années plus tard, Basil Hallward rend visite à Dorian.

Il sortit de la pièce et commença l'ascension. Basil Hallward le suivait de près. Ils montèrent en silence, comme c'est naturel la nuit. La lampe projetait des
60 ombres fantastiques sur les murs et l'escalier. Un vent qui venait de se lever fit battre des fenêtres.

Lorsqu'ils eurent atteint le dernier palier, Dorian posa la lampe sur le plancher, prit la clef et la fit tourner dans la serrure. « Vous tenez toujours à savoir, Basil ? » demanda Dorian à voix basse.

65 « Oui. »

« J'en suis ravi, » répondit-il, souriant. Puis, il ajouta avec une certaine rudesse : « Vous êtes le seul homme au monde qui ait le droit de tout savoir de moi. Vous avez joué dans ma vie un rôle bien plus important que vous ne pensez. » Il saisit la lampe, ouvrit la porte et entra. Un courant d'air glacial les enveloppa et la
70 lumière devint un instant une immense flamme orange foncé. Dorian frissonna. « Fermez la porte derrière vous, » murmura-t-il, tout en posant la lampe sur la table.

Hallward regarda autour de lui, l'air intrigué. On avait l'impression que cette pièce n'avait pas été visitée depuis des années. Une tapisserie flamande fanée, un tableau recouvert d'une tenture, un vieux bahut italien, une bibliothèque presque
75 vide, une table, une chaise et c'était tout. Dorian Gray alluma une bougie à demi consumée, sur la cheminée. Basil s'aperçut alors que l'endroit était tout couvert de poussière, que le tapis était troué un peu partout. Une souris s'enfuit effrayée derrière la boiserie. L'atmosphère était humide : il régnait une forte odeur de moisi.

« Vous croyez donc, Basil, que seul Dieu peut voir les âmes. Tirez ce rideau.
80 Vous verrez la mienne. »

La voix était froide et cruelle. « Vous êtes fou, Dorian, ou vous jouez une comédie, » répondit Hallward en fronçant les sourcils.

« Vous ne voulez pas ? Je le ferai moi-même puisqu'il le faut, » dit le jeune homme. Il déchira le rideau en l'arrachant de sa tringle et le jeta par terre.
85 Un cri d'horreur s'échappa des lèvres du peintre lorsqu'il aperçut dans la pénombre, sur la toile, ce visage hideux qui le regardait en grimaçant. Quelque chose dans l'expression du portrait l'emplit de haine et de dégoût. Juste Ciel ! C'était donc là le visage de Dorian Gray ! Tant d'horreur n'avait pas suffi pour ruiner complètement cette miraculeuse beauté. Il restait de l'or dans ces cheveux
90 éclaircis, cette bouche sensuelle avait gardé de son éclat de pourpre. Ces yeux éteints avaient sauvé un peu de leur bleu divin, on devinait encore le noble dessin de ces narines finement ciselées, de ce cou qui avait été sans défaut. Oui, c'était bien Dorian. Mais qui avait peint ce tableau ? Il croyait reconnaître son œuvre et le cadre qu'il avait dessiné lui-même. Une pensée l'effraya bien qu'elle fût inconce-
95 vable. Il saisit la bougie, l'approcha du tableau. À gauche, il reconnut de grandes lettres vermillon : sa signature.

C'était une immonde parodie, une infâme, une ignoble caricature. Il n'avait jamais rien peint de pareil. Et pourtant c'était bien son portrait. Il en était sûr. Il

Wilde
Le Portrait de Dorian Gray
Édition de Jean Gattégno

folio classique

Oscar Wilde,
Le portrait de Dorian Gray,
Éditions Gallimard, 1992.
Collection Folio classique.

lui sembla qu'en l'espace d'un instant son sang s'était métamorphosé de feu en
100 glace. Son portrait? Comment était-ce possible? Pourquoi avait-il changé ainsi? Il
se retourna, jeta à Dorian un regard fiévreux. Ses lèvres se crispèrent. Sa langue
sèche ne pouvait articuler aucun son. Il se passa la main sur le front, une sueur
froide y perlait.

Le jeune homme s'était adossé à la cheminée; son visage reflétait l'expression
105 étrange que peut inspirer au théâtre le jeu fascinant d'un grand acteur. Il n'expri-
mait ni peine ni joie. Dorian n'était qu'un spectateur que le spectacle passionnait.
Peut-être aurait-on pu discerner une lueur de triomphe dans ses yeux? Il avait
retiré la fleur de sa boutonnière: il en respirait le parfum ou du moins faisait semblant.

110 «Que signifie ceci?» s'écria enfin Hallward. Il fut lui-même frappé du ton
étonnamment dur de sa voix.

«Il y a des années, j'étais encore un jeune garçon,» dit Dorian Gray en écrasant la fleur dans sa main, «je vous ai connu, et vos flatteries m'ont rendu vain
de ma beauté. Un jour, vous m'avez présenté à un de vos amis: il m'a révélé les
115 merveilles de la jeunesse; vous avez peint un portrait qui, lui, m'a révélé les merveilles de la beauté. Dans un moment de folie – je ne sais toujours pas si je dois
ou non le regretter – j'ai formulé un vœu, peut-être l'appelez-vous une prière...»

«Je me souviens. Oh! je me souviens parfaitement. Non ce n'est pas possible. La
pièce est humide. La moisissure a pénétré la toile. Les couleurs dont je me suis servi,
120 contenaient quelque terrible poison minéral. Je vous dis que c'est impossible!»

«Ah! Qu'y a-t-il d'impossible?» murmura le jeune homme. Il alla à la fenêtre,
appuyer son front contre la vitre froide et embrumée.

«Vous m'avez dit l'avoir détruit.»

«Je me trompais. C'est lui qui m'a détruit.»

[...] ‹

Extraits de Oscar Wilde, *Le portrait de Dorian Gray*,
© Pocket, département d'Havas Poche, 1979.

— Elle a un nénuphar ? demanda Nicolas, incrédule.
— Dans le poumon droit, dit Colin.

UN DIAGNOSTIC

Le roman de Boris Vian *L'écume des jours*, paru en 1947, est considéré comme le roman culte des années 1960. Ce roman raconte l'histoire de deux couples, Colin et Chloé, Chick et Alise.

Ces quatre personnages vivent dans un univers poétique où les maisons rétrécissent et où des nénuphars poussent dans le cœur des humains. Mais *L'écume des jours* est surtout le récit d'un amour passionné qui sera vaincu par la maladie.

Chapitre 40

Chloé sort du cabinet du médecin.

Ça ne va pas, dit Nicolas, sans se retourner, avant que la voiture démarre.

Chloé pleurait toujours dans la fourrure blanche et Colin avait l'air d'un homme mort. L'odeur des trottoirs montait de plus en plus, les vapeurs d'éther
5 emplissaient la rue.

— Va… dit Colin.

— Qu'est-ce qu'elle a ? demanda Nicolas.

— Oh, dit Colin, ça ne pouvait pas être pire.

Il se rendit compte de ce qu'il venait de dire et regarda Chloé. Il l'aimait telle-
10 ment à ce moment qu'il se serait tué pour son imprudence.

Chloé, recroquevillée dans un coin de la voiture, mordait ses poings. Ses cheveux lustrés lui tombaient sur la figure et elle piétinait sa toque de fourrure. Elle pleurait de toutes ses forces, comme un bébé, mais sans bruit.

— Pardonne-moi, ma Chloé, dit Colin. Je suis un monstre.
15 Il se rapprocha d'elle et la prit près de lui. Il embrassait ses pauvres yeux affolés et sentait son cœur battre à coups sourds et lents dans sa poitrine.

— On va te guérir, dit-il. Ce que je voulais dire, c'est qu'il ne pouvait rien arriver de pire que de te voir malade, quelle que soit la maladie.

— J'ai peur… dit Chloé. Il m'opérera sûrement.
20 — Non, dit Colin. Tu seras guérie avant.

— Qu'est-ce qu'elle a ? répéta Nicolas. Je peux faire quelque chose ?

Lui aussi avait l'air très malheureux. Son aplomb ordinaire s'était fortement ramolli.

— Ma Chloé… dit Colin. Calme-toi.
25 — C'est sûr, dit Nicolas. Elle sera guérie très vite.

— Ce nénuphar, dit Colin. Où a-t-elle pu attraper ça ?

— Elle a un nénuphar ? demanda Nicolas, incrédule.

— Dans le poumon droit, dit Colin. Le professeur croyait au début que c'était simplement quelque chose d'animal. Mais c'est ça. On l'a vu sur l'écran. Il est déjà
30 assez grand, mais enfin, on doit pouvoir en venir à bout.

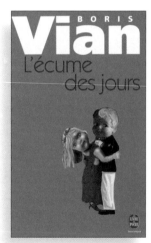

Boris Vian,
L'écume des jours,
Éditions Pauvert, 1998.
Le livre de poche.

— Mais oui, dit Nicolas.

— Vous ne pouvez pas savoir ce que c'est, sanglota Chloé. Ça fait tellement mal quand il bouge.

— Ne pleurez pas, dit Nicolas. Ça ne sert à rien et vous allez vous fatiguer.

35 La voiture démarra. Nicolas la menait lentement à travers les maisons compliquées. Le soleil disparaissait peu à peu derrière les arbres et le vent fraîchissait.

— Le docteur veut qu'elle aille à la montagne, dit Colin. Il prétend que le froid tuera cette saleté.

— C'est sur la route qu'elle a attrapé ça, dit Nicolas. C'était plein d'un tas de
40 dégoûtations du même genre.

— Il dit aussi qu'il faut tout le temps mettre des fleurs autour d'elle, ajouta Colin, pour faire peur à l'autre…

Il ne pouvait se décider à prononcer le nom de la plante exécrable.

— Pourquoi? demanda Nicolas.

45 — Parce que s'il fleurit, dit Colin, il y en aura d'autres. Mais, on ne le laissera pas fleurir.

— Et c'est tout comme traitement? demanda Nicolas.

— Non, dit Colin.

— Qu'est-ce qu'il y a d'autre?

50 Colin hésitait à répondre. Il sentait Chloé pleurer contre lui et il haïssait la torture qu'il allait devoir lui infliger.

— Il ne faut pas qu'elle boive… dit-il.

— Quoi? demanda Nicolas. Rien?

— Non, dit Colin.

55 — Pas rien du tout, tout de même?

— Deux cuillerées par jour… murmura Colin.

— Deux cuillerées… dit Nicolas. Il n'ajouta rien et fixa la route, droit devant lui.

Chapitre 51

Colin doit trouver du travail pour subvenir aux besoins de sa femme Chloé.

Colin cheminait péniblement le long de la route. Elle s'enfonçait de biais entre des levées de terre surmontées de dômes de verre qui prenaient au jour un éclat
60 glauque et incertain.

De temps à autre, il levait la tête et lisait les plaques pour s'assurer qu'il avait pris la bonne direction et il voyait alors le ciel rayé transversalement de marron sale et de bleu.

Loin devant, il pouvait apercevoir, au-dessus des talus, les cheminées alignées
65 de la serre principale.

Il avait, dans sa poche, le journal sur lequel on demandait des hommes de vingt à trente ans, pour préparer la défense du pays. Il marchait le plus vite possible, mais ses pieds enfonçaient dans la terre chaude qui, partout, reprenait lentement possession des constructions et de la route.

❯

70 　　On ne voyait pas de plantes ; surtout de la terre, en blocs informes, amoncelés des deux côtés, formant des remblais rapides en équilibre instable, et parfois une lourde masse oscillait, roulait le long du talus et s'abattait mollement sur la surface du chemin.

　　À certains endroits, les remblais s'abaissaient et Colin distinguait, à travers les
75 vitres troubles des dômes, des formes bleu sombre qui s'agitaient vaguement sur un fond plus clair.

　　Il pressa le pas, arrachant ses pieds des trous qu'ils formaient dans le sol. La terre se resserrait aussitôt, comme un muscle circulaire, et il ne subsistait plus qu'une faible dépression à peine marquée, elle s'effaçait presque immédiatement.

80 　　Les cheminées se rapprochaient. Colin sentait son cœur virer dans sa poitrine comme une bête enragée. Il serra le journal à travers l'étoffe de sa poche.

　　Le sol glissait et se dérobait sous ses pieds mais il enfonçait moins et la route durcissait perceptiblement. Il aperçut la première cheminée tout près de lui fichée en terre comme un pal. Des oiseaux foncés tournaient autour du sommet d'où
85 s'échappait une mince fumée verte. À la base de la cheminée, un renflement arrondi assurait sa stabilité. Les bâtiments commençaient un peu plus loin. Il n'y avait qu'une porte.

　　Il entra, gratta ses pieds sur une grille luisante aux lames acérées et suivit un couloir bas bordé par des lampes à lumière pulsée. Le carrelage était de briques
90 rouges et la partie supérieure des murs était, ainsi que le plafond, garnie de plaques de verre de plusieurs centimètres d'épaisseur à travers lesquelles on entrevoyait des masses sombres et immobiles. Tout au bout du couloir, il y avait une porte. Elle portait le numéro indiqué dans le journal et il entra sans frapper comme le recommandait l'annonce.

95 　　Un vieil homme en blouse blanche, les cheveux embroussaillés, lisait un manuel derrière son bureau. Des armes variées pendaient au mur, des lumelles brillantes, des fusils à feu, des lance-mort de divers calibres et une collection complète d'arrache-cœurs de toutes les tailles.

　　— Bonjour, monsieur, dit Colin.
100 　　— Bonjour, monsieur, dit l'homme. Sa voix était cassée et épaissie par l'âge.

　　— Je viens pour l'annonce, dit Colin.

　　— Ah ? dit l'homme. Il y a un mois qu'elle passe sans résultats. C'est un travail assez dur, vous savez.

　　— Oui, dit Colin. Mais c'est bien payé.

105 　　— Mon Dieu ! dit l'homme, cela vous use, voyez-vous et cela ne vaut peut-être pas le prix, mais ce n'est pas à moi de dénigrer mon administration. D'ailleurs vous voyez que je suis encore en vie.

　　— Vous travaillez depuis longtemps ? dit Colin.

　　— Un an, dit l'homme. J'ai vingt-neuf ans.

110 　　Il passa une main ridée et tremblante à travers les plis de son visage.

　　— Et maintenant, je suis arrivé, voyez-vous. Je peux rester à mon bureau et lire le manuel toute la journée.

　　— J'ai besoin d'argent, dit Colin.

　　— Cela est fréquent, dit l'homme, mais le travail vous rend philosophe. Au
115 bout de trois mois vous en aurez moins besoin.

— C'est pour soigner ma femme, dit Colin.

— Ah? Oui? dit l'homme.

— Elle est malade, expliqua Colin. Je n'aime pas le travail.

— Je regrette pour vous, dit l'homme. Quand une femme est malade, elle n'est
120 plus bonne à rien.

— Je l'aime, dit Colin.

— Sans doute, dit l'homme, sans ça vous ne voudriez pas travailler. Je vais
vous indiquer votre poste. C'est à l'étage au-dessus.

Il guida Colin à travers des passages nets aux voûtes surbaissées et des
125 escaliers de briques rouges, jusqu'à une porte, voisine d'autres portes, qui était
marquée d'un symbole.

Page manuscrite de *L'écume des jours*

Ingénieur de formation,
mais aussi trompettiste de jazz,
poète, **Boris Vian** (1920-1959)
publie un premier roman
en 1946, *J'irai cracher sur
vos tombes*, sous le pseudonyme
de Vernon Sullivan. Le livre fait
scandale et se distingue des
romans poétiques (dont *L'écume
des jours*) que Vian écrira
par la suite. Figure importante
du Saint-Germain-des-Prés
(Paris) de l'après-guerre, ami
de l'écrivain Jean-Paul Sartre,
Vian meurt à 39 ans, emporté
par une maladie de cœur.

— Voilà, dit l'homme. Entrez, je vais vous expliquer le travail.

Colin entra. La pièce était petite, carrée. Les murs et le sol étaient de verre. Sur le sol, reposait un gros massif de terre en forme de cercueil, mais très épais, un 130 mètre au moins. Une lourde couverture de laine était roulée à côté, par terre. Aucun meuble. Une petite niche pratiquée dans le mur renfermait un coffret de fer bleu. L'homme alla vers le coffret et l'ouvrit. Il en retira douze objets brillants et cylindriques avec un trou minuscule au milieu.

— La terre est stérile, vous savez ce que c'est, dit l'homme, il faut des matières 135 de premier choix pour la défense du pays. Mais pour que les canons de fusil poussent régulièrement et sans distorsion, on a constaté depuis longtemps qu'il faut la chaleur humaine. Pour toutes les armes, c'est vrai, d'ailleurs.

— Oui, dit Colin.

— Vous pratiquez douze petits trous dans la terre, dit l'homme, répartis au 140 niveau du cœur et du foie, et vous vous étendrez sur la terre après vous être déshabillé. Vous vous recouvrirez avec l'étoffe de laine stérile qui est là, et vous vous arrangerez pour dégager une chaleur parfaitement régulière.

Il eut un rire cassé et se tapa la cuisse droite.

— J'en faisais quatorze les vingt premiers jours de chaque mois. Ah! j'étais fort!…

145 — Alors? demanda Colin.

— Alors vous restez comme ça vingt-quatre heures et au bout de vingt-quatre heures, les canons de fusil ont poussé, on vient les retirer, on arrose la terre d'huile et vous recommencez.

— Ils poussent vers le bas? dit Colin.

150 — Oui, c'est éclairé en dessous… dit l'homme, ils ont un phototropisme positif mais ils poussent vers le bas parce qu'ils sont plus lourds que la terre, alors on éclaire surtout en dessous pour ne pas qu'il y ait de distorsion.

— Et les rayures? dit Colin.

— Ceux de cette espèce-là poussent tout rayés, dit l'homme. Ce sont des 155 graines sélectionnées.

— À quoi servent les cheminées? demanda Colin.

— C'est pour l'aération, dit l'homme, et la stérilisation des couvertures et des bâtiments. Ce n'est pas la peine de prendre des précautions spéciales parce que c'est fait très énergiquement.

160 — Ça ne marche pas avec une chaleur artificielle? dit Colin.

— Mal, dit l'homme. Il leur faut la chaleur humaine pour bien grandir.

— Vous employez des femmes? dit Colin.

— Elles ne peuvent pas faire ce travail, dit l'homme, elles n'ont pas la poitrine assez plate pour que leur chaleur se répartisse bien. Je vais vous laisser travailler.

165 — Je gagnerai bien dix doublezons par jour? dit Colin.

— Certainement, dit l'homme, et une prime si vous dépassez douze canons.

Il quitta la pièce et ferma la porte. Colin tenait les douzes graines dans sa main. Il les posa à côté de lui et commença à se déshabiller. Il avait les yeux fermés et ses lèvres tremblaient de temps en temps. ❰

Extraits de Boris Vian, *L'écume des jours*,
© Société Nouvelle des Éditions Pauvert, 1979;
© Librairie Arthème Fayard, 2000.

*... la vieille dame brandissait un P.38 d'époque,
celui des Allemands, une arme qui a traversé
le siècle sans se démoder d'un poil...*

UNE AGRESSION

Dans les années 80, Daniel Pennac, un enseignant de français qui s'intéresse à la lecture, décide de raconter dans une série de romans les aventures de la tribu de Benjamin Malaussène, une famille du quartier populaire de Belleville, à Paris.

Le deuxième roman de la série, *La fée carabine*, débute par une scène d'agression spectaculaire qui, comme tout début de roman réussi, donne envie de poursuivre la lecture du roman.

Chapitre 1

C'était l'hiver sur Belleville et il y avait cinq personnages. Six, en comptant la plaque de verglas. Sept, même, avec le chien qui avait accompagné le Petit à la boulangerie. Un chien épileptique, sa langue pendait sur le côté.

5   La plaque de verglas ressemblait à une carte d'Afrique et recouvrait toute la surface du carrefour que la vieille dame avait entrepris de traverser. Oui, sur la plaque de verglas, il y avait une femme, très vieille, debout, chancelante. Elle glissait une charentaise devant l'autre avec une millimétrique prudence. Elle portait un cabas d'où dépassait un poireau de récupération, un vieux châle sur ses
10   épaules et un appareil acoustique dans la saignée de son oreille. À force de progression reptante, ses charentaises l'avaient menée, disons, jusqu'au milieu du Sahara, sur la plaque à forme d'Afrique. Il lui fallait encore se farcir tout le sud, les pays de l'apartheid et tout ça. À moins qu'elle ne coupât par l'Érythrée ou la Somalie, mais la mer Rouge était affreusement gelée dans le caniveau. Ces
15   supputations gambadaient sous la brosse du blondinet à loden vert qui observait la vieille depuis son trottoir. Et il se trouvait une assez jolie imagination, en l'occurrence, le blondinet. Soudain, le châle de la vieille se déploya comme une voilure de chauve-souris et tout s'immobilisa. Elle avait perdu l'équilibre ; elle venait de le retrouver. Déçu, le blondinet jura entre ses dents. Il avait toujours trouvé amusant
20   de voir quelqu'un se casser la figure. Cela faisait partie du désordre de sa tête blonde. Pourtant, vue du dehors, impeccable, la petite tête. Pas un poil plus haut que l'autre, à la surface drue de la brosse. Mais il n'aimait pas trop les vieux. Il les trouvait vaguement sales. Il les imaginait *par en dessous*, si on peut dire. Il était donc là, à se demander si la vieille allait se rétamer ou non sur cette banquise
25   africaine, quand il aperçut deux autres personnages sur le trottoir d'en face, qui n'étaient d'ailleurs pas sans rapport avec l'Afrique : des Arabes. Deux. Des Africains du Nord, quoi, ou des Maghrébins, c'est selon. Le blondinet se demandait toujours comment les dénommer pour ne pas faire raciste. C'était très important avec les opinions qui étaient les siennes de ne pas faire raciste. Il était Frontalement ❯

30 National et ne s'en cachait pas. Mais justement, il ne voulait pas s'entendre dire qu'il l'était *parce que* raciste. Non, non, comme on le lui avait jadis appris en grammaire, il ne s'agissait pas là d'un rapport de cause, mais de conséquence. Il était Frontalement National, le blondinet, *en sorte qu'*il avait eu à réfléchir objectivement sur les dangers de l'immigration sauvage ; et il avait conclu, en tout bon sens,

35 qu'il fallait les virer vite fait, tous ces crouilles, rapport à la pureté du cheptel français d'abord, au chômage ensuite, et à la sécurité enfin. (Quand on a autant de bonnes raisons d'avoir une opinion saine, on ne doit pas la laisser salir par des accusations de racisme.)

Bref, la vieille, la plaque en forme d'Afrique, les deux Arabes sur le trottoir d'en

40 face, le Petit avec son chien épileptique, et le blondinet qui gamberge… Il s'appelait Vanini, il était inspecteur de police et c'était surtout les problèmes de Sécurité qui le travaillaient, lui. D'où sa présence ici et celle des autres inspecteurs en civil disséminés dans Belleville. D'où la paire de menottes chromées bringueballant sur sa fesse droite. D'où son arme de service, serrée dans son holster, sous son aisselle.

45 D'où le poing américain dans sa poche et la bombe paralysante dans sa manche, apport personnel à l'arsenal réglementaire. Utiliser d'abord celle-ci pour pouvoir cogner tranquillement avec celui-là, un truc à lui, qui avait fait ses preuves. Parce qu'il y avait tout de même le problème de l'Insécurité ! Les quatre vieilles dames égorgées à Belleville en moins d'un mois ne s'étaient pas ouvertes toutes seules

50 en deux !

Violence…

Eh ! oui, violence…

Le blondinet Vanini coula un regard pensif vers les Arabes. On ne pouvait tout de même pas les laisser saigner nos vieilles comme des chèvres, non ? Soudain le

55 blondinet éprouva une vraie émotion de sauveteur ; il y avait les deux Arabes, sur le trottoir d'en face, qui causaient, mine de rien, dans leur sabir à eux, et lui, l'inspecteur Vanini, sur ce trottoir-ci, tout blond de la tête, avec au cœur ce sentiment délicieux qui vous réchauffe juste au moment où on va plonger dans la Seine vers la main qui s'agite. Atteindre la vieille avant eux. Force de dissuasion. Aussitôt

60 mise en application. Voilà le jeune inspecteur qui pose un pied sur l'Afrique. (Si on lui avait dit qu'il ferait un jour un pareil voyage…) Il progresse à grands pas assurés vers la vieille. Il ne glisse pas sur le verglas, lui. Il a aux pieds ses brodequins à crampons, ceux-là mêmes qu'il ne quitte plus depuis sa Préparation Militaire Supérieure. Le voici donc qui marche sur la glace au secours du troisième

65 ou quatrième âge, sans perdre les Arabes de l'œil, là-bas, en face. Bonté. Tout en lui, maintenant, n'est que bonté. Car les frêles épaules de la vieille dame lui rappellent tout à coup celles de sa grand-mère à lui, Vanini, qu'il a tant aimée. Aimée après sa mort, hélas ! Oui, les vieux meurent souvent trop vite ; ils n'attendent pas l'arrivée de notre amour. Vanini en avait beaucoup voulu à sa grand-mère de ne

70 pas lui avoir laissé le temps de l'aimer vivante. Mais enfin, aimer un mort, c'est tout de même mieux que de ne pas aimer du tout. C'est du moins ce que pensait Vanini, en s'approchant de cette petite vieille qui vacillait. Même son cabas était émouvant. Et son appareil auditif… La grand-mère de Vanini aussi avait été sourde durant les dernières années de sa vie, et elle faisait le même geste que cette vieille

75 dame, maintenant : régler sans arrêt l'intensité de son appareil en tournant la petite

molette entre l'oreille et les rares cheveux de cette partie du vieux crâne. Ce geste familier de l'index, oui, c'était tout à fait la grand-mère de Vanini. Le blondinet, maintenant, ressemblait à de l'amour fondu. Il en aurait presque oublié les Arabes. Il préparait déjà sa phrase : «Permettez-moi de vous aider, grand-mère», qu'il

80 prononcerait avec une douceur petit-filiale, presque un murmure, pour que cette brusque irruption du son dans l'amplificateur auditif ne fît pas sursauter la vieille dame. Il n'était plus qu'à un grand pas d'elle, à présent, tout amour, et c'est alors qu'elle se retourna. D'une pièce. Bras tendu vers lui. Comme le désignant du doigt. Sauf qu'en lieu et place de l'index, la vieille dame brandissait un P.38 d'époque,

85 celui des Allemands, une arme qui a traversé le siècle sans se démoder d'un poil, une antiquité toujours moderne, un outil traditionnellement tueur, à l'orifice hyp-notique.

Et elle pressa sur la détente.

Toutes les idées du blondinet s'éparpillèrent. Cela fit une jolie fleur dans le ciel

90 d'hiver. Avant que le premier pétale en fût retombé, la vieille avait remisé son arme dans son cabas et reprenait sa route. Le recul lui avait d'ailleurs fait gagner un bon mètre sur le verglas.

⟩

**Daniel Pennac lors d'une séance de dédicace
de ses livres au Salon du livre de Paris en 1998.**

Daniel Pennachionni signe son premier livre, un pamphlet contre le service militaire, du nom de **Daniel Pennac** afin de ne pas embarrasser son père, qui est militaire. Né à Casablanca (Maroc) en 1944, Daniel Pennac est professeur de français en France, à Soissons, avant de s'installer à Belleville, un quartier populaire de Paris. Après la publication de premiers romans peu remarqués, il s'impose avec la saga de la famille Malaussène (*Au bonheur des ogres*, 1985 ; *La fée carabine*, 1987, etc.).

Chapitre 2

Un meurtre, donc, et trois témoins. Seulement, quand les Arabes ne veulent rien voir, ils ne voient rien. C'est une habitude étrange, chez eux. Ça doit tenir à
95 leur culture. Ou à quelque chose qu'ils auraient trop bien compris de la nôtre. Ils n'ont donc rien vu, les Arabes. Probable qu'ils n'ont même pas entendu : « Pan ! »

Restent le gosse et le chien. Mais le Petit, lui, ce qu'il a vu, derrière ses lunettes cerclées de rose, c'est cette métamorphose de tête blonde en fleur céleste. Et ça l'a tellement émerveillé qu'il a pris ses jambes à son cou pour venir nous raconter ça
100 à la maison, à moi, Benjamin Malaussène, à mes frères et à mes sœurs, aux quatre grands-pères, à ma mère et à mon vieux pote Stojilkovicz qui est en train de me foutre la pâtée aux échecs.

La porte de l'ex-quincaillerie qui nous sert d'appartement s'ouvre à la volée sur le Petit qui se met à gueuler :
105 — Eh ! J'ai vu une fée !

La maison ne s'arrête pas de tourner pour autant. Ma sœur Clara, qui prépare une épaule d'agneau à la Montalban, demande juste, avec sa voix de velours :

— Ah ! oui, Petit ? Raconte-nous ça…

Julius le Chien, lui, va direct inspecter sa gamelle.
110 — Une vraie fée, très vieille et très sympa !

Mon frère Jérémy en profite pour tenter une sortie hors de son boulot :

— Elle t'a fait tes devoirs ?

— Non, dit le Petit, elle a transformé un mec en fleur !

Comme personne ne réagit plus que ça, le Petit s'approche de Stojilkovicz et
115 de moi.

— C'est vrai, oncle Stojil, j'ai vu une fée, elle a transformé un mec en fleur.

— Ça vaut mieux que le contraire, répond Stojil sans quitter l'échiquier des yeux.

— Pourquoi ?
120 — Parce que le jour où les fées transformeront les fleurs en mecs, les campagnes ne seront plus fréquentables.

La voix de Stojil ressemble à Big Ben dans le brouillard d'un film londonien. Si profonde, on dirait que l'air palpite autour de vous.

— Échec et mat, Benjamin, mat à la découverte. Je te trouve bien distrait,
125 ce soir…

[…] ❰

Extraits de Daniel Pennac, *La fée carabine*,
© Éditions Gallimard, 1987.

Daniel Pennac, *La fée carabine,*
Éditions Gallimard, 1987.
Collection Folio.

*La bouche et les yeux ouverts,
bras en croix au fond de la piscine,
j'étais devenu le Petit Bleu.*

UN ACCIDENT

Il y a des scènes dans notre vie, des moments importants qui marquent à jamais une vie:
« la fois où j'ai failli me noyer... », « le jour où mes parents se sont séparés... ». Dans son
roman *C'est pas moi, je le jure !*, l'auteur québécois Bruno Hébert réussit à rendre toute
l'intensité de tels moments par la magie de l'écriture.

Chapitre 1

Deux cent vingt, montée Grandbois, août 1963.

Un après-midi de canicule, seuls ceux qui ont vécu au Québec peuvent comprendre ce que cela veut dire. La chaleur et l'humidité sont si intenses que, si vous lancez un caillou en l'air, ce n'est pas sûr qu'il retombe par terre, il peut rester en
5 suspension jusqu'à la rosée du soir. Ça s'est déjà vu.

Ma mère préparait des pinces de crabe qu'elle servirait en entrée pour le dîner. Papa venait avec un invité important. On bouffe pas du crabe tous les jours dans notre maison. Faut que ce soit une grande occasion. Maman disait que l'invité était presque un saint, j'ai même entendu Mme Piché dire qu'on parlait de lui à Rome
10 et qu'il avait une aura. Je n'avais jamais vu d'aura sauf celle de Simon Templar à la télé.

Il y avait de l'excitation dans l'air. Mon frère et moi, on se baignait dans la petite piscine d'enfant ; l'idée était de rester dans l'eau le plus longtemps possible jusqu'à se ratatiner les doigts de pied, parce qu'après on n'avait plus le droit de se
15 salir, il fallait mettre nos habits du dimanche. L'horreur, du linge propre et repassé en pleine canicule, ça relève de la torture mentale et physique.

Dans le poste de radio de la cuisine, Charles Trenet chantait : « Y'a d'la joie, bonjour, bonjour les hirondelles... » C'est à ce moment-là que mon frère a tiré la jupe de ma mère :
20 — Maman ! Maman !

Comme elle avait cinq enfants, elle ne répondait pas tout de suite. Le beurre à l'ail allait bientôt recouvrir les pinces de crabe qui iraient ensuite au four.

— Maman... maman...

Il faut faire griller à 450 °F juste avant de servir, et alors on obtient une petite
25 bouchée tendre et juteuse, un rien croustillante. Une entrée parfaite pour un saint.

— Maman, Léon dort dans la piscine.

Il y eut quelque chose qui suspendit le geste de maman juste comme elle allait tremper une pince de crabe dans le beurre fondu. Sa tête fit un petit mouvement sec vers la fenêtre d'où elle pouvait apercevoir la piscine. Elle était bien là, la
30 piscine en plastique au milieu du terrain, avec ses dauphins gris perle au grand ❭

Après avoir étudié le théâtre à Paris, **Bruno Hébert** (1958) décide que le métier de comédien n'est pas pour lui. Grand voyageur, il a parcouru le monde, a travaillé pour l'ONU, au Sri Lanka et a exercé, entre autres, les métiers de barman et de chauffeur de taxi. En 1997, il publie un premier roman, *C'est pas moi, je le jure !* suivi de *Alice court avec René* (2000) qu'il a écrit dans l'archipel du Cap-Vert.

sourire, tout contents sur un fond turquoise. Maman se précipita vers la porte tandis que mon frère grimpait sur le comptoir pour observer la scène de la fenêtre. Ce fut une riche idée parce qu'il put me raconter les détails de mon sauvetage… « Y'a d'la joie, bonjour, bonjour les hirondelles… »

35 La bouche et les yeux ouverts, bras en croix au fond de la piscine, j'étais devenu le Petit Bleu. Maman resta figée quelques secondes, puis une sorte de détermination, en vérité une montée hystérique, la fit réagir ; elle me prit par une cheville, me sortit de l'eau la tête en bas et commença à me faire tourner comme une toupie. Je vomis un grand bol d'eau dans le gazon et je repris connaissance.
40 Puis je fus transporté par un paquet de nerfs jusqu'à la maison. Ce n'était pas des bras, des mains, un cou : ma mère était devenue de l'énergie bouillante, un magma électrique ; je me déplaçais dans l'espace comme par magie. Arrivée au salon, elle me fit asseoir sur le canapé, fonça vers la cuisine, revint aussitôt avec un verre de lait. J'en bus deux ou trois petites gorgées.

45 — Écoute, Léon, tu vas rester assis bien sagement, maman revient tout de suite.

Je ne reconnaissais pas sa voix, mais il faut dire que j'avais de l'eau dans les oreilles. Je n'eus pas le temps de répondre oui que ma mère était déjà repartie à la cuisine. Elle marchait si fort que j'ai eu peur qu'elle fasse des trous dans la mar-
50 queterie. Je l'ai entendue farfouiller dans les ustensiles. Les tiroirs s'ouvraient et se refermaient, elle cherchait quelque chose avec frénésie. Je n'étais pas rassuré, je voulais aller faire la sieste. Après un moment, je vis réapparaître ma mère dans le salon avec, à la main, l'énorme couteau de cuisine tellement coupant qu'on n'avait même pas le droit de le regarder. Seul papa s'en servait pour le roast-beef du
55 dimanche.

Les yeux hagards, maman marchait vers moi avec ses talons qui entraient dans le sol. Ma vie était finie, je savais qu'il était défendu de se noyer, mais c'était ma première noyade, les larmes me montaient aux yeux, je ne pouvais pas savoir, on était si bien au fond de l'eau, c'était calme et tranquille, j'avais un tel besoin de
60 tranquillité. Maman vint vers moi sans même me regarder : une flèche lancée sur sa cible, trajectoire décidée à l'avance. Je n'étais pas visé : elle ouvrit la porte de la terrasse, sortit, traversa le jardin, passa sous les saules pleureurs et s'arrêta devant la petite piscine bleue et ses Flippers qui sautillaient de bonheur comme pour la parade. Ce fut un carnage : ma mère poignarda la piscine à plusieurs reprises,
65 découpa les dauphins en morceaux, plia le tout en un paquet qu'elle traîna jusqu'à la rue, là où on dépose les poubelles. Ce fut la fin de la piscine. De retour à mes côtés, elle se mit à pleurer doucement.

[…]

Chapitre 4

Il faut comprendre que le désespoir d'un enfant est beaucoup plus terrible qu'on ne peut se l'imaginer, principalement pour deux raisons : d'abord, parce que 70 le désespoir est nouveau pour lui, et ensuite à cause de l'intensité de ce désespoir qui dépasse de loin ce que pourrait supporter un individu normal. Par exemple, un coureur de marathon professionnel qui suivrait un enfant de cinq ans pendant huit heures, qui courrait quand l'enfant court, qui marcherait à quatre pattes, bref, qui l'imiterait en tout : au bout de huit heures, il faudrait hospitaliser le 75 marathonien pour cause d'épuisement physique. Dans le même ordre d'idées, un grand dépressif dans la quarantaine, avec de l'expérience, deux divorces, trois faillites personnelles, un pro de la déprime qui serait obligé de ressentir le désespoir d'un enfant qui vient de casser la précieuse statuette en cristal sur la cheminée de ses parents, la puissance du désespoir serait telle que ce dépressif aguerri s'ouvri-80 rait les veines dans le premier lavabo venu.

Tout en marchant, j'avais la tête remplie d'idées meurtrières, de stratagèmes explosifs et de matériel lourd : marteaux-pilons, scies mécaniques, chalumeaux, gaz propane, essence à briquet, poutres d'acier montées sur un palan, acide nitrique. Je ne cessais de penser à la porte de métal. Elle devenait une obsession, 85 je n'aurais pas de repos tant qu'elle resterait fermée. Je croyais pouvoir venir à bout du cadenas à combinaison, à coups de masse et de chalumeau, car la serrure était la même que celle du bureau de mon père, absolument impossible à ouvrir sans la clé. Et la clé, je l'avais cherchée partout, sous les meubles, dans les boîtes à bijoux, jusque dans l'ourlet des rideaux.

90 Cette chambre à coucher était devenue un endroit hallucinant, comme au cinéma, quand les commandos de la marine américaine se mettent à chercher un microfilm contenant des informations sur un complot d'assassinat du président des États-Unis. Rien n'avait été laissé au hasard. Moi non plus, je ne m'étais pas laissé au hasard, je me sentais comme la chambre à coucher : sens dessus dessous, 95 démantibulé dans ma tête.

En rentrant chez moi, j'ai trouvé ma mère dans sa chambre. Elle remplissait méthodiquement une valise si énorme qu'on aurait dit qu'elle partait pour cent ans.

— Tu vas à la Grèce, maman ? que je demandai.

— On ne dit pas à la Grèce, on dit en Grèce.

100 — Je sais c'est où, il faut traverser la mer. Pour un enfant c'est impossible, il faut deux mois et l'école est commencée qu'on n'est même pas encore arrivé.

— Ne t'en fais donc pas. Je ne serai pas partie bien longtemps, c'est pour mon travail, mon poussin. Maman ne s'en va pas en Grèce, maman s'en va en voyage d'affaires.

105 — T'as une très grosse valise. Si tu mettais pas tant de robes dedans, il y aurait largement la place pour un petit garçon. Et si on met une boîte de céréales pour le voyage, et des dattes aussi, mais les dattes c'est pour le désert ; quand on voyage en valise, moi je trouve que les céréales c'est mieux, même sans lait, c'est très bon quand même. Et pour les affaires, quand on se présente avec un petit garçon, ça 110 fait beaucoup plus sérieux.

❯

On entendit la voiture de papa rouler sur le gravier de l'entrée. Si ç'avait été une meute de loups-garous infectés par la rage, la réaction de maman n'aurait pas été différente. Son visage se ferma comme une huître et ses gestes devinrent secs comme des baguettes chinoises.

115   — Va dans ta chambre immédiatement. Maman va venir te dire au revoir tout à l'heure.

Je suis allé dans ma chambre mais pas immédiatement. J'ai préféré aller me cacher derrière la haie, juste sous la fenêtre de la chambre de mes parents. J'ai vu papa passer devant ma cachette, laisser échapper ses clés de voiture sur le pas de
120 la porte d'entrée. Il s'est mis à vouloir les ramasser mais il n'y arrivait pas, sa main passait systématiquement à côté des clés, ça me mettait sur le gros nerf. Pas compliqué de ramasser des clés. Ben lui, il n'y arrivait pas. Au bout d'une minute, je n'en pouvais plus, je suis sorti de ma cachette, ma main s'est posée sur la sienne. Comme dans un rêve, je l'ai poussée doucement jusqu'aux clés. Les doigts de mon
125 père se sont refermés sur la petite croix de l'ordre de Malte, attachée au trousseau ; sa tête s'est relevée tranquillement et il m'a dévisagé comme s'il avait été au fond de l'eau. On aurait dit qu'il me voyait pour la première fois de sa vie. La plupart des veines de ses yeux étaient éclatées. Il avait un regard de vieux lapin albinos tout juste sorti d'un terrier où auraient dormi des léopards. Il m'a communiqué
130 instantanément sa frayeur. Je me suis mis à parler parce qu'il fallait que je parle, que je dise des mots, des mots d'un autre temps pour aller le rejoindre là-bas, au fond de son désert d'Albinonie.

— N'oublie pas que tu es chevalier, papa. Souviens-toi de Jérusalem, de Gérard Tenque, tu es un Chevalier de Malte et nous, nous sommes des pèlerins,
135 tu dois nous protéger contre les Turcs qui veulent nous massacrer.

Il me regardait toujours, trois mille kilomètres au fin fond du désert de Galilée. Il était loin, très loin, mais je savais qu'il revenait vers moi, à bride abattue, franchissant les dunes dans un nuage de poussière. Il parla d'une voix molle et lente, horriblement lente.

140   — Le matin, nous avions nagé dans la baie de Gnejna et le soir nous dînions à Marsalforn. C'est ce jour-là que tu es né, mon petit. Toi aussi tu es un Chevalier de Malte.

Mon père était revenu. Ce n'était pas brillant, mais enfin il était là. D'un geste maladroit, il arracha la croix de Malte de son trousseau et me la mit dans les mains.
145 Je n'étais pas ému outre mesure puisque c'était la huitième fois qu'il me sacrait Chevalier de Malte. La cérémonie terminée, investi des pouvoirs qui m'avaient été conférés par l'hospitalier de Saint-Jean de Jérusalem après qu'il eut invoqué Gérard lui-même et en personne, je décidai de me lever. Papa essuya un filet de bave qui coulait le long de ses lèvres et me suivit dans la maison.

150   Commença alors la dispute entre maman et lui. Au début, on assista à un duel sournois et passablement civilisé. Papa n'était pas un violent, même ma mère l'avait déjà dit à Mme Laplante : « Il n'est pas violent, il est puissant. » Ce qui n'empêcha pas mes parents de se massacrer mutuellement pendant quelques heures. Comme d'habitude, maman n'avait pas la langue dans sa poche, ce qui était, à
155 mon avis, une erreur tactique. Papa était et serait toujours un maître de la parole, doublé d'un pamphlétaire plus virulent que Voltaire, moins le style, bien entendu.

Bruno Hébert,
C'est pas moi, je le jure !,
Boréal, 1997.

C'était un orateur capable de soulever des foules. Hélas ! le pouvoir lui allait aussi mal qu'à un policier qui aurait gardé son pyjama, un roi Dagobert avec sa culotte à l'envers.

160 Dans la chambre de mes parents, le ton avait monté. Une claque était partie, paf ! dans la gueule de maman. Après cela, ils avaient repris le coup du mobilier qui s'était mis à valser dans tous les sens. Les cris et les hurlements succédèrent à des silences encore plus terrifiants. Sans perdre un instant, je mis le feu dans la chambre des invités. Une allumette dans la corbeille à papier : trente secondes plus 165 tard, les flammes léchaient les rideaux et les statues africaines. Ma sœur se mit à hurler « Au feu ! ». La diversion fut très efficace. Pendant au moins une heure, on lutta tous ensemble pour éteindre le brasier, sauf moi, bien entendu, qu'on avait enfermé dans ma chambre, inculpé de pyromanie. Je m'en foutais, j'étais heureux. Mais ce ne fut pas suffisant pour retenir maman.

170 Ce matin-là, assis sur les marches de la remise, je regardais le taxi de M. Pilette sortir de l'entrée. Maman était assise derrière avec ses énormes lunettes noires, elle ressemblait à Jackie Kennedy qui allait rejoindre Onassis sur son grand bateau blanc ancré dans le détroit des Dardanelles. Quand le taxi disparut derrière les saules pleureurs, je fermai les yeux pour suivre la voiture dans ma tête : elle monta 175 doucement la rue jusqu'au chemin qui longe la rivière, puis elle tourna à droite dans le brouillard opaque d'un monde anonyme. Dans l'avenir, je m'efforcerais de nommer tout haut les lieux mystérieux : Ankara, Istanbul, Corfou, Athènes, Mykonos. Des vocables aux tonalités insolites, pourvus de pouvoirs occultes qui tenaient à distance les ombres inquiètes que l'on retrouve la nuit dans les 180 chambres des petits enfants dont la mère est partie et qui n'ont pas la conscience tranquille. ❮

Extraits de Bruno Hébert,
C'est pas moi, je le jure !, © Boréal, 1997.

**Bruno Hébert au Salon du livre
de Montréal en 2000.**

LE TEXTE DRAMATIQUE

*Commedia dell'arte,
anonyme, XVIIᵉ siècle.*

Qu'est-ce que le théâtre ? Une espèce de machine cyberné-
tique. Au repos, cette machine est cachée derrière un rideau.
Mais dès qu'on la découvre, elle se met à envoyer à votre
adresse un certain nombre de messages. Ces messages ont
ceci de particulier, qu'ils sont simultanés et cependant de
rythme différent ; en tel point du spectacle, vous recevez *en
même temps* six ou sept informations (venues du décor, du
costume, de l'éclairage, de la place des acteurs, de leurs
gestes, de leur mimique, de leur parole), mais certaines de
ces informations *tiennent* (c'est le cas du décor), pendant
que d'autres *tournent* (la parole, les gestes) ; on a donc affaire
à une véritable polyphonie informationnelle, et c'est cela, la
théâtralité : *une épaisseur de signes*.

Extrait de Roland Barthes, *Essais critiques*, © Éditions du Seuil, 1964.

La tragédie

La tragédie remonte à l'Antiquité et a vu le jour en Grèce au VIe siècle avant Jésus-Christ. La tragédie est alors jouée dans la cité lors des fêtes officielles. L'action qu'elle met en scène repose sur le conflit: conflit opposant un héros à la cité, ou conflit moral ou religieux qui l'oppose aux dieux. La tragédie est le premier genre littéraire qui place l'être humain au carrefour de décisions qui engagent son destin.

Edvard Munch, *Le cri*, 1893.

La tragédie antique

LES TROYENNES

Les tragédies d'Eschyle (*Les Perses*, *Prométhée enchaîné*), de Sophocle (*Antigone*, *Œdipe-Roi*) et d'Euripide (*Les Troyennes*) ont traversé l'histoire et sont encore interprétées aujourd'hui.

Dans *Les Troyennes*, Euripide met en scène des femmes que les chefs grecs, après avoir gagné la guerre de Troie, se partagent. Les Grecs ayant décidé la mise à mort du fils d'Hector et d'Andromaque chargent Talthybios d'annoncer la nouvelle à cette dernière.

TALTHYBIOS

Veuve d'Hector, qui fut le plus brave des Phrygiens,
ne me maudis pas. C'est malgré moi que je viens annoncer
la décision des Atrides et de toute l'armée.

5 ANDROMAQUE

Prélude de mauvais augure ! Qu'y a-t-il ?

TALTHYBIOS

On a décidé pour ton fils… Comment dire le reste ?

ANDROMAQUE

10 Non pas de lui donner un maître différent du mien ?

TALTHYBIOS

Aucun des Grecs jamais ne deviendra son maître.

ANDROMAQUE

Alors on laisse ici ce reste des Troyens ?

15 TALTHYBIOS

Comment te rendre supportable ce que j'ai à te dire ?

ANDROMAQUE

Je louerai ton scrupule, pourvu que tu n'aies pas de malheur à m'apprendre.

TALTHYBIOS

20 Tu vas entendre le plus grand : ils vont tuer ton fils.

ANDROMAQUE

Ô douleur ! coup plus affreux que le joug de l'hymen !

TALTHYBIOS

Ulysse à l'assemblée l'emporta en disant…

25 ANDROMAQUE

Hélas, encore hélas ! Mon infortune est sans mesure !

TALTHYBIOS

… qu'il ne fallait pas laisser vivre le fils d'un tel héros.

❭

ANDROMAQUE

30 Prévale ce même principe quand ses enfants seront en cause !

TALTHYBIOS

Mais le jeter du haut des murs de Troie.

(Andromaque pousse un cri et saisit l'enfant dans ses bras.)

Il n'en sera pas autrement, et tu prendras le parti le plus sage.

35 Ne le serre pas contre toi. Dans ta douleur sois grande.

Tu es sans force ; ne t'imagine pas pouvoir nous résister.

Nulle part tu n'as un appui, songes-y bien.

Ta ville est détruite, ton mari est mort, tu es prisonnière.

Pour nous, une femme qui lutte seule

40 ce n'est rien. Dès lors, renonce à te débattre,

à rien faire d'indigne ou qu'on puisse blâmer.

Et même, je t'en prie, ne maudis pas les Grecs !

Que tu dises un seul mot dont s'irrite l'armée,

elle pourrait priver ton fils de sépulture et de plaintes funèbres.

45 Si tu te tais, si tu te soumets à ton sort,

tu ne laisseras pas à l'abandon le corps de ton enfant,

et les Grecs en auront pour toi plus de clémence.

ANDROMAQUE

Ô mon enfant, mon unique trésor,

50 tu vas mourir de la main de nos ennemis,

abandonnant ta mère infortunée.

Ce qui te fait périr, c'est l'héroïsme de ton père

qui fut le salut de tant d'autres, non le tien !

Infortuné, l'hymen qui me fit entrer au palais d'Hector !

55 Était-ce pour fournir une victime aux Grecs

que je souhaitais mettre au monde un fils ?

C'était pour qu'il régnât sur l'Asie et ses belles moissons.

Tu pleures, mon enfant ? Comprends-tu ton malheur ?

À quoi bon m'enserrer de tes bras, te suspendre à ma robe ?

60 comme un oiseau te blottir sous mes ailes ?

Hector ne viendra pas avec sa glorieuse lance,

ressuscitant du sol pour te sauver,

pas plus que ceux de ton lignage, ou la puissance des Phrygiens.

Lancé d'en haut, impitoyablement, pour une chute affreuse

65 qui brisera ta nuque, tu rendras le dernier soupir.

Ô corps de mon enfant, si doux à étreindre,

ô suave odeur de ta peau ! c'est donc en vain

que mon sein t'a nourri lorsque tu étais dans tes langes !

En vain je me suis épuisée de peine et de tourment.

70 Donne ce baiser à ta mère ; ce sera le dernier.

Contre elle serre-toi, passe tes bras

autour de mon cou, pose ta bouche sur ma bouche.

C'est vous, les Grecs, qui inventez des supplices barbares !

Poète tragique athénien, **Euripide** (484-406 av. J.-C.) est l'auteur de 92 pièces, dont 19 sont parvenues jusqu'à nous. Sa vie est peu connue. On croit qu'il a été lié au philosophe Socrate. Peu apprécié par ses contemporains, c'est surtout après sa mort qu'Euripide sera considéré comme un grand auteur tragique.

De quel droit tuez-vous cet enfant innocent ?

75 Hélène, la Tyndaride, ce n'est pas de Zeus que tu es la fille,

nombreux sont tes parents : Fléau, Haine, Meurtre, Mort,

et tous les monstres issus de la terre.

Non, je n'oserais te donner Zeus pour père,

à toi, mauvais génie pour tant de Grecs et de Barbares !

80 Sois maudite ! Les champs fameux de la Phrygie,

tes beaux yeux en ont fait une hideuse solitude !

Voilà mon fils, vous pouvez l'emmener, l'emporter,

le précipiter, si tel est votre bon plaisir

ou faire repas de sa chair. Les dieux ont voulu notre perte.

85 Comment pourrai-je empêcher mon fils de mourir ?

(Talthybios prend Astyanax ; le chariot se remet en marche.
Andromaque se laisse tomber parmi les armes.)

Recouvrez mon malheureux corps et jetez-le dans le bateau.

Bel hymen où je vais, après avoir dû livrer mon enfant !

90 LE CORYPHÉE

Ô Troie infortunée, que de victimes,

pour une seule femme et son coupable amour ! ❮

Extrait de Euripide, « Les Troyennes », traduction de Marie Delcourt-Curvers,
Tragiques grecs, © Éditions Gallimard, Bibliothèque de la Pléiade.

Les Troyennes, **Théâtre
du Nouveau Monde, 1993,
mise en scène d'Alice Ronfard,
avec Monique Mercure.**

LE TEXTE DRAMATIQUE

PHÈDRE

La tragédie classique est un genre qui a connu une sorte d'âge d'or au XVIIe siècle grâce à des dramaturges français comme Jean Racine et Pierre Corneille. Ces auteurs reprennent le thème de l'impossibilité du bonheur, qui pousse le héros ou l'héroïne à accomplir des actes qui l'amènent vers la mort.

Dans sa pièce *Phèdre*, Jean Racine met en scène l'histoire de la jeune épouse du roi Thésée, Phèdre, qui est amoureuse d'Hippolyte, le fils de son mari.

ACTE II, SCÈNE 5

Phèdre, Hippolyte, Œnone

PHÈDRE, *à Œnone*

Le voici. Vers mon cœur tout mon sang se retire.
J'oublie, en le voyant, ce que je viens lui dire.

5 ŒNONE
Souvenez-vous d'un fils qui n'espère qu'en vous.

PHÈDRE

On dit qu'un prompt départ vous éloigne de nous,
Seigneur. À vos douleurs je viens joindre mes larmes.
10 Je vous viens pour un fils expliquer mes alarmes.
Mon fils n'a plus de père, et le jour n'est pas loin
Qui de ma mort encor doit le rendre témoin.
Déjà mille ennemis attaquent son enfance,
Vous seul pouvez contre eux embrasser sa défense.
15 Mais un secret remords agite mes esprits.
Je crains d'avoir fermé votre oreille à ses cris.
Je tremble que sur lui votre juste colère
Ne poursuive bientôt une odieuse mère.

HIPPOLYTE
20 Madame, je n'ai point des sentiments si bas.

PHÈDRE
Quand vous me haïriez je ne m'en plaindrais pas,
Seigneur. Vous m'avez vue attachée à vous nuire ;
Dans le fond de mon cœur vous ne pouviez pas lire.
25 À votre inimitié j'ai pris soin de m'offrir.
Aux bords que j'habitais je n'ai pu vous souffrir.
En public, en secret contre vous déclarée,
J'ai voulu par des mers en être séparée.
J'ai même défendu par une expresse loi
30 Qu'on osât prononcer votre nom devant moi.
Si pourtant à l'offense on mesure la peine,
Si la haine peut seule attirer votre haine,
Jamais femme ne fut plus digne de pitié,
Et moins digne, Seigneur, de votre inimitié.

35 HIPPOLYTE
Des droits de ses enfants une mère jalouse
Pardonne rarement au fils d'une autre épouse.
Madame, je le sais. Les soupçons importuns
Sont d'un second hymen les fruits les plus communs.
40 Toute autre aurait pour moi pris les mêmes ombrages,
Et j'en aurais peut-être essuyé plus d'outrages.

PHÈDRE
Ah, Seigneur ! Que le ciel, j'ose ici l'attester,
De cette loi commune a voulu m'excepter !
45 Qu'un soin bien différent me trouble, et me dévore !

> PAGE 7

Cette pièce de **Jean Racine** contient quelques-uns des plus beaux vers de la littérature française, ceux, notamment, où la jeune reine exprime son amour passionnel pour son beau-fils, Hippolyte.

HIPPOLYTE

Madame, il n'est pas temps de vous troubler encore.
Peut-être votre époux voit encore le jour.
Le ciel peut à nos pleurs accorder son retour.
50 Neptune le protège, et ce dieu tutélaire
Ne sera pas en vain imploré par mon père.

PHÈDRE

On ne voit point deux fois le rivage des morts,
Seigneur. Puisque Thésée a vu les sombres bords,
55 En vain vous espérez qu'un dieu vous le renvoie,
Et l'avare Achéron ne lâche point sa proie.
Que dis-je? Il n'est point mort, puisqu'il respire en vous.
Toujours devant mes yeux je crois voir mon époux.
Je le vois, je lui parle, et mon cœur… Je m'égare,
60 Seigneur, ma folle ardeur malgré moi se déclare.

HIPPOLYTE

Je vois de votre amour l'effet prodigieux.
Tout mort qu'il est, Thésée est présent à vos yeux.
Toujours de son amour votre âme est embrasée.

PHÈDRE

65 Oui, Prince, je languis, je brûle pour Thésée.
Je l'aime, non point tel que l'ont vu les enfers,
Volage adorateur de mille objets divers,
Qui va du dieu des morts déshonorer la couche;
70 Mais fidèle, mais fier, et même un peu farouche,
Charmant, jeune, traînant tous les cœurs après soi,
Tel qu'on dépeint nos dieux, ou tel que je vous vois.
Il avait votre port, vos yeux, votre langage.
Cette noble pudeur colorait son visage,
75 Lorsque de notre Crète il traversa les flots, ❯

Phèdre, **Comédie-Française, 1995,
mise en scène d'Anne Delbée,
avec Martine Chevalier (Phèdre)
et Éric Génovèse (Hippolyte).**

Digne sujet des vœux des filles de Minos.
Que faisiez-vous alors ? Pourquoi sans Hippolyte
Des héros de la Grèce assembla-t-il l'élite ?
Pourquoi trop jeune encor ne pûtes-vous alors
80 Entrer dans le vaisseau qui le mit sur nos bords ?
Par vous aurait péri le monstre de la Crète
Malgré tous les détours de sa vaste retraite.
Pour en développer l'embarras incertain
Ma sœur du fil fatal eût armé votre main.
85 Mais non, dans ce dessein je l'aurais devancée.
L'amour m'en eût d'abord inspiré la pensée.
C'est moi, Prince, c'est moi, dont l'utile secours
Vous eût du Labyrinthe enseigné les détours.
Que de soins m'eût coûtés cette tête charmante !
90 Un fil n'eût point assez rassuré votre amante.
Compagne du péril qu'il vous fallait chercher,
Moi-même devant vous j'aurais voulu marcher,
Et Phèdre au labyrinthe avec vous descendue,
Se serait avec vous retrouvée, ou perdue.

95   HIPPOLYTE

Dieux ! Qu'est-ce que j'entends ? Madame, oubliez-vous
Que Thésée est mon père, et qu'il est votre époux ?

                   PHÈDRE

Et sur quoi jugez-vous que j'en perds la mémoire,
100 Prince ? Aurais-je perdu tout le soin de ma gloire ?

                  HIPPOLYTE

Madame, pardonnez. J'avoue en rougissant,
Que j'accusais à tort un discours innocent.
Ma honte ne peut plus soutenir votre vue.
105 Et je vais…

                   PHÈDRE

          Ah ! cruel, tu m'as trop entendue.
Je t'en ai dit assez pour te tirer d'erreur.
Hé bien, connais donc Phèdre et toute sa fureur.
110 J'aime. Ne pense pas qu'au moment que je t'aime,
Innocente à mes yeux je m'approuve moi-même,
Ni que du fol amour qui trouble ma raison
Ma lâche complaisance ait nourri le poison.
Objet infortuné des vengeances célestes,
115 Je m'abhorre encor plus que tu ne me détestes.

Les dieux m'en sont témoins, ces dieux qui dans
                              mon flanc
Ont allumé le feu fatal à tout mon sang,
Ces dieux qui se sont fait une gloire cruelle
De séduire le cœur d'une faible mortelle.
120 Toi-même en ton esprit rappelle le passé.
C'est peu de t'avoir fui, cruel, je t'ai chassé.
J'ai voulu te paraître odieuse, inhumaine.
Pour mieux te résister, j'ai recherché ta haine.
De quoi m'ont profité mes inutiles soins ?
125 Tu me haïssais plus, je ne t'aimais pas moins.
Tes malheurs te prêtaient encor de nouveaux charmes.
J'ai langui, j'ai séché, dans les feux, dans les larmes.
Il suffit de tes yeux pour t'en persuader,
Si tes yeux un moment pouvaient me regarder.
130 Que dis-je ? Cet aveu que je te viens de faire,
Cet aveu si honteux, le crois-tu volontaire ?
Tremblante pour un fils que je n'osais trahir,
Je te venais prier de ne le point haïr.
Faibles projets d'un cœur trop plein de ce qu'il aime !
135 Hélas ! je ne t'ai pu parler que de toi-même.
Venge-toi, punis-moi d'un odieux amour.
Digne fils du héros qui t'a donné le jour,
Délivre l'univers d'un monstre qui t'irrite.
La veuve de Thésée ose aimer Hippolyte ?
140 Crois-moi, ce monstre affreux ne doit point t'échapper.
Voilà mon cœur. C'est là que ta main doit frapper.
Impatient déjà d'expier son offense
Au-devant de ton bras je le sens qui s'avance.
Frappe. Ou si tu le crois indigne de tes coups,
145 Si ta haine m'envie un supplice si doux,
Ou si d'un sang trop vil ta main serait trempée,
Au défaut de ton bras prête-moi ton épée.
Donne.

                   ŒNONE

          Que faites-vous, Madame ? justes dieux !
150 Mais on vient. Évitez des témoins odieux
Venez, rentrez, fuyez une honte certaine. ❰

                          Jean Racine, *Phèdre*, 1677.

La tragédie contemporaine

ANTIGONE

Pour écrire sa pièce *Antigone*, le dramaturge français Jean Anouilh a repris la tragédie de Sophocle en la transposant à l'époque contemporaine. S'inspirant du théâtre de Bertolt Brecht, l'auteur met en scène un meneur de jeu qui s'adresse directement au public pour présenter les personnages de l'histoire.

Un décor neutre. Trois portes semblables. Au lever du rideau, tous les personnages sont en scène. Ils bavardent, tricotent, jouent aux cartes.

Le Prologue se détache et s'avance.

LE PROLOGUE. — Voilà. Ces personnages vont vous jouer l'histoire d'Antigone.
5 Antigone, c'est la petite maigre qui est assise là-bas, et qui ne dit rien. Elle regarde droit devant elle. Elle pense. Elle pense qu'elle va être Antigone tout à l'heure, qu'elle va surgir soudain de la maigre jeune fille noiraude et renfermée que personne ne prenait au sérieux dans la famille et se dresser seule en face du monde, seule en face de Créon, son oncle, qui est le roi. Elle pense qu'elle va mourir,
10 qu'elle est jeune et qu'elle aussi, elle aurait bien aimé vivre. Mais il n'y a rien à faire. Elle s'appelle Antigone et il va falloir qu'elle joue son rôle jusqu'au bout... Et, depuis que ce rideau s'est levé, elle sent qu'elle s'éloigne à une vitesse vertigineuse de sa sœur Ismène, qui bavarde et rit avec un jeune homme, de nous tous, qui sommes là bien tranquilles à la regarder, de nous qui n'avons pas à mourir ce soir.
15 Le jeune homme avec qui parle la blonde, la belle, l'heureuse Ismène, c'est Hémon, le fils de Créon. Il est le fiancé d'Antigone. Tout le portait vers Ismène : son goût de la danse et des jeux, son goût du bonheur et de la réussite, sa sensualité aussi, car Ismène est bien plus belle qu'Antigone, et puis un soir, un soir de bal où il n'avait dansé qu'avec Ismène, un soir où Ismène avait été éblouissante
20 dans sa nouvelle robe, il a été trouver Antigone qui rêvait dans un coin, comme en ce moment, ses bras entourant ses genoux, et il lui a demandé d'être sa femme. Personne n'a jamais compris pourquoi. Antigone a levé sans étonnement ses yeux graves sur lui et elle lui a dit « oui » avec un petit sourire triste... L'orchestre attaquait une nouvelle danse, Ismène riait aux éclats, là-bas, au milieu des autres
25 garçons, et voilà, maintenant, lui, il allait être le mari d'Antigone. Il ne savait pas qu'il ne devait jamais exister de mari d'Antigone sur cette terre et que ce titre princier lui donnait seulement le droit de mourir.

Cet homme robuste, aux cheveux blancs, qui médite là, près de son page, c'est Créon. C'est le roi. Il a des rides, il est fatigué. Il joue au jeu difficile de conduire
30 les hommes. Avant, du temps d'Œdipe, quand il n'était que le premier personnage de la cour, il aimait la musique, les belles reliures, les longues flâneries chez les petits antiquaires de Thèbes. Mais Œdipe et ses fils sont morts. Il a laissé ses livres, ses objets, il a retroussé ses manches et il a pris leur place.

> PAGE **17**

La révolte d'une adolescente contre les adultes qui édictent les lois de la société est au cœur de l'*Antigone* de **Jean Anouilh**.

›

Quelquefois, le soir, il est fatigué, et il se
35 demande s'il n'est pas vain de conduire les hommes.
Si cela n'est pas un office sordide qu'on doit laisser à
d'autres, plus frustres… Et puis, au matin, des problèmes précis se posent, qu'il faut résoudre, et il se
lève, tranquille, comme un ouvrier au seuil de sa
40 journée.

La vieille dame qui tricote, à côté de la nourrice
qui a élevé les deux petites, c'est Eurydice, la femme
de Créon. Elle tricotera pendant toute la tragédie
jusqu'à ce que son tour vienne de se lever et de
45 mourir. Elle est bonne, digne, aimante. Elle ne lui est
d'aucun secours. Créon est seul. Seul avec son petit
page qui est trop petit et qui ne peut rien non plus
pour lui.

Ce garçon pâle, là-bas, au fond, qui rêve adossé
50 au mur, solitaire, c'est le Messager. C'est lui qui viendra annoncer la mort d'Hémon tout à l'heure. C'est
pour cela qu'il n'a pas envie de bavarder ni de se
mêler aux autres. Il sait déjà…

Enfin les trois hommes rougeauds qui jouent
55 aux cartes, leur chapeau sur la nuque, ce sont les
gardes. Ce ne sont pas de mauvais bougres, ils ont
des femmes, des enfants, et des petits ennuis comme
tout le monde, mais ils vous empoigneront les
accusés le plus tranquillement du monde tout à
60 l'heure. Ils sentent l'ail, le cuir et le vin rouge et ils
sont dépourvus de toute imagination. Ce sont les
auxiliaires toujours innocents et toujours satisfaits
d'eux-mêmes, de la justice. Pour le moment, jusqu'à
ce qu'un nouveau chef de Thèbes dûment mandaté
65 leur ordonne de l'arrêter à son tour, ce sont les auxiliaires de la justice de Créon.

Et maintenant que vous les connaissez tous, ils
vont pouvoir vous jouer leur histoire. Elle commence
au moment où les deux fils d'Œdipe, Etéocle et
70 Polynice, qui devaient régner sur Thèbes un an
chacun à tour de rôle, se sont battus et entre-tués
sous les murs de la ville, Etéocle l'aîné, au terme de
la première année de pouvoir ayant refusé de céder
la place à son frère. Sept grands princes étrangers
75 que Polynice avait gagnés à sa cause ont été défaits
devant les sept portes de Thèbes. Maintenant la ville
est sauvée, les deux frères ennemis sont morts et
Créon, le roi, a ordonné qu'à Étéocle, le bon frère, il
serait fait d'imposantes funérailles, mais que
80 Polynice, le vaurien, le révolté, le voyou, serait laissé
sans pleurs et sans sépulture, la proie des corbeaux
et des chacals. Quiconque osera lui rendre les devoirs
funèbres sera impitoyablement puni de mort.

Pendant que le Prologue parlait les personnages sont
85 *sortis un à un. Le Prologue disparaît aussi.*
L'éclairage s'est modifié sur la scène. C'est mainte-
nant une aube grise et livide dans une maison qui dort. ❮

Jean Anouilh, *Antigone*,
© Éditions de la Table Ronde, 1946.

… seule en face de Créon, son oncle, qui est le roi.

Antigone, mise en scène d'Éric Civanyan,
avec Dolorès Torres (Antigone)
et Guy Tréjean (Créon), 1987.

La comédie

Le dictionnaire du théâtre définit la comédie comme « une pièce qui cherche à faire rire ou sourire ». Comme la tragédie, la comédie remonte à l'Antiquité. Élaborées à partir de schémas dramatiques simples, ces pièces mettent en scène des héros qui tentent de trouver un moyen de se tirer d'une situation difficile. Aristophane (455-385 av. J.-C.) est le maître de la comédie ancienne.

Après une longue période de silence, la comédie renaît en Italie au XVIᵉ siècle avec la *commedia dell'arte*, genre populaire qui donnera naissance à des personnages stéréotypés dont Molière s'inspirera au XVIIᵉ siècle.

Charles Demuth, *Vaudeville. Femme et homme sur la scène*, 1917.

L'AVARE

Tout en s'inspirant de canevas de la *commedia dell'arte*, Molière développe un théâtre où la comédie côtoie le drame et où les personnages sont l'occasion d'explorer toute la complexité de l'âme humaine. Dans *L'avare*, c'est l'amour de l'argent qui sert de prétexte à une intrigue où alternent scènes bouffonnes et scènes d'étude de caractères. Le personnage principal, Harpagon, veut marier sa fille Élise à un riche vieillard. Comme celle-ci refuse, il consulte son intendant, Valère. Or, celui-ci est fiancé en secret avec Élise.

ACTE I

SCÈNE 5. Valère, Harpagon, Élise.

> PAGE 7

Le fait que **Molière** ait écrit *L'avare* en prose et non en vers dérouta d'abord les spectateurs de l'époque (1669), mais la pièce fut rapidement considérée ensuite comme le type même de la comédie moliéresque.

HARPAGON. Ici, Valère. Nous t'avons élu pour nous dire qui a raison de ma fille ou de moi.

VALÈRE. C'est vous, monsieur, sans contredit.

5 HARPAGON. Sais-tu bien de quoi nous parlons?

VALÈRE. Non. Mais vous ne sauriez avoir tort, et vous êtes toute raison.

HARPAGON. Je veux ce soir lui donner pour époux un homme aussi riche que sage, et la coquine me dit au nez qu'elle se moque de le prendre. Que dis-tu de cela?

10 VALÈRE. Ce que j'en dis?

HARPAGON. Oui.

VALÈRE. Eh! eh!

HARPAGON. Quoi?

VALÈRE. Je dis que dans le fond je suis de votre sentiment, et que vous ne pouvez
15 pas que vous n'ayez raison; mais aussi n'a-t-elle pas tort tout à fait, et…

HARPAGON. Comment! Le seigneur Anselme est un parti considérable, c'est un gentilhomme qui est noble, doux, posé, sage et fort accommodé, et auquel il ne reste aucun enfant de son premier mariage. Saurait-elle mieux rencontrer?

VALÈRE. Cela est vrai; mais elle pourrait vous dire que c'est un peu précipiter
20 les choses et qu'il faudrait au moins quelque temps pour voir si son inclination pourra s'accommoder avec…

HARPAGON. C'est une occasion qu'il faut prendre vite aux cheveux. Je trouve ici un avantage qu'ailleurs je ne trouverais pas, et il s'engage à la prendre sans dot…

VALÈRE. Sans dot?

25 HARPAGON. Oui.

VALÈRE. Ah! je ne dis plus rien. Voyez-vous, voilà une raison tout à fait convaincante; il se faut rendre à cela.

HARPAGON. C'est pour moi une épargne considé-
30 rable.

VALÈRE. Assurément, cela ne reçoit point de contra-diction. Il est vrai que votre fille vous peut repré-senter que le mariage est une plus grande affaire qu'on ne peut croire; qu'il y va d'être heureux ou
35 malheureux toute sa vie, et qu'un engagement qui doit durer jusqu'à la mort ne se doit jamais faire qu'avec de grandes précautions.

HARPAGON. Sans dot!

VALÈRE. Vous avez raison. Voilà qui décide tout;
40 cela s'entend. Il y a des gens qui pourraient vous dire qu'en de telles occasions l'inclination d'une fille est une chose sans doute où l'on doit avoir de l'égard, et que cette grande inégalité d'âge, d'humeur et de sentiments, rend un mariage sujet à des accidents
45 fâcheux.

HARPAGON. Sans dot!

VALÈRE. Ah! il n'y a pas de réplique à cela, on le sait bien. Qui diantre peut aller là-contre? Ce n'est pas qu'il n'y ait quantité de pères qui aimeraient mieux
50 ménager la satisfaction de leurs filles que l'argent qu'ils pourraient donner; qui ne les voudraient point sacrifier à l'intérêt et chercheraient, plus que toute autre chose, à mettre dans un mariage cette douce conformité qui sans cesse y maintient l'honneur, la
55 tranquillité et la joie, et que… ❯

LE TEXTE DRAMATIQUE

Gaston Lepage (Harpagon) dans *L'avare*,
Nouvelle Compagnie théâtrale, 1981,
mise en scène de Gaétan Labrèche.

HARPAGON. Sans dot!

VALÈRE. Il est vrai. Cela ferme la bouche à tout. *Sans dot!* Le moyen de résister à une raison comme celle-là!

60 HARPAGON, *à part, regardant vers le jardin.* Ouais! Il me semble que j'entends un chien qui aboie. N'est-ce point qu'on en voudrait à mon argent? (*À Valère.*) Ne bougez, je reviens tout à l'heure. (*Il sort.*)

ÉLISE. Vous moquez-vous, Valère, de lui parler comme 65 vous faites?

VALÈRE. C'est pour ne point l'aigrir et pour en venir mieux à bout. Heurter de front ses sentiments est le moyen de tout gâter, et il y a de certains esprits qu'il ne faut prendre qu'en biaisant, des tempéraments 70 ennemis de toute résistance, des naturels rétifs, que la vérité fait cabrer, qui toujours se raidissent contre le droit chemin de la raison, et qu'on ne mène qu'en tournant où l'on veut les conduire. Faites semblant de consentir à ce qu'il veut, vous en viendrez mieux 75 à vos fins, et...

ÉLISE. Mais ce mariage, Valère?

VALÈRE. On cherchera des biais pour le rompre.

ÉLISE. Mais quelle invention trouver, s'il se doit conclure ce soir?

80 VALÈRE. Il faut demander un délai et feindre quelque maladie.

ÉLISE. Mais on découvrira la feinte si l'on appelle des médecins.

VALÈRE. Vous moquez-vous? Y connaissent-ils quelque 85 chose? Allez, allez, vous pourrez avec eux avoir quel mal il vous plaira, ils vous trouveront des raisons pour vous dire d'où cela vient.

HARPAGON, *à part, rentrant.* Ce n'est rien, Dieu merci.

VALÈRE. Enfin notre dernier recours, c'est que la 90 fuite nous peut mettre à couvert de tout; et, si votre amour, belle Élise, est capable d'une fermeté... (*Il aperçoit Harpagon.*) Oui, il faut qu'une fille obéisse à son père. Il ne faut point qu'elle regarde comme un mari est fait; et, lorsque la grande raison de *sans dot* 95 s'y rencontre, elle doit être prête à prendre tout ce qu'on lui donne.

HARPAGON. Bon! Voilà bien parlé, cela.

VALÈRE. Monsieur, je vous demande pardon, si je m'emporte un peu et prends la hardiesse de lui parler 100 comme je fais.

HARPAGON. Comment! J'en suis ravi, et je veux que tu prennes sur elle un pouvoir absolu. Oui, tu as beau fuir, je lui donne l'autorité que le ciel me donne sur toi, et j'entends que tu fasses tout ce qu'il te dira.

105 VALÈRE. Après cela, résistez à mes remontrances! Monsieur, je vais la suivre pour lui continuer les leçons que je lui faisais.

HARPAGON. Oui, tu m'obligeras. Certes...

VALÈRE. Il est bon de lui tenir un peu la bride haute.

110 HARPAGON. Cela est vrai. Il faut...

VALÈRE. Ne vous mettez pas en peine, je crois que j'en viendrai à bout.

HARPAGON. Fais, fais. Je m'en vais faire un petit tour en ville, et reviens tout à l'heure.

115 VALÈRE. Oui, l'argent est plus précieux que toutes les choses du monde, et vous devez rendre grâces au ciel de l'honnête homme de père qu'il vous a donné. Il sait ce que c'est que de vivre. Lorsqu'on s'offre de prendre une fille sans dot, on ne doit point regarder 120 plus avant. Tout est renfermé là-dedans, et *sans dot* tient lieu de beauté, de jeunesse, de naissance, d'honneur, de sagesse et de probité.

HARPAGON. Ah! le brave garçon! Voilà parlé comme un oracle. Heureux qui peut avoir un domestique de 125 la sorte. ❮

Molière, *L'avare*, 1669.

Le vaudeville

TAILLEUR POUR DAMES

Au XIXe siècle se développe un genre de comédie qui repose sur une certaine mécanique narrative où un personnage semble pris dans un engrenage et vit des situations loufoques qui frisent l'absurde. En 1851, Eugène Labiche crée *Un chapeau de paille d'Italie* qui illustre parfaitement toutes les caractéristiques du genre. Georges Feydeau, à la fin du XIXe siècle, ira plus loin et permettra au vaudeville d'acquérir ses lettres de noblesse.

Salon de Moulineaux. – Porte au fond donnant sur le vestibule. – Porte à gauche, premier plan, donnant sur l'appartement d'Yvonne. – Porte à gauche, deuxième plan. – Porte à droite, premier plan, donnant dans les appartements de Moulineaux. – Porte à droite, deuxième plan. – Une table de travail à droite de la scène. – À gauche de la table, un grand fauteuil, papiers de médecine, tout l'appareil d'un médecin. – À gauche, deux chaises à côté l'une de l'autre, mobilier ad libitum.

ACTE I

SCÈNE PREMIÈRE

Au lever du rideau, la scène est vide. – Il fait à peine jour. – Étienne entre par la porte de droite, deuxième plan. – Il tient un balai, un plumeau, une serviette, tout ce qu'il faut pour faire l'appartement.

ÉTIENNE, *il dépose son plumeau, son balai; il ouvre la porte du fond pour*
5 *donner de l'air, il bâille.* — J'ai encore sommeil!… c'est stupide!… Il est prouvé que c'est toujours au moment de se lever qu'on a le plus envie de dormir. Donc l'homme devrait attendre qu'il se lève pour se coucher!… *(Il ouvre la porte du fond.)* Oh! mais je bâille à me décrocher la mâchoire; ça vient peut-être de l'estomac… Je deman-
10 derai cela à monsieur. Ah! voilà l'agrément d'être au service d'un médecin!… on a toujours un médecin à son service… et pour moi qui suis d'un tempérament maladif… nervoso-lymphatique, comme dit monsieur. Oui, je suis très bien ici. J'y étais encore mieux autre-fois, il y a six mois… avant le mariage de monsieur. Mais il ne faut
15 pas me plaindre, madame est charmante!… et étant donné qu'il en fallait une, c'était bien la femme qui nous convenait… à monsieur et à moi!… Allons, il est temps de réveiller monsieur. Quelle drôle de chose encore que celle-là!… la chambre de monsieur est ici et celle de madame, là. On se demande vraiment pourquoi on se marie?…
20 Enfin il paraît que ça se fait dans le grand monde. *(Il frappe à la porte de droite premier plan et appelle.)* Monsieur!… monsieur!… *(À part.)* Il dort bien! *(Haut.)* Comment, personne! la couverture n'est pas défaite!… Mais alors, monsieur n'est pas rentré cette nuit!… mon-sieur se dérange!… Et sa pauvre petite femme qui repose en toute
25 confiance! Oh! c'est mal!… *(Voyant entrer Yvonne.)* Madame!

Il gagne au 2.

❯ PAGE 17

« **Georges Feydeau** était un grand comique. Le plus grand après Molière… Les pièces de Feydeau ont la progression, la force et la violence des tragédies. Elles en ont l'inéluctable fatalité. Devant les tragédies, on étouffe d'horreur. Devant Feydeau, on étouffe de rire. » (M. Achard)

SCÈNE II

ÉTIENNE, YVONNE

YVONNE, *premier plan à gauche.* — Monsieur est-il levé?

30 ÉTIENNE, *balbutiant.* — Hein? Non, non... oui, oui...

YVONNE. — Quoi? Non!... Oui!... Vous paraissez troublé!

ÉTIENNE. — Moi, troublé? Au contraire! que 35 madame regarde! Moi, troublé?

YVONNE. — Oui!
Elle se dirige vers la porte de droite, premier plan.

ÉTIENNE, *vivement.* — N'entrez pas!

YVONNE, *étonnée.* — En voilà une idée! pourquoi 40 ça?...

ÉTIENNE, *très embarrassé.* — Parce que... parce qu'il est malade, monsieur.

YVONNE. — Malade, mais justement... mon devoir...

45 ÉTIENNE, *se reprenant.* — Non, quand je dis malade, j'exagère!... Et puis, c'est tout ouvert par là!... c'est plein de poussière, je fais la chambre...

YVONNE. — Comment! quand mon mari est malade! Qu'est-ce que vous racontez?...
50 *n° 2. – Elle entre.*

ÉTIENNE, *n° 1.* — Mais, madame!... (*Au public.*) Pincé, il est pincé! Ah! ma foi, tant pis, j'aurai fait ce que j'aurai pu!...

YVONNE, *ressortant. – Elle passe au 1.* — Le lit n'est 55 pas défait! mon mari a passé la nuit dehors! Ah! je vous fais mes compliments, Étienne. Monsieur doit bien payer vos bons services!...

ÉTIENNE. — Je voulais éviter à madame...

YVONNE, *elle passe.* — Vous êtes trop charitable! je 60 vous remercie... Oh! après six mois de mariage! Ah! c'est affreux!
Elle rentre dans son appartement.

ÉTIENNE. — Pauvre petite femme! Mais aussi, c'est bien fait pour lui! Pour ces choses-là, je suis intraitable.

SCÈNE III

65

ÉTIENNE, puis MOULINEAUX

On entend frapper à la porte extérieure du vestibule.

ÉTIENNE. — Qu'est-ce que c'est?

MOULINEAUX, *dehors.* — Ouvrez! c'est moi...

ÉTIENNE, *n° 1.* — Ah! c'est monsieur!... (*Il va* 70 *ouvrir, puis revient, suivi de Moulineaux.*) Monsieur a passé la nuit dehors?...

MOULINEAUX, *en habit, la figure défaite, la cravate dénouée, n° 2.* — Oui, chut!... non... c'est-à-dire oui...! madame ne sait rien?...

75 ÉTIENNE. — Oh! bien... Madame sort d'ici... et si j'en juge par sa figure...

MOULINEAUX, *inquiet.* — Oui?... ah! diable.
Il passe au 1.

ÉTIENNE. — Ah! monsieur, c'est bien mal ce que 80 fait monsieur, et si monsieur voulait en croire un ami...

MOULINEAUX. — Quel ami?

ÉTIENNE. — Moi! monsieur.

MOULINEAUX. — Dites donc, gardez donc vos dis-85 tances!... (*Il passe au 2.*) Ah! Dieu! quelle nuit!... j'ai dormi sur la banquette de l'escalier!... Si je n'ai point attrapé vingt rhumatismes!... On m'y repren-dra encore à aller au bal de l'Opéra!...

ÉTIENNE. — Ah! monsieur est allé au bal de l'Opéra?

90 MOULINEAUX. — Oui!... c'est-à-dire non. Occupez-vous de vos affaires!

ÉTIENNE. — Oui, mais c'est égal, monsieur a une bonne tête!... il ne faut pas être malin pour voir que monsieur a nocé toute la nuit.

95 MOULINEAUX, *sèchement.* — Eh bien! Étienne, allez donc à votre office...

ÉTIENNE. — C'est bon, j'y vais.
Il sort.

SCÈNE IV

MOULINEAUX. — Ah! Dieu, quand on m'y repin-
100 cera encore à aller au bal de l'Opéra!... le ciel m'est
témoin que je ne voulais pas y mettre les pieds!... ah
bien! oui, mais ce joli petit démon de madame
Aubin fait de moi ce qu'elle veut. En principe, ne
jamais avoir pour cliente une jolie femme et une
105 femme mariée. C'est très dangereux. Ainsi l'Opéra,
c'est un caprice à elle. « À deux heures! sous l'horloge! » Cela voulait dire : ... «Attendez-moi... sous
l'orme! » Et j'ai attendu... jusqu'à trois heures,
comme un serin! Aussi quand je l'ai vue... quand je
110 l'ai vue... qui ne venait pas, je suis parti furieux!
J'étais moulu, éreinté!... Je rentre, me consolant à
l'idée d'une bonne nuit. Arrivé à ma porte, crac! pas
de clé. Je l'avais oubliée dans mes effets de tous les
jours. Sonner, c'était réveiller ma femme. Crocheter
115 la porte, je n'avais rien de ce qu'il fallait pour ça;
alors, désespéré, je me suis résigné à attendre le jour
et à passer la nuit sur une banquette! *(Il s'assied à
droite.)* Ah! celui qui n'a pas passé une nuit sur une
banquette ne peut se faire une idée de ce que
120 c'est!... Je suis gelé, brisé, anéanti! *(Brusquement.)*
Oh! quelle idée! Je vais me faire une ordonnance.
Oui, mais si je me soigne comme mes malades, j'en
ai pour longtemps!... Oh! si j'envoyais chercher un
homéopathe...

SCÈNE V

MOULINEAUX, YVONNE

125

YVONNE, *sortant de sa chambre.* — Ah! vous voilà
enfin!... *(n° 1).*

MOULINEAUX, *se dressant comme mû par un ressort.*
— Oui, me voilà!... Euh! tu... tu as bien dormi?
130 comme tu es matinale!

YVONNE, *amère.* — Et vous donc?...

MOULINEAUX, *embarrassé.* — Moi?... oui, tu sais,
j'avais un travail à faire.

YVONNE, *martelant chaque syllabe.* — Où avez-vous
135 passé la nuit?

MOULINEAUX, *même jeu.* — Hein?

YVONNE, *même jeu.* — Où avez-vous passé la nuit?

MOULINEAUX. — Oui, j'entends bien... «où j'ai
passé la...» Comment je ne t'ai pas dit?... hier en te
140 quittant, je ne t'ai pas dit : «je vais chez Bassinet»?
Oh! il est très malade, Bassinet!...

YVONNE, *incrédule.* — Ah! Et vous y avez passé la
nuit?

MOULINEAUX, *avec aplomb.* — Voilà... Oh! tu ne sais
145 pas dans quel état il est, Bassinet.

[...] ❮

Georges Feydeau, *Tailleur pour dames*, 1886.

Tailleur pour dames,
Théâtre du Rideau Vert,
1992, mise en scène de
Daniel Roussel, avec
Patricia Tulasne, Luc
Durand, Lénie Scoffié,
Viviane Pacal, Alain Zouvi,
Normand Chouinard,
Francine Ruel.

LA CANTATRICE CHAUVE

Le XXe siècle a connu deux guerres mondiales qui ont secoué l'humanité et ont amené, dans le domaine littéraire, de nombreuses remises en question. Au théâtre, on a cherché des formes qui permettraient de rendre compte de l'angoisse qui saisit l'être humain devant cet univers déréglé. Dans la lignée du mouvement existentialiste, le théâtre de l'absurde a donné naissance à des pièces où la comédie frôle parfois le tragique, des pièces qui remettent en cause les notions traditionnelles de personnage, d'action, de genre et qui mettent en évidence l'absurdité du langage, comme l'illustre la pièce d'Eugène Ionesco *La cantatrice chauve*, créée au théâtre de la Huchette, à Paris, en 1950.

SCÈNE IV
Les mêmes, moins Mary

> PAGE 17

Nombre de répliques contenues dans *La cantatrice chauve* d'**Eugène Ionesco** parodient les phrases toutes faites que l'on trouve dans les méthodes d'apprentissage des langues.

Mme et M. Martin s'assoient l'un en face de l'autre, sans se parler. Ils se sourient, avec timidité.

M. MARTIN *(le dialogue qui suit doit être dit d'une voix traînante, monotone,*
5 *un peu chantante, nullement nuancée)* : Mes excuses, Madame, mais il me semble, si je ne me trompe, que je vous ai déjà rencontrée quelque part.

Mme MARTIN : À moi aussi, Monsieur, il me semble que je vous ai déjà rencontré quelque part.

M. MARTIN : Ne vous aurais-je pas déjà aperçue, Madame, à Manchester, par
10 hasard ?

Mme MARTIN : C'est très possible. Moi, je suis originaire de la ville de Manchester ! Mais je ne me souviens pas très bien, Monsieur, je ne pourrais pas dire si je vous y ai aperçu, ou non !

M. MARTIN : Mon Dieu, comme c'est curieux ! Moi aussi je suis originaire de la
15 ville de Manchester, Madame !

Mme MARTIN : Comme c'est curieux !

M. MARTIN : Comme c'est curieux !… Seulement, moi, Madame, j'ai quitté la ville de Manchester, il y a cinq semaines, environ.

Mme MARTIN : Comme c'est curieux ! quelle bizarre coïncidence ! Moi aussi,
20 Monsieur, j'ai quitté la ville de Manchester, il y a cinq semaines, environ.

M. MARTIN : J'ai pris le train d'une demie après huit le matin, qui arrive à Londres à un quart avant cinq, Madame.

Mme MARTIN : Comme c'est curieux ! comme c'est bizarre ! et quelle coïncidence ! J'ai pris le même train, Monsieur, moi aussi !

25 M. MARTIN : Mon Dieu, comme c'est curieux ! peut-être bien alors, Madame, que je vous ai vue dans le train ?

Mme MARTIN : C'est possible, ce n'est pas exclu, c'est plausible et, après tout, pourquoi pas !… Mais 30 je n'en ai aucun souvenir, Monsieur !

M. MARTIN : Je voyageais en deuxième classe, Madame. Il n'y a pas de deuxième classe en Angleterre, mais je voyage quand même en deuxième classe.

Mme MARTIN : Comme c'est bizarre, que c'est 35 curieux, et quelle coïncidence ! moi aussi, Monsieur, je voyageais en deuxième classe !

M. MARTIN : Comme c'est curieux ! Nous nous sommes peut-être bien rencontrés en deuxième classe, chère Madame !

40 Mme MARTIN : La chose est bien possible et ce n'est pas du tout exclu. Mais je ne m'en souviens pas très bien, cher Monsieur ! ❭

La cantatrice chauve,
Nouvelle Compagnie théâtrale, 1979,
mise en scène de Paul Buissonneau,
avec Françoise Graton (Mme Martin)
et Jean Brousseau (M. Martin).

M. MARTIN : Ma place était dans le wagon n° 8, sixième compartiment, Madame !

45 Mme MARTIN : Comme c'est curieux ! ma place aussi était dans le wagon n° 8, sixième compartiment, cher Monsieur !

M. MARTIN : Comme c'est curieux et quelle coïncidence bizarre ! Peut-être nous sommes-nous 50 rencontrés dans le sixième compartiment, chère Madame ?

Mme MARTIN : C'est bien possible, après tout ! Mais je ne m'en souviens pas, cher Monsieur !

M. MARTIN : À vrai dire, chère Madame, moi non 55 plus je ne m'en souviens pas, mais il est possible que nous nous soyons aperçus là, et, si j'y pense bien, la chose me semble même très possible !

Mme MARTIN : Oh ! vraiment, bien sûr, vraiment, Monsieur !

60 M. MARTIN : Comme c'est curieux !… J'avais la place n° 3, près de la fenêtre, chère Madame.

Mme MARTIN : Oh, mon Dieu, comme c'est curieux et comme c'est bizarre, j'avais la place n° 6, près de la fenêtre, en face de vous, cher Monsieur.

65 M. MARTIN : Oh, mon Dieu, comme c'est curieux et quelle coïncidence !… Nous étions donc vis-à-vis, chère Madame ! C'est là que nous avons dû nous voir !

Mme MARTIN : Comme c'est curieux ! C'est pos-70 sible mais je ne m'en souviens pas, Monsieur !

M. MARTIN : À vrai dire, chère Madame, moi non plus je ne m'en souviens pas. Cependant, il est très possible que nous nous soyons vus à cette occasion.

Mme MARTIN : C'est vrai, mais je n'en suis pas sûre 75 du tout, Monsieur.

M. MARTIN : Ce n'était pas vous, chère Madame, la dame qui m'avait prié de mettre sa valise dans le filet et qui ensuite m'a remercié et m'a permis de fumer ?

Mme MARTIN : Mais si, ça devait être moi, Mon-80 sieur ! Comme c'est curieux, comme c'est curieux, et quelle coïncidence !

M. MARTIN : Comme c'est curieux, comme c'est bizarre, quelle coïncidence ! Eh bien alors, alors nous nous sommes peut-être connus à ce moment-là, 85 Madame ?

Mme MARTIN : Comme c'est curieux et quelle coïncidence ! c'est bien possible, cher Monsieur ! Cependant, je ne crois pas m'en souvenir.

M. MARTIN : Moi non plus, Madame.

90 *Un moment de silence. La pendule sonne 2-1.*

M. MARTIN : Depuis que je suis arrivé à Londres, j'habite rue Bromfield, chère Madame.

Mme MARTIN : Comme c'est curieux, comme c'est bizarre ! moi aussi, depuis mon arrivée à Londres 95 j'habite rue Bromfield, cher Monsieur.

M. MARTIN : Comme c'est curieux, mais alors, mais alors, nous nous sommes peut-être rencontrés rue Bromfield, chère Madame.

Mme MARTIN : Comme c'est curieux ; comme c'est 100 bizarre ! c'est bien possible, après tout ! Mais je ne m'en souviens pas, cher Monsieur.

M. MARTIN : Je demeure au n° 19, chère Madame.

Mme MARTIN : Comme c'est curieux, moi aussi j'habite au n° 19, cher Monsieur.

105 M. MARTIN : Mais alors, mais alors, mais alors, mais alors, mais alors, nous nous sommes peut-être vus dans cette maison, chère Madame ?

Mme MARTIN : C'est bien possible, mais je ne m'en souviens pas, cher Monsieur.

110 M. MARTIN : Mon appartement est au cinquième étage, c'est le n° 8, chère Madame.

Mme MARTIN : Comme c'est curieux, mon Dieu, comme c'est bizarre ! et quelle coïncidence ! moi aussi j'habite au cinquième étage, dans l'apparte-115 ment n° 8, cher Monsieur !

M. MARTIN, *songeur* : Comme c'est curieux, comme c'est curieux, comme c'est curieux et quelle coïncidence ! vous savez, dans ma chambre à coucher j'ai un lit. Mon lit est couvert d'un édredon vert. Cette
120 chambre, avec ce lit et son édredon vert, se trouve au fond du corridor, entre les waters et la bibliothèque, chère Madame !

Mᵐᵉ MARTIN : Quelle coïncidence, ah mon Dieu, quelle coïncidence ! Ma chambre à coucher a, elle
125 aussi, un lit avec un édredon vert et se trouve au fond du corridor, entre les waters, cher Monsieur, et la bibliothèque !

M. MARTIN : Comme c'est bizarre, curieux, étrange ! alors, Madame, nous habitons dans la même chambre
130 et nous dormons dans le même lit, chère Madame. C'est peut-être là que nous nous sommes rencontrés !

Mᵐᵉ MARTIN : Comme c'est curieux et quelle coïncidence ! C'est bien possible que nous nous y soyons rencontrés, et peut-être même la nuit dernière. Mais
135 je ne m'en souviens pas, cher Monsieur !

M. MARTIN : J'ai une petite fille, ma petite fille, elle habite avec moi, chère Madame. Elle a deux ans, elle est blonde, elle a un œil blanc et un œil rouge, elle est très jolie, elle s'appelle Alice, chère Madame.

140 Mᵐᵉ MARTIN : Quelle bizarre coïncidence ! moi aussi j'ai une petite fille, elle a deux ans, un œil blanc et un œil rouge, elle est très jolie et s'appelle aussi Alice, cher Monsieur !

M. MARTIN, *même voix traînante, monotone* : Comme
145 c'est curieux et quelle coïncidence ! et bizarre ! c'est peut-être la même, chère Madame !

Mᵐᵉ MARTIN : Comme c'est curieux ! c'est bien possible, cher Monsieur.

Un assez long moment de silence… La pendule sonne
150 *vingt-neuf fois.*

M. MARTIN, *après avoir longuement réfléchi, se lève lentement et, sans se presser, se dirige vers Mᵐᵉ Martin qui, surprise par l'air solennel de M. Martin, s'est levée, elle aussi, tout doucement ; M. Martin a la même voix*
155 *rare, monotone, vaguement chantante.* — Alors, chère Madame, je crois qu'il n'y a pas de doute, nous nous sommes déjà vus et vous êtes ma propre épouse… Élisabeth, je t'ai retrouvée !

Mᵐᵉ MARTIN, *s'approche de M. Martin sans se pres-*
160 *ser. Ils s'embrassent sans expression. La pendule sonne une fois, très fort. Le coup de la pendule doit être si fort qu'il doit faire sursauter les spectateurs. Les époux Martin ne l'entendent pas.*

Mᵐᵉ MARTIN : Donald, c'est toi, darling !

165 *Ils s'assoient dans le même fauteuil, se tiennent embrassés et s'endorment. La pendule sonne encore plusieurs fois. Mary, sur la pointe des pieds, un doigt sur ses lèvres, entre doucement en scène et s'adresse au public.* ❮

Eugène Ionesco, *La cantatrice chauve*,
© Éditions Gallimard, 1954.

LES VOISINS

Claude Meunier, auteur de la série télévisée *La petite vie* qui a connu un succès fulgurant dans les années 90, voue une très grande admiration à Eugène Ionesco, plus particulièrement à l'univers absurde de ses pièces.

Dans la pièce *Les voisins*, qu'il a écrite en collaboration avec Louis Saia, Claude Meunier, comme Ionesco, a recours à l'absurde pour mettre en évidence l'indigence intellectuelle de ses personnages. La pièce met en scène des banlieusards qui ressemblent étrangement aux personnages de *La cantatrice chauve* par leur incapacité à comprendre ce qu'ils vivent et à en parler.

2
Laurette et Georges

La scène se déroule dans la chambre à coucher de Georges et de Laurette. Laurette est étendue en déshabillé sur son lit. Elle est déprimée ; elle a le regard fixe. Georges entre dans la chambre. Il est de bonne humeur.

5   GEORGES, *sur un ton d'encouragement*
Bonjour princesse, t'as l'air de bonne humeur à matin…

LAURETTE
Ah ! pas tellement…

GEORGES
10 Ça paraît pas… ça fait-tu longtemps qu't'es debout ?

LAURETTE
J'te dis qu'y a des matins j'passerais tout droit jusqu'à fin de mes jours…

GEORGES, *en regardant ailleurs*
Dis pas ça. Comment tu veux être en forme si tu dis des affaires de même ?

15   *Georges se dirige vers la fenêtre. Laurette commence à pleurer doucement, en silence presque. Elle tente de se retenir.*

GEORGES
En tout cas t'es pas comme moi, toi ! J'assez de bonne humeur moi là. Maudit que la vie est belle ! Ça s'peut-tu ? Qu'est-cé que j'ai à être en forme de même ? Peux-
20 tu me le dire toi ? (*Il ouvre le rideau de la fenêtre.*) Regarde-moi donc le temps toi. Ça c'est de la météo. Moi un petit peu de bleu dins nuages là, mon affaire est gorlo…

Il se retourne vers Laurette et l'aperçoit qui pleure.

GEORGES
25 Dis-moi pas tu pleures ?

Personnage bien connu au Québec, en particulier pour son rôle de Pôpa dans la télésérie *La petite vie*, **Claude Meunier** (1951) a étudié en droit avant de faire partie du trio Paul et Paul (vers 1976) puis du célèbre duo Ding et Dong. Coauteur de la pièce à succès *Broue*, il a aussi écrit trois pièces de théâtre avec son ami le réalisateur Louis Saia. *Les voisins*, la plus connue, a été adaptée pour la télévision en 1987.

LAURETTE, *qui tente de retenir ses larmes*
Non, non.

GEORGES, *en s'approchant d'elle*
T'es sûre tu pleures pas? Hein?

30   LAURETTE
Oui oui chus sûre…

GEORGES
Tu peux me le dire t'sais, ça m'fait rien.

LAURETTE
35 Non non…

GEORGES
J't'ai pas dit ça. On est invités chez Bernard ce soir…
hein? Ça c'est de la nouvelle… tu t'attendais pas à ça
hein?… (*Puis comme s'il parlait presque à un enfant.*)
40 Ben dis quèque chose… Qu'est-cé tu mijotes là? Pas
du boudin j'espère?

LAURETTE, *un peu ressaisie*
J'serai pas capable d'y aller, j'ai de la misère à me
traîner…

45   GEORGES
Ben voyons donc, j'vas te traîner si tu veux.

LAURETTE
À part de ça, j'ai l'air de rien de ce temps-là.

GEORGES, *innocent*
50 J'trouve pas, t'es toujours de même.

LAURETTE
Tu dis ça pour me faire plaisir.

GEORGES
J'ai pas de raison de vouloir te faire plaisir.

55   LAURETTE
Écoute, Georges, j'ai peut-être pas l'air de filer de ce
temps-là mais dans le fond ça va très mal.

GEORGES, *presque suppliant*
Pourquoi tu me dis ça?

60   LAURETTE
Qu'est-cé qui se passe entre nous deux, Georges?

GEORGES
Rien…

LAURETTE, *insistante*
65 Me semble que c'était différent avant…

GEORGES, *toujours aussi « doux »*
Ben, aujourd'hui aussi, c'est différent.

LAURETTE, *un peu plus agressive*
Tu comprends pas Georges…

70   GEORGES
C'est pas grave.

LAURETTE
Ben oui mais j'm'ennuie, Georges.

GEORGES, *toujours sur le même ton*
75 De qui tu t'ennuies?

LAURETTE
J'm'ennuie pas de personne; j'trouve la maison
grande.

GEORGES
80 Tu veux-tu qu'on déménage?

LAURETTE
C'pas ça… Chus tannée de toujours faire la même
chose, de juste faire à manger pis de laver la vaisselle.

GEORGES
85 Ben fais d'autre chose. (*Temps.*) T'as une balayeuse
neuve, sers-toi-z'en… T'as un fil de trente pieds
après, c'est pas ça tu voulais?

LAURETTE, *un peu abattue*
Je l'sais ben. Peut-être que chus pas heureuse.

90   GEORGES
Pourtant tu fais une belle vie. T'as de l'argent, t'as un
bon mari, t'es à deux minutes du centre d'achats,
qu'est-cé que tu veux de plus?

›

Les voisins, Radio-Québec, 1987, réalisation de Micheline Guertin,
avec Serge Thériault (Georges) et Paule Baillargeon (Laurette).

LAURETTE

95 Je l'sais pas.

GEORGES

Bon… tu vois.

LAURETTE

On dirait que j'ai 65 ans, Georges; pourtant j'en ai
100 juste 44.

GEORGES

Dis pas ça. T'as l'air de 43.

LAURETTE

Ahh… T'es pas à mode, Georges. Pourquoi on fait
105 jamais de psychologie ensemble? Les maris modernes
i' comprennent ça que leur femme fasse une dépression… toi on dirait que ça te fait rien…

GEORGES

Dis pas ça… j'trouve ça platte.

110 **LAURETTE,** *tannée*

On se parle jamais, Georges.

GEORGES

Pas tout le temps.

Laurette se retourne dans le lit, dépitée.

115 **LAURETTE**

En tout cas…

*Petit temps. Georges ne sait plus quoi faire. Il devient
encore plus suppliant.*

GEORGES

120 Laurette…

LAURETTE, *sans se retourner*

Quoi?

GEORGES

T'es-tu mieux là?

125 **LAURETTE,** *sèchement*

Chus beaucoup mieux…

GEORGES

Envoye donc… sois mieux. Écoute, i' fait trop beau
pour parler de ça aujourd'hui, pourquoi on attend
130 pas à demain?

LAURETTE, *en se retournant; plus agressive également*

C'est pas demain que chus pas bien, Georges, c'est
aujourd'hui…

GEORGES

135 Oui mais demain est un autre jour. Tu y as-tu pensé
à ça? *(Exaspéré mais « en douceur » toujours.)* Écoute
mon ti-pinson, j't'aime mais j'ai pus juste ça à faire…
mon char m'attend dans le garage, là…

LAURETTE, *piquée*

140 C'est ça, va le rejoindre avant qu'i s'ennuie trop…

GEORGES

Bon! *(Exaspéré.)* Tu veux-tu venir le laver avec moi?

LAURETTE, *en colère*

Tu t'occupes plus de ton char que de moi, Georges…

145 **GEORGES,** *exaspéré mais suppliant*

Qu'est-cé que tu veux que je fasse avec toi? On
mange ensemble, on dort ensemble; chus pas pour
te passer le « chamois » sur le dos, coudonc!

LAURETTE

150 Pourquoi pas?

GEORGES

T'es pas un char quand même.

LAURETTE

Des fois j'aimerais ça en être un…

155 **GEORGES,** *ne sachant plus trop quoi dire*

Qu'est-cé tu veux, on fait pas toujours qu'est-ce
qu'on veut dans' vie…

LAURETTE

Surtout pas avec toi.

160 *Laurette se referme sur elle-même. Petit temps.*

GEORGES

Écoute Laurette, pourquoi tu vas pas t'étendre
un peu au soleil… t'es blanche blanche… t'as l'air
d'une morte.

165 **LAURETTE,** *sèche*

Chus pas en état de griller… ❬

Claude Meunier et Louis Saia,
Les voisins, © Leméac, 1982.

Le drame

En grec, le terme «drame» désigne l'action théâtrale. Au XVIIIe siècle, Diderot et Beaumarchais tentent de s'éloigner de la tragédie qui règne au théâtre depuis le siècle précédent et réclament que le théâtre se rapproche davantage du public. Au XIXe siècle, Victor Hugo rompt de façon brutale avec la tragédie classique, introduit dans ses pièces des sujets plus près de l'histoire récente et mêle la tragédie et la comédie, le sublime et le bouffon.

Jean-Baptiste Greuze (1725-1805),
Le fils ingrat.

RUY BLAS

L'action de *Ruy Blas*, pièce de Victor Hugo créée en 1838, se passe à la cour d'Espagne à la fin du XVIIe siècle. Ministre tombé en disgrâce auprès de la reine, don Salluste introduit à la cour le valet Ruy Blas, en le faisant passer pour le noble don César. Ruy Blas gagne le cœur de la reine. Pour se venger de celle-ci, don Salluste lui révèle la véritable identité de son amant. Voulant défendre l'honneur de la reine, Ruy Blas tue don Salluste.

L'acte V, scène 4, contient le dénouement de la pièce.

Manuscrit de *Ruy Blas* avec une esquisse de décor pour le premier acte, dessinée par Victor Hugo.

Ruy Blas, Bouffes du Nord, 1992, mise en scène de Georges Wilson.

Ruy Blas, Bouffes du Nord, 1992, mise en scène de Georges Wilson, avec Lambert Wilson (Ruy Blas) et Florence Darel (la reine).

ACTE V, SCÈNE 4
La reine, Ruy Blas

Ruy Blas fait quelques pas en chancelant vers la reine immobile et glacée, puis il tombe à deux genoux, l'œil fixé à terre, comme s'il n'osait lever les yeux jusqu'à elle.

5 RUY BLAS, *d'une voix grave et basse.*
　Maintenant, madame, il faut que je vous dise.
　– Je n'approcherai pas. – Je parle avec franchise.
　Je ne suis point coupable autant que vous croyez.
　Je sens, ma trahison, comme vous la voyez,
10 Doit vous paraître horrible. Oh! ce n'est pas facile
　À raconter. Pourtant je n'ai pas l'âme vile,
　Je suis honnête au fond. – Cet amour m'a perdu. –
　Je ne me défends pas; je sais bien, j'aurais dû
　Trouver quelque moyen. La faute est consommée!
15 – C'est égal, voyez-vous, je vous ai bien aimée.

〉

〉 PAGE 12

Ruy Blas est considéré comme le chef-d'œuvre de **Victor Hugo**. C'est sa pièce la plus jouée et elle l'est toujours avec beaucoup de succès.

LA REINE

Monsieur…

RUY BLAS, *toujours à genoux.*

          N'ayez pas peur. Je n'approcherai point.

20 À Votre Majesté je vais de point en point

Tout dire. Oh! croyez-moi, je n'ai pas l'âme vile! –

Aujourd'hui tout le jour j'ai couru par la ville

Comme un fou. Bien souvent même on m'a regardé.

Auprès de l'hôpital que vous avez fondé,

25 J'ai senti vaguement, à travers mon délire,

Une femme du peuple essuyer sans rien dire

Les gouttes de sueur qui tombaient de mon front.

Ayez pitié de moi, mon Dieu! mon cœur se rompt!

LA REINE

30 Que voulez-vous?

RUY BLAS, *joignant les mains.*

          Que vous me pardonniez, madame!

LA REINE

Jamais.

35 RUY BLAS

    Jamais!

    Il se lève et marche lentement vers la table.

        Bien sûr?

LA REINE

40   Non. Jamais!

RUY BLAS

    Il prend la fiole posée sur la table, la porte à ses lèvres et la vide d'un trait.

          Triste flamme,

45 Éteins-toi!

LA REINE, *se levant et courant vers lui.*

    Que fait-il?

RUY BLAS, *posant la fiole.*

          Rien. Mes maux sont finis.

50 Rien. Vous me maudissez, et moi je vous bénis.

Voilà tout.

LA REINE, *éperdue.*

    Don César!

RUY BLAS

55   Quand je pense, pauvre ange,

Que vous m'avez aimé!

LA REINE

          Quel est ce philtre étrange?

Qu'avez-vous fait? Dis-moi! réponds-moi! parle-moi!

60 César! je te pardonne et t'aime, et je te crois!

RUY BLAS

Je m'appelle Ruy Blas.

LA REINE, *l'entourant de ses bras.*

          Ruy Blas, je vous pardonne!

65 Mais qu'avez-vous fait là? Parle, je te l'ordonne!

Ce n'est pas du poison, cette affreuse liqueur?

Dis?

RUY BLAS

    Si! C'est du poison. Mais j'ai la joie au cœur.

70   *Tenant la reine embrassée et levant les yeux au ciel.*

Permettez, ô mon Dieu, justice souveraine,

Que ce pauvre laquais bénisse cette reine,

Car elle a consolé mon cœur crucifié,

Vivant, par son amour, mourant, par sa pitié!

75 LA REINE

Du poison! Dieu! c'est moi qui l'ai tué! – Je t'aime!

Si j'avais pardonné?…

RUY BLAS, *défaillant.*

          J'aurais agi de même.

80   *Sa voix s'éteint. La reine le soutient dans ses bras.*

Je ne pouvais plus vivre. Adieu!

    Montrant la porte.

          Fuyez d'ici!

– Tout restera secret. – Je meurs.

85   *Il tombe.*

LA REINE, *se jetant sur son corps.*

          Ruy Blas!

RUY BLAS, *qui allait mourir, se réveille à son nom prononcé par la reine.*

          Merci! ❮

Victor Hugo, *Ruy Blas*, 1838.

Un drame québécois

UN SIMPLE SOLDAT

Le théâtre québécois a connu sa première grande pièce en 1948 avec *Tit-Coq* de Gratien Gélinas. Marcel Dubé, avec sa pièce *Un simple soldat*, créée à la télévision en 1957, a ensuite permis au théâtre québécois de rejoindre un plus large public. Véritable drame contemporain, *Un simple soldat* met en scène des personnages qui, comme Tit-Coq, évoluent dans le contexte de la Seconde Guerre mondiale. La pièce met en scène la famille Latour; le fils, Joseph, un «bon à rien» qui accumule les échecs, a une fois de plus manqué à sa parole en ne remboursant pas une somme empruntée à son père.

SCÈNE XX

[…]

JOSEPH, *enfin debout*: B'soir p'pa… B'soir p'pa.

> *Son père le regarde et ne répond pas.*

JOSEPH: Tu pourrais me dire bonsoir le père! C'est vrai! Je suis poli, moi! Tu pourrais être poli, toi aussi!… Penses-tu que je suis surpris de te voir? Je suis pas surpris une miette!… Je savais que tu serais debout, je savais que tu m'attendrais… Je l'ai dit à Émile, tu peux lui demander; j'ai dit: Émile je te gage cent piastres que le père va m'attendre.

> *Éveillé par les voix, Armand paraît dans sa porte de chambre. Il fait de la lumière.*

JOSEPH: Armand aussi, je le savais! Je savais que vous seriez pas capables de vous endormir avant que j'arrive. Je me suis pas trompé, je me suis pas trompé, le père. On aurait dit que c'était tout arrangé d'avance. Ouais! Parce que vous deviez avoir hâte de savoir si j'allais apporter mes quarante piastres… Parlez! parlez, maudit!… Dites quelque chose! Restez pas là, la bouche ouverte comme des poissons morts. Vous m'attendiez ou bien vous m'attendiez pas?

BERTHA, *qui paraît à son tour dans sa porte de chambre*: Qu'est-ce que t'as à crier comme ça, toi? As-tu perdu la boule? Veux-tu réveiller toute la rue?

JOSEPH: Toi, je t'ai pas adressé la parole, Bertha. Rentre dans ta chambre et dis pas un mot. Là, je suis en conférence avec le père et Armand.

ARMAND: On parlera de tes affaires demain, Joseph. Il est trop tard pour discuter de ça, ce soir.

JOSEPH: Trouves-tu qu'il est trop tard, le père? T'étais là, debout comme un brave, quand je suis rentré! Trouves-tu qu'il est trop tard?

BERTHA: Armand a raison, va te coucher, espèce d'ivrogne.

> PAGE 21

«Si la pièce *Un simple soldat* de **Marcel Dubé** conserve un intérêt, plusieurs années après sa création, c'est grâce à l'extraordinaire présence dramatique de Joseph Latour, à ce héros pathétique, victime, précisément, d'un destin représenté à la fois par la famille et par le milieu qui l'entourent.»
(J.-C. Godin et L. Mailhot)

⟩

JOSEPH: Certain qu'Armand a raison. Il a toujours eu
25 raison le p'tit gars à sa mère! (*Il fonce en direction de Bertha.*) Certain que je suis rien qu'un ivrogne! Mais j'ai pas d'ordres à recevoir de toi, la grosse Bertha. T'es pas ma mère! Tu seras jamais une mère pour moi.

BERTHA: Je voudrais pas avoir traîné un voyou comme
30 toi dans mon ventre!

JOSEPH: J'aime autant être un voyou, Bertha, et pouvoir me dire que ta fille Marguerite est pas ma vraie sœur.

BERTHA: Touche pas à Marguerite!

35 JOSEPH: Si c'était une bonne fille comme Fleurette, j'y toucherais pas, mais c'est pas une bonne fille… Je sais ce qu'elle est devenue Marguerite, tout le monde de la paroisse le sait, et si tu le sais pas toi, je peux te l'apprendre.

40 ARMAND: Marguerite est secrétaire dans une grosse compagnie, laisse-la tranquille.

JOSEPH: Si Marguerite est secrétaire, moi je suis premier ministre! La vérité va sortir de la bouche d'un ivrogne, de la bouche d'un voyou, Bertha. En quatre
45 ans, ta fille Marguerite a fait du chemin, Bertha. Ça lui a pris quatre ans mais elle a réussi. Elle a jamais été secrétaire de sa maudite vie par exemple! Mais fille de vestiaire, ah! oui! Raccoleuse dans un club ensuite, ah! oui! certain! et puis maintenant, elle
50 gagne sa vie comme putain dans un bordel.

BERTHA *crie*: Mets-le à la porte, Édouard, mets-le à la porte!

JOSEPH: Pas dans un bordel de grand luxe! Mais dans ce qu'on trouve de plus «cheap» rue De Bullion.

55 ARMAND: Répète plus ça, Joseph, répète plus jamais ça!

Armand lève la main mais Joseph le repousse violemment.

JOSEPH: Essayez de me prouver que c'est pas vrai si
60 vous êtes capables, essayez!

Bertha s'enferme dans sa chambre avec furie.

ARMAND: Il est devenu dangereux, le père, reste pas avec lui, écoute-le plus.

Un simple soldat, Nouvelle Compagnie théâtrale, 1969, mise en scène de Gilles Pelletier, avec Gilles Pelletier (Joseph).

Et il entre lui aussi dans sa chambre apeuré.

65 JOSEPH: Là non plus, tu dis rien, le père? C'est parce qu'elle a honte, Bertha, qu'elle va se cacher. Tu l'as vue sa honte monter dans son visage? L'as-tu vue?… Je gagerais n'importe quoi avec toi qu'elle le savait pour Marguerite. Qu'elle l'a toujours su… Tu dis
70 rien? Ça t'est égal? Je te comprends un peu! C'était pas ta fille après tout!… Parle! Parle donc! Tu le dis pas pourquoi t'es resté debout à m'attendre? Es-tu comme eux autres, toi aussi? As-tu peur de voir la vérité en pleine face?… La vérité, c'est que j'ai pas
75 tenu ma promesse, le père! La vérité, c'est que j'ai bu la moitié de ma paye et que j'ai flambé le reste dans une barbotte!… Es-tu content? Es-tu content, là?… Et puis ça, c'est toi qui l'as voulu, le père! C'est de ta faute. Rien que de ta faute. T'avais seulement qu'à
80 pas me faire promettre. T'avais seulement qu'à pas me mettre de responsabilités sur les épaules. T'avais

rien qu'à me laisser me débrouiller tout seul, y a deux mois, quand je me suis retrouvé à l'hôpital avec ma jambe cassée… Tu devrais pourtant être assez vieux pour savoir qu'on rend pas service à un gars comme moi. Qu'un gars comme moi, c'est pas fiable pour cinq « cennes »!… Tu le savais pas, ça? Tu le sais pas encore? Réveille-toi! Réveille-toi donc! Je m'appelle pas Armand, moi, j'ai pas d'avenir, j'ai pas de « connection », j'ai pas de protection nulle part! Je suis un bon-à-rien, un soldat manqué qui a seulement pas eu la chance d'aller crever au front comme un homme… Parle! C'est ton tour, Christ! Parle!

ÉDOUARD, *d'une voix basse, pesant bien chaque mot*: Je réglerai ton cas demain matin.

Il lui tourne le dos et se dirige vers sa chambre où il s'enferme. Joseph, décontenancé d'abord, puis hors de lui, marche désespérément vers la porte fermée.

JOSEPH *frappe à coups de poings dans la porte*: C'est ça! C'est ça! Va coucher avec la grosse Bertha. Ça fait vingt ans que tu couches avec elle et que tu l'aimes pas… Tu l'as mariée parce que t'étais pas capable de rester tout seul, parce que t'étais lâche… *(Il s'effondre à genoux par terre.)* J'en avais pas besoin de Bertha, moi. Toi non plus, le père. On aurait pu continuer notre chemin ensemble, tous les deux, tout seuls… Non, le père! A fallu que tu la prennes avec nous autres, que tu l'amènes dans notre maison… jusque dans le lit de ma mère… C'est ça que je voulais te dire depuis longtemps, c'est ça… Mais fais attention, le père! Moi, je suis là! Je suis là pour te le faire regretter toute ta vie! Tu me comprends? Toute ta Christ de vie!

Et il éclate en sanglots comme un enfant puis s'éloigne de la porte de chambre en titubant. ❮

Marcel Dubé, *Un simple soldat*,
© Éditions Typo et Marcel Dubé, 1993.

Un simple soldat, Théâtre Denise-Pelletier,
1990, mise en scène de René Richard Cyr,
avec Gildor Roy et Jean Lajeunesse.

LE VRAI MONDE ?

Michel Tremblay peut être considéré comme l'auteur dramatique le plus important de la dramaturgie québécoise. Depuis la première des *Belles-sœurs* en 1968, plus d'une vingtaine de pièces où se côtoient la comédie, le drame et la tragédie ont permis à cet auteur d'explorer et d'approfondir sa vision de la société québécoise, plus particulièrement celle du Plateau-Mont-Royal, un quartier populaire de Montréal.

Sa pièce *Le vrai monde ?* met en scène un jeune homme de vingt-trois ans, Claude, qui rêve de devenir écrivain. Dans sa première pièce de théâtre, Claude décrit son milieu familial, et les personnages portent les noms des membres de sa famille. Après avoir lu son manuscrit, sa mère, outrée, lui fait part de ses commentaires.

[...]

Madeleine I dépose le manuscrit sur la table à café.

CLAUDE

Tu l'as lu ?

MADELEINE I

5 Oui. *(Silence.)* Comment t'as pu faire une chose pareille… ? J'ai eu tellement honte en lisant ça, Claude… J'me sus sentie tellement… laide.

CLAUDE

Laide ?

› PAGE 21

« Entré avec un certain fracas dans l'histoire du théâtre québécois, suscitant autour de son œuvre la polémique, **Michel Tremblay** est vite devenu, paradoxalement, le plus "classique" de nos auteurs dramatiques. » (J.-C. Godin et L. Mailhot)

MADELEINE 1 *(brusquement)*

10 C'est pas moi, ça ! C'est pas comme ça que chus ! C'te femme-là, même si a'porte mon nom, a'me ressemble pas ! J'veux pas ! Comment as-tu osé y donner mon nom, Claude !

CLAUDE

Mais moman, c't'un personnage de théâtre… Y'est pas dit nulle part que c'est 15 exactement toi…

MADELEINE I

Claude ! Viens pas me rire en pleine face par-dessus le marché ! Tu décris notre salon dans ses moindres détails ! Les meubles, les draperies, le tapis usé devant la porte, la télévision Admiral… Ça se passe ici, dans notre maison, comment tu veux 20 que j'pense pas que t'as voulu nous décrire nous autres dans les personnages ! J'ai reconnu ma robe, Claude, j'ai reconnu ma coiffure mais j'me sus pas reconnue, moi !

On entend le début du troisième mouvement de la cinquième symphonie de Mendelsohn.
Entre Madeleine II qui semble inquiète.
25 *Elle est habillée comme Madeleine I.*
Madeleine I prend le manuscrit dans ses mains.

MADELEINE I

C'est pas moi, c'q'y'a là-dedans !

[…]

MADELEINE I

30 Pis c'est même pas de la musique que j'écoute ! La musique que t'as mis là-dedans, j'la connais pas ! Pis j'veux pas la connaître ! La musique que j'écoute, moi, c'est de la musique simple, facile à retenir pis que j'peux chanter pendant que je l'écoute !
35 T'entends c'qui joue à la radio dans la cuisine, là ? Ben c'est ça que j'aime ! Pas ton… ton Mendelsohn que t'as sorti de j'sais pas où… de tes propres goûts, probablement… Avais-tu honte de mettre ça dans ta pièce ? J'comprends pas c'que t'as voulu faire ! Tu
40 nous as enlaidis, nous autres, mais tu nous fais écouter d'la musique que toi tu trouves plus belle, plus savante que celle qu'on écoute ! Tu ris de nous autres, là-dedans, Claude, le sais-tu ?

CLAUDE

45 Ben non. J'ris pas de vous autres. Viens t'asseoir à côté de moi. J'vas essayer de t'expliquer…

MADELEINE I

C'est pas des explications que je veux, y'est trop tard pour les explications, le mal est faite ! Tu m'as faite
50 tellement mal, si tu savais… *(Silence.)* Comment peux-tu penser… que j'ai déjà pensé des choses pareilles, que j'ai déjà dit des choses aussi… mons-trueuses à ton père !

CLAUDE

55 J'le sais que tu les as jamais dites, ces choses-là… C'est pour ça que j'les ai écrites, justement. Moman, y'a des choses ici-dedans qui auraient dû être réglées depuis longtemps pis qui traînent encore…

MADELEINE I

60 C'est pas à toi à décider de ce qui devrait être réglé ou non entre ton père pis moi…

[…]

CLAUDE

J'voulais pas les régler… J'voulais pas les régler mais j'voulais que ces choses-là soient dites une fois pour
65 toutes.

[…]

MADELEINE I *(très brusquement)*

T'es pas gêné, hein ! Inventer des histoires pareilles pour te rendre intéressant ! Ton père avait raison ! T'as toujours eu… une imagination… maladive…

CLAUDE

70 Tu serais prête à donner raison à papa plutôt que d'avouer la vérité…

MADELEINE I

Quelle vérité ? La tienne ? Celle qui fait ton affaire
75 parce qu'est plus intéressante pour ta pièce ?

CLAUDE

Moman… ça sert pus à rien de jouer les ignorants au sujet de popa… Mariette pis moi on sait toute la vérité sur lui depuis ben longtemps…

MADELEINE I

80 Ben garde-la pour toi ! Mets-la pas sur papier ! Quelqu'un pourrait la lire ! Ces affaires-là, j'm'les avoue même pas à moi-même ; comment veux-tu que j'accepte de les retrouver dans une pièce de
85 théâtre ! J'pourrai pus jamais regarder ton père comme avant, à c't'heure que j'ai lu ça ! T'avais pas pensé à ça, toi, tout ce qui t'intéressait, c'était de le salir ! De nous salir ! Cette scène-là au sujet des femmes s'est jamais produite, pis a' se produira
90 jamais, m'entends-tu ? Aussi longtemps que je vivrai j'empêcherai cette scène-là de se produire !

CLAUDE

J'espérais qu'a' te fasse du bien…

MADELEINE I

95 A'm'a pas faite de bien, a'l'a ranimé quequ'chose en moi que j'avais enterré pour toujours ! Pour tou-jours, Claude ! T'as ressuscité… la chose qui avait failli me rendre folle… le doute ! J'ai recommencé à douter à cause de toi pis j'te le pardonnerai jamais !

[…] ❮

Michel Tremblay, *Le vrai monde ?*, © Leméac, 1989.

LE TEXTE **DRAMATIQUE**

LE TEXTE POÉTIQUE

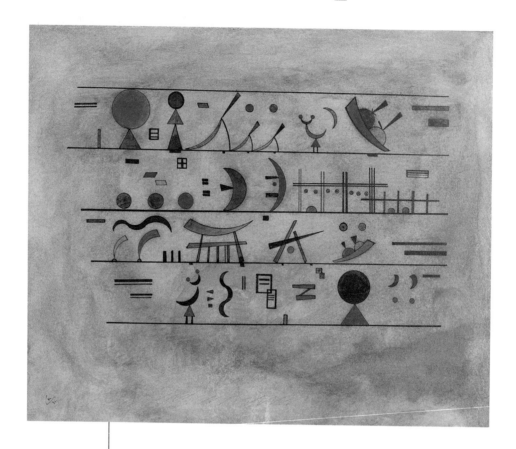

Wassily Kandinski,
Rangées de signes, 1931.

Propos sur la poésie

Nous savons que ce mot a deux sens, c'est-à-dire deux fonctions bien distinctes. Il désigne d'abord un certain genre d'émotions, un état émotif particulier, qui peut être provoqué par des objets ou des circonstances très diverses. Nous disons d'un paysage qu'il est poétique ; nous le disons d'une circonstance de la vie ; nous le disons parfois d'une personne.

Mais il existe une seconde acception de ce terme, un second sens plus étroit. *Poésie*, en ce sens, nous fait songer à un art, à une étrange industrie dont l'objet est de reconstituer cette émotion que désigne le premier sens du mot.

Restituer l'émotion poétique à volonté [...] au moyen des artifices du langage, tel est le dessein du poète, et telle est l'idée attachée au nom de *poésie*, pris dans le second sens.

Entre ces deux notions existent les mêmes relations et les mêmes différences que celles qui se trouvent entre le parfum d'une fleur et l'opération du chimiste qui s'applique à le reconstruire de toutes pièces.

Extrait de Paul Valéry,
« Théorie poétique et esthétique », *Variété*,
© Éditions Gallimard, 1927.

LE TEXTE POÉTIQUE

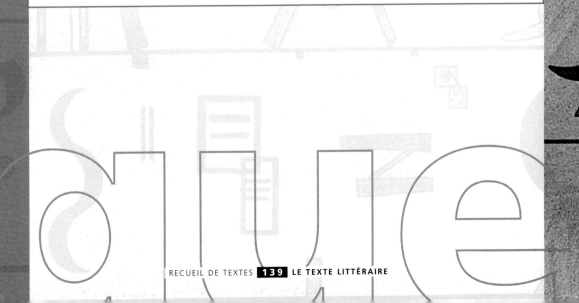

François Villon

1431-après 1463

Ballade des pendus

Frères humains qui après nous vivez,
N'ayez les cœurs contre nous endurcis,
Car, si pitié de nous pauvres avez,
Dieu en aura plus tôt de vous mercis.

> François Villon, extrait de la « Ballade
> des pendus », dans *Poésies diverses*.

Ballade des menus propos

Je connais bien mouches en lait,
Je connais à la robe l'homme,
Je connais le beau temps du laid,
Je connais au pommier la pomme,
5 Je connais l'arbre à voir la gomme,
Je connais quand tout est de mêmes,
Je connais qui besogne ou chomme,
Je connais tout, fors que moi-mêmes.

Je connais pourpoint au collet,
10 Je connais le moine à la gonne,
Je connais le maître au varlet,
Je connais au voile la nonne,
Je connais quand pipeur jargonne,
Je connais fols nourris de crèmes,
15 Je connais le vin à la tonne,
Je connais tout, fors que moi-mêmes.

Je connais cheval et mulet,
Je connais leur charge et leur somme,
Je connais Biétris et Belet,
20 Je connais jet qui nombre et somme,
Je connais vision et somme,
Je connais la faute des Boesmes,
Je connais le pouvoir de Romme,
Je connais tout, fors que moi-mêmes.

25 Prince, je connais tout en somme,
Je connais coulourés et blêmes,
Je connais Mort qui tout consomme,
Je connais tout, fors que moi-mêmes.

> François Villon, *Poésies diverses*.

Epitaphe dudit Villon
Frères humains qui apres no9 vines
Nayez les cueurs contre no9 endurcis
Car se pitie de no9 pouurez auez
Dieu en aura pluftoft de vous mercis

Je plains le temps de ma jeunesse

Je plains le temps de ma jeunesse
Où plus que quiconque je me suis amusé
Jusqu'à l'entrée de vieillesse ;
Qui son départ m'a caché.
5 Il ne s'en est à pied allé
Ni à cheval, las ! comment donc ?
Soudainement s'est envolé
Et ne m'a laissé aucun don.

Allé s'en est et je demeure,
10 Pauvre de sens et de savoir,
Triste, découragé, plus noir que mûre,
N'ayant ni cens, ni rente, ni avoir.
Le moindre des miens, je dis vrai,
N'hésite pas à me renier
15 Oubliant un devoir naturel
Parce que je suis sans le sou.

Je ne crains pas d'avoir trop dépensé
Dans les festins et la bonne chère,
Je n'ai pas trop aimé et n'ai rien vendu
20 Que des amis me puissent reprocher,
Rien du moins qui leur coûte très cher.
Je le dis et ne crois pas me tromper.
De ces reproches je puis me défendre :
Qui n'a rien fait de mal ne doit pas s'accuser.

25 Il est bien vrai que j'ai aimé
Et que j'aimerais encore volontiers,
Mais triste cœur, ventre affamé,
Qui n'est pas rassasié au tiers,
M'éloignent des amoureux sentiers.
30 Après tout, qu'il y trouve son profit
Celui qui a le ventre bien rempli,
Car de la panse vient la danse.

Hé ! Dieu, si j'eusse étudié
Au temps de ma jeunesse folle
35 Et à bonnes mœurs dédié,
J'aurais maison et couche molle.
Mais quoi ! Je fuyais l'école,
Comme fait le mauvais enfant.
Quand j'écris cette parole
40 Peu s'en faut que le cœur ne me fende.

François Villon, *Testament*, 1489.

› PAGE 3

Charles d'Orléans

1394-1465

Dieu, qu'il la fait bon regarder
La gracieuse, bonne et belle !
Pour les grands biens qui sont en elle
Chacun est prêt de la louer.

5 Qui se pourrait d'elle lasser ?
Toujours sa beauté renouvelle.
Dieu, qu'il la fait bon regarder
La gracieuse, bonne et belle !

Par-deçà ni delà la mer
10 Ne sais dame ni demoiselle
Qui soit en tous biens parfaits telle.
C'est un songe que d'y penser.
Dieu, qu'il la fait bon regarder !

Charles d'Orléans, *Poésies*.

› PAGE 4

Louise Labé

vers 1524-1566

Je vis, je meurs : je me brûle et me noie.
J'ai chaud extrême en endurant froidure :
La vie m'est et trop molle et trop dure.
J'ai grands ennuis entremêlés de joie :

5 Tout à un coup je ris et je larmoie,
Et en plaisir maint grief tourment j'endure :
Mon bien s'en va, et à jamais il dure :
Tout en un coup je sèche et je verdoie.

Ainsi Amour inconstamment me mène :
10 Et quand je pense avoir plus de douleur,
Sans y penser je me trouve hors de peine.

Puis, quand je crois ma joie être certaine,
Et être au haut de mon désiré heur,
Il me remet en mon premier malheur.

Louise Labé, *Sonnets*, VIII.

> PAGE 5

Pierre de Ronsard

1524-1585

Je vous envoie un bouquet que ma main
Vient de trier de ces fleurs épanies ;
Qui ne les eût à ce vêpre cueillies,
Chutes à terre elles fussent demain.

5 Cela vous soit un exemple certain
Que vos beautés, bien qu'elles soient fleuries,
En peu de temps cherront, toutes flétries,
Et, comme fleurs, périront tout soudain.

Le temps s'en va, le temps s'en va, ma Dame.
10 Las ! Le temps, non, mais nous nous en allons
Et tôt serons étendus sous la lame,

Et des amours desquelles nous parlons,
Quand serons morts, n'en sera plus nouvelle :
Pour ç'aimez-moi, cependant qu'êtes belle.

Pierre de Ronsard, *Amours de Marie*, 1555.

Comme on voit sur la branche au mois de mai la rose,
En sa belle jeunesse, en sa première fleur,
Rendre le ciel jaloux de sa vive couleur,
Quand l'Aube de ses pleurs au point du jour l'arrose ;

5 La grâce dans sa feuille, et l'amour se repose,
Embaumant les jardins et les arbres d'odeur ;
Mais battue ou de pluie, ou d'excessive ardeur,
Languissante elle meurt, feuille à feuille déclose.

Ainsi en ta première et jeune nouveauté,
10 Quand la Terre et le Ciel honoraient ta beauté,
La Parque t'a tuée, et cendre tu reposes.

Pour obsèques reçois mes larmes et mes pleurs,
Ce vase plein de lait, ce panier plein de fleurs,
Afin que vif et mort ton corps ne soit que roses.

Pierre de Ronsard, *Amours*, 1560.

Quand vous serez bien vieille, au soir, à la chandelle,
Assise auprès du feu, dévidant et filant,
Direz chantant mes vers, en vous émerveillant :
Ronsard me célébrait du temps que j'étais belle.

5 Lors vous n'aurez servante oyant telle nouvelle,
Déjà sous le labeur à demi sommeillant,
Qui au bruit de mon nom ne s'aille réveillant,
Bénissant votre nom, de louange immortelle.

Je serai sous la terre et, fantôme sans os,
10 Par les ombres myrteux je prendrai mon repos ;
Vous serez au foyer une vieille accroupie,

Regrettant mon amour et votre fier dédain.
Vivez, si m'en croyez, n'attendez à demain :
Cueillez dès aujourd'hui les roses de la vie.

Pierre de Ronsard,
Sonnets pour Hélène, 1578.

Marceline Desbordes-Valmore

1786-1859

Qu'en avez-vous fait ?

Vous aviez mon cœur,
Moi, j'avais le vôtre :
Un cœur pour un cœur,
Bonheur pour bonheur !

5 Le vôtre est rendu,
Je n'en ai plus d'autre ;
Le vôtre est rendu,
Le mien est perdu !

La feuille et la fleur
10 Et le fruit lui-même,
La feuille et la fleur,
L'encens, la couleur,

Qu'en avez-vous fait,
Mon maître suprême ?
15 Qu'en avez-vous fait,
De ce doux bienfait ?

Comme un pauvre enfant
Quitté par sa mère,
Comme un pauvre enfant
20 Que rien ne défend,

Vous me laissez là
Dans ma vie amère,
Vous me laissez là,
Et Dieu voit cela !

25 Savez-vous qu'un jour
L'homme est seul au monde ?
Savez-vous qu'un jour
Il revoit l'Amour ?

Vous appellerez,
30 Sans qu'on vous réponde,
Vous appellerez,
Et vous songerez !...

Vous viendrez rêvant
Sonner à ma porte,
35 Ami comme avant,
Vous viendrez rêvant,

Et l'on vous dira :
« Personne !... elle est morte. »
On vous le dira,
40 Mais, qui vous plaindra ?

Marceline Desbordes-Valmore,
Élégies, 1825.

Les roses de Saadi

J'ai voulu, ce matin, te rapporter des roses ;
Mais j'en avais tant pris dans mes ceintures closes
Que les nœuds trop serrés n'ont pu les contenir.

Les nœuds ont éclaté. Les roses envolées
5 Dans le vent, à la mer s'en sont toutes allées.
Elles ont suivi l'eau pour ne plus revenir ;

La vague en a paru rouge et comme enflammée :
Ce soir, ma robe encore en est tout embaumée…
Respires-en sur moi l'odorant souvenir.

Marceline Desbordes-Valmore, *Poésies*, 1830.

Les séparés

N'écris pas. Je suis triste, et je voudrais m'éteindre.
Les beaux étés sans toi, c'est la nuit sans flambeau.
J'ai refermé mes bras qui ne peuvent t'atteindre,
Et frapper à mon cœur, c'est frapper au tombeau.
5   N'écris pas !

N'écris pas. N'apprenons qu'à mourir à nous-mêmes.
Ne demande qu'à Dieu… qu'à toi, si je t'aimais !
Au fond de ton absence écouter que tu m'aimes,
C'est entendre le ciel sans y monter jamais.
10   N'écris pas !

N'écris pas. Je te crains ; j'ai peur de ma mémoire ;
Elle a gardé ta voix qui m'appelle souvent.
Ne montre pas l'eau vive à qui ne peut la boire.
Une chère écriture est un portrait vivant.
15   N'écris pas !

N'écris pas ces doux mots que je n'ose plus lire :
Il semble que ta voix les répand sur mon cœur :
Que je les vois brûler à travers ton sourire ;
Il semble qu'un baiser les empreint sur mon cœur.
20   N'écris pas !

Marceline Desbordes-Valmore, *Poésies posthumes*.

LE TEXTE POÉTIQUE

Alphonse
de Lamartine

1790-1869

Le lac

Ainsi, toujours poussés vers de nouveaux rivages,
Dans la nuit éternelle emportés sans retour,
Ne pourrons-nous jamais sur l'océan des âges
    Jeter l'ancre un seul jour?

5 Ô lac! l'année à peine a fini sa carrière,
Et près des flots chéris qu'elle devait revoir,
Regarde! Je viens seul m'asseoir sur cette pierre
    Où tu la vis s'asseoir!

Tu mugissais ainsi sous ces roches profondes;
10 Ainsi tu te brisais sur les flancs déchirés;
Ainsi le vent jetait l'écume de tes ondes
    Sur ses pieds adorés.

Un soir, t'en souvient-il? nous voguions en silence;
On n'entendait au loin, sur l'onde et sous les cieux,
15 Que le bruit des rameurs qui frappaient en cadence
    Tes flots harmonieux.

Tout à coup des accents inconnus à la terre
Du rivage charmé frappèrent les échos;
Le flot fut attentif, et la voix qui m'est chère
20   Laissa tomber ces mots:

«Ô temps, suspends ton vol! et vous, heures propices,
    Suspendez votre cours!
Laissez-nous savourer les rapides délices
    Des plus beaux de nos jours!

25 «Assez de malheureux ici-bas vous implorent:
    Coulez, coulez pour eux;
Prenez avec leurs jours les soins qui les dévorent;
    Oubliez les heureux.

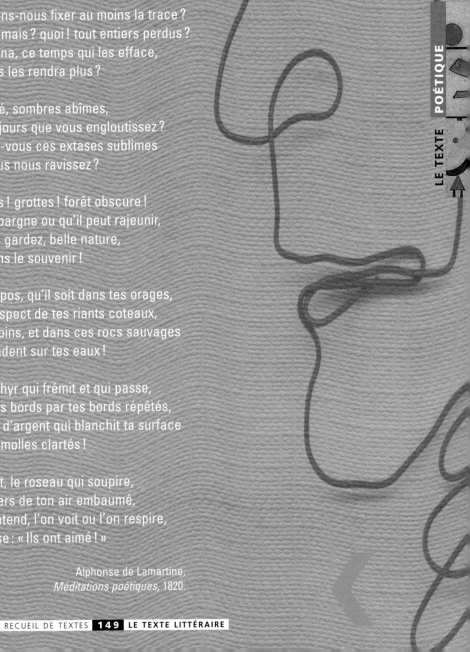

« Mais je demande en vain quelques moments encore,
30   Le temps m'échappe et fuit ;
Je dis à cette nuit : " Sois plus lente " ; et l'aurore
        Va dissiper la nuit.

« Aimons donc, aimons donc ! de l'heure fugitive,
        Hâtons-nous, jouissons !
35 L'homme n'a point de port, le temps n'a point de rive ;
        Il coule, et nous passons ! »

Temps jaloux, se peut-il que ces moments d'ivresse,
Où l'amour à longs flots nous verse le bonheur,
S'envolent loin de nous de la même vitesse
40   Que les jours de malheur ?

Hé quoi ! n'en pourrons-nous fixer au moins la trace ?
Quoi ! passés pour jamais ? quoi ! tout entiers perdus ?
Ce temps qui les donna, ce temps qui les efface,
        Ne nous les rendra plus ?

45 Éternité, néant, passé, sombres abîmes,
Que faites-vous des jours que vous engloutissez ?
Parlez : nous rendrez-vous ces extases sublimes
        Que vous nous ravissez ?

Ô lac ! rochers muets ! grottes ! forêt obscure !
50 Vous que le temps épargne ou qu'il peut rajeunir,
Gardez de cette nuit, gardez, belle nature,
        Au moins le souvenir !

Qu'il soit dans ton repos, qu'il soit dans tes orages,
Beau lac, et dans l'aspect de tes riants coteaux,
55 Et dans ces noirs sapins, et dans ces rocs sauvages
        Qui pendent sur tes eaux !

Qu'il soit dans le zéphyr qui frémit et qui passe,
Dans les bruits de tes bords par tes bords répétés,
Dans l'astre au front d'argent qui blanchit ta surface
60   De ses molles clartés !

Que le vent qui gémit, le roseau qui soupire,
Que les parfums légers de ton air embaumé,
Que tout ce qu'on entend, l'on voit ou l'on respire,
        Tout dise : « Ils ont aimé ! »

Alphonse de Lamartine,
Méditations poétiques, 1820.

LE TEXTE **POÉTIQUE**

Victor Hugo

1802-1885

Elle avait pris ce pli dans son âge enfantin
De venir dans ma chambre un peu chaque matin ;
Je l'attendais ainsi qu'un rayon qu'on espère ;
Elle entrait, et disait : « Bonjour, mon petit père » ;
5 Prenait ma plume, ouvrait mes livres, s'asseyait
Sur mon lit, dérangeait mes papiers, et riait,
Puis soudain s'en allait comme un oiseau qui passe.
Alors, je reprenais, la tête un peu moins lasse,
Mon œuvre interrompue, et, tout en écrivant,
10 Parmi mes manuscrits je rencontrais souvent
Quelque arabesque folle et qu'elle avait tracée,
Et mainte page blanche entre ses mains froissée
Où, je ne sais comment, venaient mes plus doux vers.
Elle aimait Dieu, les fleurs, les astres, les prés verts,
15 Et c'était un esprit avant d'être une femme.
Son regard reflétait la clarté de son âme.
Elle me consultait sur tout à tous moments.
Oh ! que de soirs d'hiver radieux et charmants
Passés à raisonner langue, histoire et grammaire,
20 Mes quatre enfants groupés sur mes genoux, leur mère
Tout près, quelques amis causant au coin du feu !
J'appelais cette vie être content de peu !
Et dire qu'elle est morte ! hélas ! que Dieu m'assiste !
Je n'étais jamais gai quand je la sentais triste ;
25 J'étais morne au milieu du bal le plus joyeux
Si j'avais, en partant, vu quelque ombre en ses yeux.

novembre 1846, jour des morts

Victor Hugo, *Les contemplations*, livre IV, 1856.

Demain, dès l'aube, à l'heure où blanchit la campagne,
Je partirai. Vois-tu, je sais que tu m'attends.
J'irai par la forêt, j'irai par la montagne.
Je ne puis demeurer loin de toi plus longtemps.

5 Je marcherai les yeux fixés sur mes pensées,
Sans rien voir au dehors, sans entendre aucun bruit,
Seul, inconnu, le dos courbé, les mains croisées,
Triste, et le jour pour moi sera comme la nuit.

Je ne regarderai ni l'or du soir qui tombe,
10 Ni les voiles au loin descendant vers Harfleur,
Et, quand j'arriverai, je mettrai sur ta tombe
Un bouquet de houx vert et de bruyère en fleur.

3 septembre 1847

Victor Hugo, *Les contemplations*, livre IV, 1856.

On vit, on parle, on a le ciel et les nuages
Sur la tête ; on se plaît aux livres des vieux sages ;
On lit Virgile et Dante ; on va joyeusement
En voiture publique à quelque endroit charmant,
5 En riant aux éclats de l'auberge et du gîte ;
Le regard d'une femme en passant vous agite ;
On aime, on est aimé, bonheur qui manque aux rois !
On écoute le chant des oiseaux dans les bois ;
Le matin, on s'éveille, et toute une famille
10 Vous embrasse, une mère, une sœur, une fille !
On déjeune en lisant son journal. Tout le jour
On mêle à sa pensée espoir, travail, amour ;
La vie arrive avec ses passions troublées ;
On jette sa parole aux sombres assemblées ;
15 Devant le but qu'on veut et le sort qui vous prend,
On se sent faible et fort, on est petit et grand ;
On est flot dans la foule, âme dans la tempête ;
Tout vient et passe ; on est en deuil, on est en fête ;
On arrive, on recule, on lutte avec effort…
20 Puis, le vaste et profond silence de la mort !

11 juillet 1846, en revenant du cimetière

Victor Hugo, *Les contemplations*, livre IV, 1856.

LE TEXTE POÉTIQUE

> PAGE 13

Charles Baudelaire

1821-1867

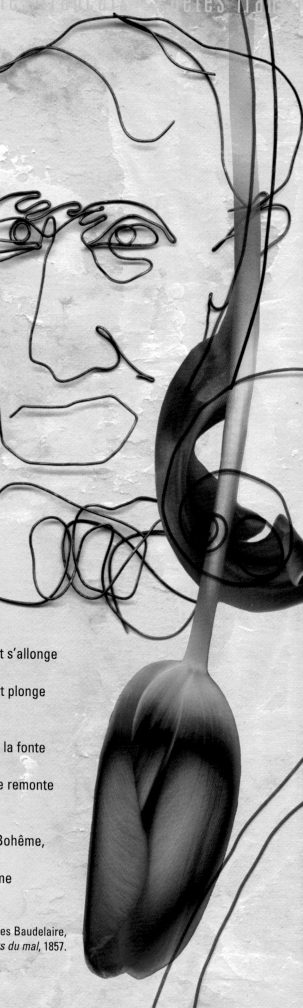

Le serpent qui danse

Que j'aime voir, chère indolente,
De ton corps si beau,
Comme une étoffe vacillante,
Miroiter la peau !

5 Sur ta chevelure profonde
Aux âcres parfums,
Mer odorante et vagabonde
Aux flots bleus et bruns,

Comme un navire qui s'éveille
10 Au vent du matin,
Mon âme rêveuse appareille
Pour un ciel lointain.

Tes yeux, où rien ne se révèle
De doux ni d'amer,
15 Sont deux bijoux froids où se mêle
L'or avec le fer.

À te voir marcher en cadence,
Belle d'abandon,
On dirait un serpent qui danse
20 Au bout d'un bâton.

Sous le fardeau de ta paresse
Ta tête d'enfant
Se balance avec la mollesse
D'un jeune éléphant,

25 Et ton corps se penche et s'allonge
Comme un fin vaisseau
Qui roule bord sur bord et plonge
Ses vergues dans l'eau.

Comme un flot grossi par la fonte
30 Des glaciers grondants,
Quand l'eau de ta bouche remonte
Au bord de tes dents,

Je crois boire un vin de Bohême,
Amer et vainqueur,
35 Un ciel liquide qui parsème
D'étoiles mon cœur !

Charles Baudelaire,
Les fleurs du mal, 1857.

L'invitation au voyage

Mon enfant, ma sœur,
Songe à la douceur
D'aller là-bas vivre ensemble !
Aimer à loisir,
5 Aimer et mourir
Au pays qui te ressemble !
Les soleils mouillés
De ces ciels brouillés
Pour mon esprit ont les charmes
10 Si mystérieux
De tes traîtres yeux,
Brillant à travers leurs larmes.

Là, tout n'est qu'ordre et beauté,
Luxe, calme et volupté.

15 Des meubles luisants,
Polis par les ans,
Décoreraient notre chambre ;
Les plus rares fleurs
Mêlant leurs odeurs
20 Aux vagues senteurs de l'ambre ;
Les riches plafonds,
Les miroirs profonds,
La splendeur orientale,
Tout y parlerait
25 À l'âme en secret
Sa douce langue natale.

Là, tout n'est qu'ordre et beauté,
Luxe, calme et volupté.

Vois sur ces canaux
30 Dormir ces vaisseaux
Dont l'humeur est vagabonde ;
C'est pour assouvir
Ton moindre désir
Qu'ils viennent du bout du monde.
35 — Les soleils couchants
Revêtent les champs,
Les canaux, la ville entière,
D'hyacinthe et d'or ;
Le monde s'endort
40 Dans une chaude lumière.

Là, tout n'est qu'ordre et beauté,
Luxe, calme et volupté.

Charles Baudelaire, *Les fleurs du mal*, 1857.

La mort des amants

Nous aurons des lits pleins d'odeurs légères,
Des divans profonds comme des tombeaux,
Et d'étranges fleurs sur des étagères,
Écloses pour nous sous des cieux plus beaux.

5 Usant à l'envi leurs chaleurs dernières,
Nos deux cœurs seront deux vastes flambeaux,
Qui réfléchiront leurs doubles lumières
Dans nos deux esprits, ces miroirs jumeaux.

Un soir fait de rose et de bleu mystique,
10 Nous échangerons un éclair unique,
Comme un long sanglot, tout chargé d'adieux ;

Et plus tard un Ange, entr'ouvrant les portes,
Viendra ranimer fidèle et joyeux,
Les miroirs ternis et les flammes mortes.

Charles Baudelaire, *Les fleurs du mal*, 1857.

Paul Verlaine

1844-1896

Nevermore

Souvenir, souvenir, que me veux-tu ? L'automne
Faisait voler la grive à travers l'air atone,
Et le soleil dardait un rayon monotone
Sur le bois jaunissant où la bise détonne.

5 Nous étions seul à seule et marchions en rêvant,
Elle et moi, les cheveux et la pensée au vent.
Soudain, tournant vers moi son regard émouvant :
« Quel fut ton plus beau jour ? » fit sa voix d'or vivant,

Sa voix douce et sonore, au frais timbre angélique.
10 Un sourire discret lui donna la réplique,
Et je baisai sa main blanche, dévotement.

– Ah ! les premières fleurs, qu'elles sont parfumées !
Et qu'il bruit avec un murmure charmant
Le premier *oui* qui sort de lèvres bien-aimées !

Paul Verlaine,
Poèmes saturniens, 1866.

Il pleure dans mon cœur
Comme il pleut sur la ville.
Quelle est cette langueur
Qui pénètre mon cœur ?

5 Ô bruit doux de la pluie
Par terre et sur les toits !
Pour un cœur qui s'ennuie,
Ô le chant de la pluie !

Il pleure sans raison
10 Dans ce cœur qui s'écœure.
Quoi ! nulle trahison ?
Ce deuil est sans raison.

C'est bien la pire peine
De ne savoir pourquoi,
15 Sans amour et sans haine,
Mon cœur a tant de peine !

Paul Verlaine, « Ariettes oubliées »,
dans *Romances sans paroles*, 1874.

Le ciel est, par-dessus le toit,
Si bleu, si calme !
Un arbre, par-dessus le toit,
Berce sa palme.

5 La cloche, dans le ciel qu'on voit,
Doucement tinte.
Un oiseau sur l'arbre qu'on voit
Chante sa plainte.

Mon Dieu, mon Dieu, la vie est là,
10 Simple et tranquille.
Cette paisible rumeur-là
Vient de la ville.

— Qu'as-tu fait, ô toi que voilà
Pleurant sans cesse,
15 Dis, qu'as-tu fait, toi que voilà,
De ta jeunesse ?

Paul Verlaine,
Sagesse, 1880.

LE TEXTE **POÉTIQUE**

> PAGE 13

Arthur Rimbaud
1854-1891

Sensation

Par les soirs bleus d'été, j'irai dans les sentiers,
Picoté par les blés, fouler l'herbe menue :
Rêveur, j'en sentirai la fraîcheur à mes pieds,
Je laisserai le vent baigner ma tête nue.

5 Je ne parlerai pas, je ne penserai rien :
Mais l'amour infini me montera dans l'âme,
Et j'irai loin, bien loin, comme un bohémien,
Par la Nature, – heureux comme avec une femme.

Arthur Rimbaud, 1870.

Ma Bohême (Fantaisie)

Je m'en allais, les poings dans mes poches crevées ;
Mon paletot aussi devenait idéal ;
J'allais sous le ciel, Muse ! et j'étais ton féal ;
Oh ! là là ! que d'amours splendides j'ai rêvées !

5 Mon unique culotte avait un large trou.
– Petit-Poucet rêveur, j'égrenais dans ma course
Des rimes. Mon auberge était à la Grande-Ourse.
– Mes étoiles au ciel avaient un doux frou-frou

Et je les écoutais, assis au bord des routes,
10 Ces bons soirs de septembre où je sentais des gouttes
De rosée à mon front, comme un vin de vigueur ;

Où, rimant au milieu des ombres fantastiques,
Comme des lyres, je tirais les élastiques
De mes souliers blessés, un pied près de mon cœur !

Arthur Rimbaud, 1870.

Roman

I

On n'est pas sérieux, quand on a dix-sept ans.
– Un beau soir, foin des bocks et de la limonade,
Des cafés tapageurs aux lustres éclatants !
– On va sous les tilleuls verts de la promenade

5 Les tilleuls sentent bon dans les bons soirs de juin !
L'air est parfois si doux, qu'on ferme la paupière ;
Le vent chargé de bruits, – la ville n'est pas loin, –
A des parfums de vigne et des parfums de bière…

II

– Voilà qu'on aperçoit un tout petit chiffon
10 D'azur sombre, encadré d'une petite branche,
Piqué d'une mauvaise étoile, qui se fond
Avec de doux frissons, petite et toute blanche…

Nuit de juin ! Dix-sept ans ! – On se laisse griser.
La sève est du champagne et vous monte à la tête…
15 On divague ; on se sent aux lèvres un baiser
Qui palpite là, comme une petite bête…

III

Le cœur fou Robinsonne à travers les romans,
– Lorsque, dans la clarté d'un pâle réverbère,
Passe une demoiselle aux petits airs charmants,
20 Sous l'ombre du faux-col effrayant de son père…

Et, comme elle vous trouve immensément naïf,
Tout en faisant trotter ses petites bottines,
Elle se tourne, alerte et d'un mouvement vif…
– Sur vos lèvres alors meurent les cavatines…

IV

25 Vous êtes amoureux. Loué jusqu'au mois d'août.
Vous êtes amoureux – Vos sonnets La font rire.
Tous vos amis s'en vont, vous êtes mauvais goût.
– Puis l'adorée, un soir, a daigné vous écrire… !

– Ce soir-là,… – vous rentrez aux cafés éclatants,
30 Vous demandez des bocks ou de la limonade…
– On n'est pas sérieux, quand on a dix-sept ans
Et qu'on a des tilleuls verts sur la promenade.

Arthur Rimbaud, 1870.

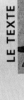

LE TEXTE **POÉTIQUE**

> PAGE 17

Guillaume Apollinaire

1880-1918

Il y a

Il y a des petits ponts épatants
Il y a mon cœur qui bat pour toi
Il y a une femme triste sur la route
Il y a un beau petit cottage dans un jardin
5 Il y a six soldats qui s'amusent comme des fous
Il y a mes yeux qui cherchent ton image

Il y a un petit bois charmant sur la colline
Et un vieux territorial pisse quand nous passons
Il y a un poète qui rêve au ptit Lou
10 Il y a un ptit Lou exquis dans ce grand Paris
Il y a une batterie dans une forêt
Il y a un berger qui paît ses moutons
Il y a ma vie qui t'appartient
Il y a mon porte-plume réservoir qui court qui court
15 Il y a un rideau de peupliers délicat délicat
Il y a toute ma vie passée qui est bien passée
Il y a des rues étroites à Menton où nous nous sommes aimés

Il y a une petite fille de Sospel qui fouette ses camarades
Il y a mon fouet de conducteur dans mon sac à avoine
20 Il y a des wagons belges sur la voie
Il y a mon amour
Il y a toute la vie
Je t'adore

Guillaume Apollinaire, *Poèmes à Lou* (posthumes).

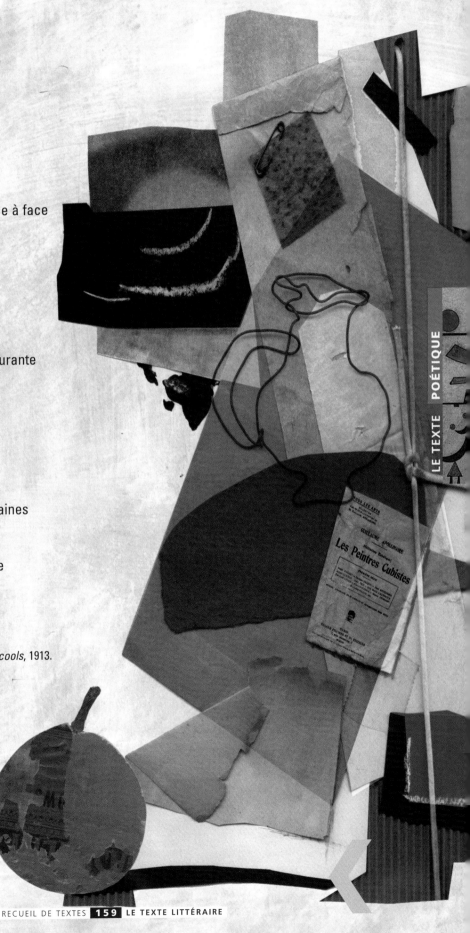

Le pont Mirabeau

Sous le pont Mirabeau coule la Seine
          Et nos amours
     Faut-il qu'il m'en souvienne
La joie venait toujours après la peine

5   Vienne la nuit sonne l'heure
     Les jours s'en vont je demeure

Les mains dans les mains restons face à face
          Tandis que sous
     Le pont de nos bras passe
10 Des éternels regards l'onde si lasse

     Vienne la nuit sonne l'heure
     Les jours s'en vont je demeure

L'amour s'en va comme cette eau courante
          L'amour s'en va
15   Comme la vie est lente
Et comme l'Espérance est violente

     Vienne la nuit sonne l'heure
     Les jours s'en vont je demeure

Passent les jours et passent les semaines
20   Ni temps passé
     Ni les amours reviennent
Sous le pont Mirabeau coule la Seine

     Vienne la nuit sonne l'heure
     Les jours s'en vont je demeure

          Guillaume Apollinaire, *Alcools*, 1913.

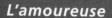

> PAGE 17

Paul Eluard

1895-1952

L'amoureuse

Elle est debout sur mes paupières
Et ses cheveux sont dans les miens,
Elle a la forme de mes mains,
Elle a la couleur de mes yeux,
5 Elle s'engloutit dans mon ombre
Comme une pierre sur le ciel.

Elle a toujours les yeux ouverts
Et ne me laisse pas dormir.
Ses rêves en pleine lumière
10 Font s'évaporer les soleils,
Me font rire, pleurer et rire,
Parler sans avoir rien à dire.

Paul Eluard, *Mourir de ne pas mourir*,
© Éditions Gallimard, 1968.

La courbe de tes yeux fait le tour de mon cœur,
Un rond de danse et de douceur,
Auréole du temps, berceau nocturne et sûr,
Et si je ne sais plus tout ce que j'ai vécu
5 C'est que tes yeux ne m'ont pas toujours vu.

Feuilles de jour et mousse de rosée,
Roseaux du vent, sourires parfumés,
Ailes couvrant le monde de lumière,
Bateaux chargés du ciel et de la mer,
10 Chasseurs des bruits et sources des couleurs,

Parfums éclos d'une couvée d'aurores
Qui gît toujours sur la paille des astres,
Comme le jour dépend de l'innocence
Le monde entier dépend de tes yeux purs
15 Et tout mon sang coule dans leurs regards.

Paul Eluard, *Capitale de la douleur*,
© Éditions Gallimard, 1968.

Je t'aime

Je t'aime pour toutes les femmes que je n'ai pas connues
Je t'aime pour tous les temps où je n'ai pas vécu
Pour l'odeur du grand large et l'odeur du pain chaud
Pour la neige qui fond pour les premières fleurs
5 Pour les animaux purs que l'homme n'effraie pas
Je t'aime pour aimer
Je t'aime pour toutes les femmes que je n'aime plus.

Qui me reflète sinon toi-même je me vois si peu
Sans toi je ne vois rien qu'une étendue déserte
10 Entre autrefois et aujourd'hui
Il y a eu toutes ces morts que j'ai franchies sur de la paille
Je n'ai pas pu percer le mur de mon miroir
Il m'a fallu apprendre mot par mot la vie
Comme on oublie

15 Je t'aime pour ta sagesse qui n'est pas la mienne
Pour la santé
Je t'aime contre tout ce qui n'est qu'illusion
Pour ce cœur immortel que je ne détiens pas
Tu crois être le doute et tu n'es que raison
20 Tu es le grand soleil qui me monte à la tête
Quand je suis sûr de moi.

Derniers poèmes d'amour de Paul Eluard,
© *Éditions Seghers, 1966.*

Émile Nelligan

1879-1941

Clair de lune intellectuel

Ma pensée est couleur de lumières lointaines,
Du fond de quelque crypte aux vagues profondeurs.
Elle a l'éclat parfois des subtiles verdeurs
D'un golfe où le soleil abaisse ses antennes.

5 En un jardin sonore, au soupir des fontaines,
Elle a vécu dans les soirs doux, dans les odeurs ;
Ma pensée est couleur de lumières lointaines,
Du fond de quelque crypte aux vagues profondeurs.

Elle court à jamais les blanches prétentaines,
10 Au pays angélique où montent ses ardeurs,
Et, loin de la matière et des brutes laideurs,
Elle rêve l'essor aux célestes Athènes.

Ma pensée est couleur de lunes d'or lointaines.

Émile Nelligan, *Poésies complètes*, Fides, 1952.

Mon âme

Mon âme a la candeur d'une chose étoilée,
    D'une neige de février…
Ah! retournons au seuil de l'Enfance en allée,
    Viens-t-en prier…

5 Ma chère, joins tes doigts et pleure et rêve et prie,
    Comme tu faisais autrefois
Lorsqu'en ma chambre, aux soirs, vers la Vierge fleurie
    Montait ta voix.

Ah! la fatalité d'être une âme candide
10 En ce monde menteur, flétri, blasé, pervers,
D'avoir une âme ainsi qu'une neige aux hivers
Que jamais ne souilla la volupté sordide!

D'avoir l'âme pareille à de la mousseline
Que manie une sœur novice de couvent,
15 Ou comme un luth empli des musiques du vent
Qui chante et qui frémit le soir sur la colline!

D'avoir une âme douce et mystiquement tendre,
Et cependant, toujours, de tous les maux souffrir,
Dans le regret de vivre et l'effroi de mourir,
20 Et d'espérer, de croire… et de toujours attendre!

Émile Nelligan, *Poésies complètes*, Fides, 1952.

Le Vaisseau d'Or

Ce fut un grand Vaisseau taillé dans l'or massif:
Ses mâts touchaient l'azur, sur des mers inconnues;
La Cyprine d'amour, cheveux épars, chairs nues,
S'étalait à sa proue, au soleil excessif.

5 Mais il vint une nuit frapper le grand écueil
Dans l'Océan trompeur où chantait la Sirène,
Et le naufrage horrible inclina sa carène
Aux profondeurs du Gouffre, immuable cercueil.

Ce fut un Vaisseau d'Or, dont les flancs diaphanes
10 Révélaient des trésors que les marins profanes,
Dégoût, Haine et Névrose, entre eux ont disputés.

Que reste-t-il de lui dans la tempête brève?
Qu'est devenu mon cœur, navire déserté?
Hélas! Il a sombré dans l'abîme du Rêve!

Émile Nelligan, *Poésies complètes*, Fides, 1952.

> PAGE 18

Hector de Saint-Denys Garneau

1912-1943

C'est eux qui m'ont tué
Sont tombés sur mon dos avec leurs armes, m'ont tué
Sont tombés sur mon cœur avec leur haine, m'ont tué
Sont tombés sur mes nerfs avec leurs cris, m'ont tué

5 C'est eux en avalanche m'ont écrasé
Cassé en éclats comme du bois

Rompu mes nerfs comme un câble de fils de fer
Qui se rompt net et tous les fils en bouquet fou
Jaillissent et se recourbent, pointes à vif

10 Ont émietté ma défense comme une croûte sèche
Ont égrené mon cœur comme de la mie
Ont tout éparpillé cela dans la nuit

Ils ont tout piétiné sans en avoir l'air,
Sans le savoir, le vouloir, sans le pouvoir,
15 Sans y penser, sans y prendre garde
Par leur seul terrible mystère étranger
Parce qu'ils ne sont pas à moi venus m'embrasser

Ah ! dans quel désert faut-il qu'on s'en aille
Pour mourir de soi-même tranquillement.

Hector de Saint-Denys Garneau, *Poésies*, Fides, 1971.

Cage d'oiseau

Je suis une cage d'oiseau
Une cage d'os
Avec un oiseau

L'oiseau dans sa cage d'os
5 C'est la mort qui fait son nid

Lorsque rien n'arrive
On entend froisser ses ailes

Et quand on a ri beaucoup
Si l'on cesse tout à coup
10 On l'entend qui roucoule
Au fond
Comme un grelot

C'est un oiseau tenu captif
La mort dans ma cage d'os

15 Voudrait-il pas s'envoler
Est-ce vous qui le retiendrez
Est-ce moi
Qu'est-ce que c'est

Il ne pourra s'en aller
20 Qu'après avoir tout mangé
Mon cœur
La source du sang
Avec la vie dedans

Il aura mon âme au bec.

Hector de Saint-Denys Garneau,
Regards et jeux dans l'espace, 1937.

Je marche à côté d'une joie
D'une joie qui n'est pas à moi
D'une joie à moi que je ne puis pas prendre

Je marche à côté de moi en joie

Hector de Saint-Denys Garneau (extrait),
Regards et jeux dans l'espace, 1937.

LE TEXTE POÉTIQUE

> PAGE 18

Anne Hébert

1916-2000

Il y a certainement quelqu'un
Qui m'a tuée
Puis s'en est allé
Sur la pointe des pieds
5 Sans rompre sa danse parfaite.

A oublié de me coucher
M'a laissée debout
Toute liée
Sur le chemin
10 Le cœur dans son coffret ancien
Les prunelles pareilles
À leur plus pure image d'eau

A oublié d'effacer la beauté du monde
Autour de moi
15 A oublié de fermer mes yeux avides
Et permis leur passion perdue

Anne Hébert, *Le tombeau des rois*, 1953,
Paris, © Les Éditions du Seuil, 1960.

Acte de foi

Elle croit des choses qu'on ne lui a jamais dites
Ni même murmurées à l'oreille
Des extravagances telles qu'on frissonne

Elle s'imagine tenir dans sa main droite
5 La terre ronde rude obscure
Comme une orange sanguine qui luit

La vie y est douce et profonde
Hommes et femmes s'aiment à n'en plus finir
Quant à la joie des enfants elle claironne
10 Comme soleil à midi

Ni guerre ni deuil
Ce monde est sans défaut
Le chant profond qui s'en échappe
Ressemble aux grandes orgues
15 Des cathédrales englouties

Tout cela palpite dans sa main
Rayonne à perte de vue
Tant que le cœur verse sa lumière
Telle une lampe suspendue
20 Au-dessus des villes et des champs.

Anne Hébert, *Poèmes pour la main gauche,*
© Les Éditions du Boréal, 1997.

Terrain vague

Les enfants hâves et mal peignés
Qu'on a relégués
Hors de la planète
Au delà des nuages gris
5 Plus loin que les astres et les anges
Baignent dans des halos de lune morte
Blême mémoire et lieu d'origine
Terrain vague bosselé d'ordures.

Anne Hébert, *Poèmes pour la main gauche,*
© Les Éditions du Boréal, 1997.

Au palais de l'enfant sauvage

Au palais de l'enfant sauvage
Jaillirent des larmes de sel
Leur éclat fut tel
Que les gardes qui veillent
5 Aux marches du palais
Furent terrassés sans retour
Dans un éblouissement de lune et de cristal
Insoutenable et sans objet apparent.

Anne Hébert, *Poèmes pour la main gauche,*
© Les Éditions du Boréal, 1997.

LE TEXTE **POÉTIQUE**

> PAGE 19

Félix Leclerc

1914-1988

Le tour de l'île

Pour supporter   le difficile et l'inutile
Y a l'tour de l'île   quarante-deux milles   de choses tranquilles
Pour oublier   grande blessure   dessous l'armure
Été hiver   y a l'tour de l'île   l'île d'Orléans
5 L'île c'est comme Chartres   c'est haut et propre   avec des nefs
Avec des arcs   des corridors   et des falaises
En février   la neige est rose   comme chair de femme
Et en juillet   le fleuve est tiède   sur les battures…

Au mois de mai   à marée basse   voilà les oies
10 Depuis des siècles   au mois de juin   parties les oies
Mais nous les gens   les descendants   de La Rochelle
Présents tout l'temps   surtout l'hiver   comme les arbres
Mais c'est pas vrai   mais oui c'est vrai   écoute encore…

Maisons de bois   maisons de pierre   clochers pointus
15 Et dans les fonds   des pâturages   de silence
Des enfants blonds   nourris d'azur   comme les anges
Jouent à la guerre   imaginaire.   imaginons

L'île d'Orléans   un dépotoir   un cimetière
Parc à vidanges   boîte à déchets   U.S. Parking
20 On veut la mettre   en mini-jupe   and speak English
Faire ça à elle   l'île d'Orléans   notre fleurdelise
Mais c'est pas vrai   mais oui c'est vrai   raconte encore…

Sous un nuage   près d'un cours d'eau   c'est un berceau
Et un grand-père   au regard bleu   qui monte la garde
25 l'sait pas trop   ce qu'on dit   dans les capitales
L'œil vers le golfe   ou Montréal   guette le signal
Pour célébrer   l'indépendance   quand on y pense
C'est-y en France   c'est comme en France   le tour de l'île
Quarante-deux milles   comme des vagues   les montagnes
30 Les fruits sont mûrs   dans les vergers   de mon pays
Ça signifie   l'heure est venue   si t'as compris…

« Le tour de l'île »
Paroles et musique : Félix Leclerc
© 1997 Productions Alleluia

> PAGE 18

Gaston Miron

1928-1996

Recours didactique

Mes camarades au long cours de ma jeunesse
si je fus le haut-lieu de mon poème, maintenant
je suis sur la place publique avec les miens
et mon poème a pris le mors obscur de nos combats

5 Longtemps je fus ce poète au visage conforme
qui frissonnait dans les parallèles de ses pensées
qui s'étiolait en rage dans la soie des désespoirs
et son cœur raillait la crue des injustices

Or je vois nos êtres en détresse dans le siècle
10 je vois notre infériorité et j'ai mal en chacun de nous

Aujourd'hui sur la place publique qui murmure
j'entends la bête tourner dans nos pas
j'entends surgir dans le grand inconscient résineux
les tourbillons des abattis de nos colères

15 Toi mon amour tu te tiens droite dans ces jours
nous nous aimons d'une force égale à ce qui nous sépare
la rance odeur de métal et d'intérêts croulants
Tu sais que je peux revenir et rester près de toi
ce n'est pas le sang, ni l'anarchie ou la guerre
20 et pourtant je lutte, je te le jure, je lutte
parce que je suis en danger de moi-même à toi
et tous deux le sommes de nous-mêmes aux autres
Les poètes de ce temps montent la garde du monde

Car le péril est dans nos poutres, la confusion
25 une brunante dans nos profondeurs et nos surfaces
nos consciences sont éparpillées dans les débris
de nos miroirs, nos gestes des simulacres de libertés
je ne chante plus je pousse la pierre de mon corps

Je suis sur la place publique avec les miens
30 la poésie n'a pas à rougir de moi
j'ai su qu'une espérance soulevait ce monde jusqu'ici.

Gaston Miron, *L'homme rapaillé*,
© Les Presses de l'Université
de Montréal, 1970.

LE TEXTE **POÉTIQUE**

Yves Préfontaine

1937

Peuple inhabité

J'habite un espace où le froid triomphe de l'herbe, où la grisaille règne
en lourdeur sur des fantômes d'arbres.

J'habite en silence un peuple qui sommeille, frileux sous le givre
de ses mots. J'habite un peuple dont se tarit la parole frêle et brusque.

5 J'habite un cri tout alentour de moi –
pierre sans verbe –
falaise abrupte –
lame nue dans ma poitrine   l'hiver.

Une neige de fatigue étrangle avec douceur le pays que j'habite.

10 Et je persiste en des fumées.
Et je m'acharne à parler.
Et la blessure n'a point d'écho.
Le pain d'un peuple est sa parole.
Mais point de clarté dans le blé qui pourrit.

15 J'habite un peuple qui ne s'habite plus.
Et les champs entiers de la joie se flétrissent sous tant de sécheresse
et tant de gerbes reniées.
J'habite un cri qui n'en peut plus de heurter, de cogner, d'abattre
ces parois de crachats et de masques.
20 J'habite le spectre d'un peuple renié comme fille sans faste.
Et mes pas font un cercle en ce désert. Une pluie de visages blancs
me cerne de fureur.
Le pays que j'habite est un marbre sous la glace.
Et ce pays sans hommes de lumière glisse dans mes veines comme
25 femme que j'aime.

Or je sévis contre l'absence avec, entre les dents, une pauvreté de mots
qui brillent et se perdent.

Yves Préfontaine, « Peuple inhabité », *Parole tenue. Poèmes 1954-1985*,
© Éditions de l'Hexagone et Yves Préfontaine, 1990.

Loco Locass

LANGAGE-TOI (Batlam/Chafiik)

Le verbe faire, est un verbe qui se perd
L'inaction est une aire de repos Où plus
d'un se perd Oublie père et mère et monde
et tout propos À propos de propos, j'essaie
5 d'être pro-propos Mais c'est dur d'hurler
sur les mots D'une société rongée par le
pire des maux Ce fléau qu'est la perte de
mots Je hausse le topo sémantique Dans un
but typiquement didactique Ma dactylo
10 buccale fait Tic ! Tac ! C'est une tactique
phonétique pour faire contact Titiller tes
synapses, Snap ! Mets tes verres de contact
Mon frère, langage-toi et constate Que le
verbe faire est un verbe qui se perd LANGAGE-
15 TOI

Le décompte goûte amer Quand au compte-
gouttes Tu tombes et deviens goutte D'eau dans
l'amère Amérique La clepsydre sonne moins
cinq C'est l'heure de se mettre à la .5 Coincé
20 entre deux cultures Au fur à mesure à l'usure
Sois-en sûr, c'est la plus *FAT ASS* des deux qui
perdure La cure c'est de ne pas s'enmurmurer
vivant Tant et tant de gens se terrent et se taisent
de mon vivant Tant et tant d'argent te v'là
25 coi – quoi ? – à terre, à l'aise et content
Sûr d'être vivant, survivant… sursis Je
te susurre ceci : Contemple le montant
de ton bâillon C'est comme signer son
bail-bye pour l'autoextermination Crois-
30 en ma parole, la parole est un geste,
mieux une action Si tu parles, n'aie
crainte : l'on t'entend longtemps…
temps… temps

L'écho des mots lointains ne s'éteint pas
Si au relais, tu es là

35 J'entends du fin fond des temps Les
rebonds de mon nom taper mes tympans
Ça sonne comme l'homme qui nomme, se
nomme lui-même autonome, autochtone
de sa propre personne Il se somme de
40 donner aux mots la somme de sa propre
donne toi comme loi-sir De mettre au repos
l'oisiveté Ce rouage de la fuite du langage-toi
contre le tangage d'une langue qui ne
s'arrime à rien Et mène à un genre d'espèce
45 de Moyen-Âge… Tsé qu'ess j'veux dire… Euh…
Le *politically correctness*, ça m'agresse Ça fait
de tout de rien Un Loch Ness… pas là que le bât
blesse ? À trop vouloir louvoyer, voyez-vous, le
verbe est vérolé Pour répondre au besoin de
50 l'éthique ethnique Pour pallier la panique de la
fuite du fric – Hystérique crise de nerf de
l'Amérique Le politique 2♠ se pique de poétique
Incivique suicide Inique… ta mère, ton père Par
en avant, par arrière En vers libres, mon frère, je
55 me fraye un chemin dans la terre de ta tête Et
prêche cette prière : langage-toi Et fais du verbe
faire un verbe qui s'OPÈRE LANGAGE-TOI

Langage-toi (Batlam/Chafiik),
© Éditorial Avenue.

LE TEXTE POÉTIQUE

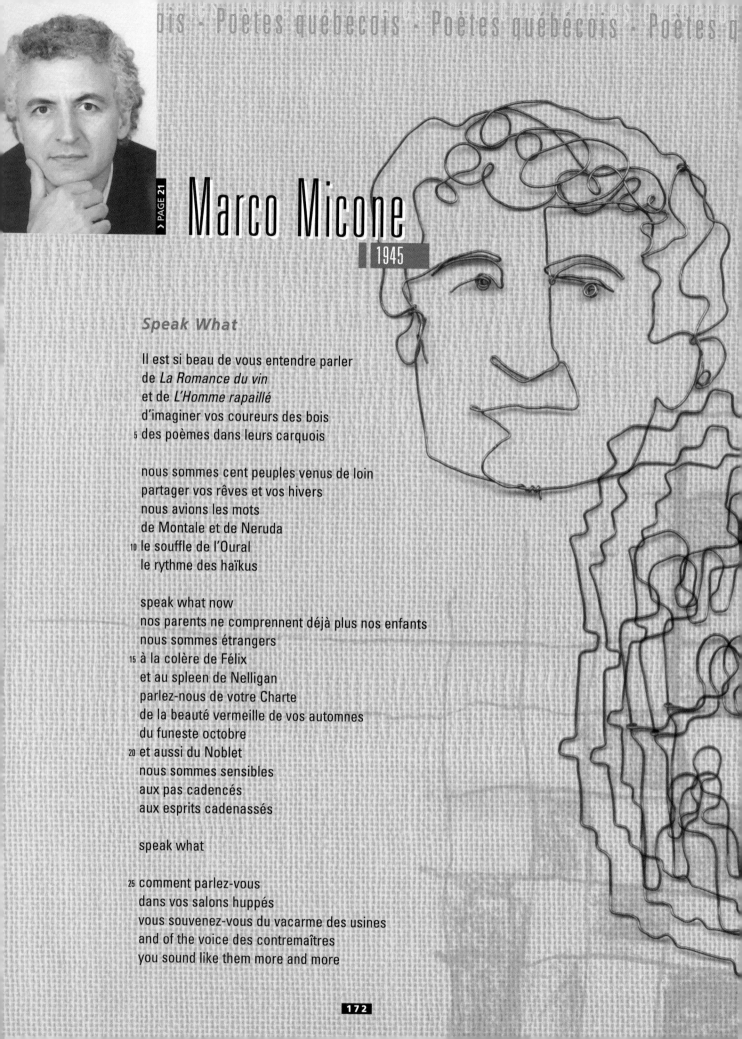

> PAGE 21

Marco Micone

1945

Speak What

Il est si beau de vous entendre parler
de *La Romance du vin*
et de *L'Homme rapaillé*
d'imaginer vos coureurs des bois
5 des poèmes dans leurs carquois

nous sommes cent peuples venus de loin
partager vos rêves et vos hivers
nous avions les mots
de Montale et de Neruda
10 le souffle de l'Oural
le rythme des haïkus

speak what now
nos parents ne comprennent déjà plus nos enfants
nous sommes étrangers
15 à la colère de Félix
et au spleen de Nelligan
parlez-nous de votre Charte
de la beauté vermeille de vos automnes
du funeste octobre
20 et aussi du Noblet
nous sommes sensibles
aux pas cadencés
aux esprits cadenassés

speak what

25 comment parlez-vous
dans vos salons huppés
vous souvenez-vous du vacarme des usines
and of the voice des contremaîtres
you sound like them more and more

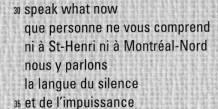

LE TEXTE **POÉTIQUE**

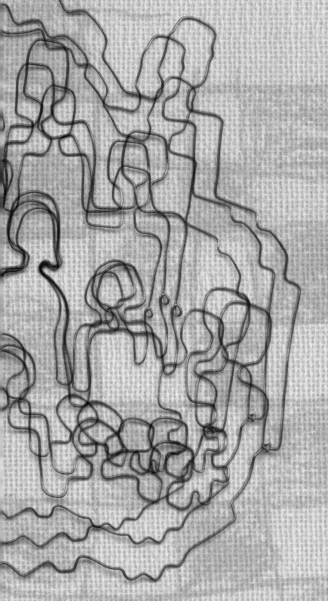

30 speak what now
que personne ne vous comprend
ni à St-Henri ni à Montréal-Nord
nous y parlons
la langue du silence
35 et de l'impuissance

speak what
« productions, profits et pourcentages »
parlez-nous d'autres choses
des enfants que nous aurons ensemble
40 du jardin que nous leur ferons

délestez-vous des maîtres et du cilice
imposez-nous votre langue
nous vous raconterons
la guerre, la torture et la misère
45 nous dirons notre trépas avec vos mots
pour que vous ne mouriez pas
et vous parlerons
avec notre verbe bâtard
et nos accents fêlés
50 du Cambodge et du Salvador
du Chili et de la Roumanie
de la Molise et du Péloponnèse
jusqu'à notre dernier regard

speak what

55 nous sommes cent peuples venus de loin
pour vous dire que vous n'êtes pas seuls.

Marco Micone, *Speak What*, 1989,
© Marco Micone.

Alain Bosquet

1919

Imitateur

à Félix Ascot

Je parle de vieillesse à la femme que j'aime ;
on me répond : « C'est dans Ronsard, tout ça. » Je parle
d'un deuil profond et d'une enfant qui s'est noyée ;
on me répond : « Tout ça, c'est dans Victor Hugo. »

5 Je parle d'un cœur lourd comme un lac en colère ;
on me répond : « Tout ça, tu vois, c'est Lamartine. »
Je parle de musique et d'un parc dans la brume ;
on me répond : « Tout ça, Verlaine y est passé. »

Je parle de partir, là-bas vers l'équateur ;
10 on me répond : « Tout ça, c'est dans Rimbaud. » Je parle
de mon orgueil et de ma solitude amère ;

on me répond : « C'est dans Vigny, t'as pas de chance. »
Je ne parlerai plus, de peur de les gêner,
ces salauds qui sans moi ont écrit mes poèmes.

Alain Bosquet, *Sonnets pour une fin de siècle*,
© Éditions Gallimard, 1980.

LE TEXTE
COURANT

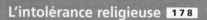

1 Expression spontanée
d'une opinion, le graffiti
fait souvent fi de
l'orthographe !

2 Référendum
sur la souveraineté
du Québec, 1980.

3 La Cour suprême
du Canada.

4 Manifestation d'étudiants
et d'étudiantes.

Qu'est-ce qui est bien ? Qu'est-ce qui est mal ? Il n'est pas toujours facile de trancher. Il faut prendre le temps de réfléchir. Et pour réfléchir, il faut se parler, il faut s'écrire. Il faut débattre du juste, de l'acceptable, du permis. Il faut débattre des lois, des règles, des attitudes les plus appropriées au bien collectif. C'est ainsi que se construisent les sociétés. Car une société, c'est une entente entre individus, une entente constamment renouvelée.

L'histoire a permis aux humains de progresser dans leur réflexion sur ce qui est bien et sur ce qui est mal. Tous les siècles ont connu leurs débats de société. Les débats se sont enflammés et ont conduit à des guerres, à de grands mouvements de libération, à de grands procès… Bref, la succession des débats qui ont eu lieu au cours des grands moments de l'histoire a façonné notre société actuelle.

Celle-ci est loin d'être figée. Nous avons constamment l'occasion de redéfinir des notions comme la justice, l'égalité, le bien, la liberté. Les débats de société portent sur des centaines de problèmes, des petits comme des gros. Même les petits problèmes ont leur importance, car débattre des petits permet d'affronter les plus gros.

L'intolérance religieuse

Il a fallu des siècles de débats houleux pour arriver à faire de la tolérance une valeur fondamentale dans nos sociétés. Aujourd'hui, les États démocratiques font de la liberté religieuse un droit absolu. Chacun a le droit de croire à Dieu, à Iahvé, à Allah, à Bouddha... Personne n'est mis en prison pour ses convictions religieuses ; tous les individus sont traités également, quels que soient leurs choix en matière de religion ou de spiritualité. Au Canada, la liberté religieuse est enchâssée dans la Charte des droits et libertés, et des mécanismes ont été mis en place pour qu'elle soit respectée dans les faits.

L'intolérance religieuse : quelques drames

- Persécution des chrétiens sous l'Empire romain (fin de l'Antiquité)

- Croisades (Moyen-Âge)

- Inquisition (Moyen-Âge)

- Massacre de la Saint-Barthélémy (1572)

- Évangélisation des autochtones par les Européens (XVIIe et XVIIIe siècles)

- Procès des « sorcières » de Salem (1692)

- Conflit en Irlande entre protestants et catholiques (depuis les années 60)

- Les multiples guerres au Moyen-Orient (depuis le XXe siècle)

En une seule nuit, le 23 août 1572, plus de 3000 protestants furent massacrés à Paris, victimes du parti catholique, alors au pouvoir.

F. Dubois, *La Saint-Barthélémy 23-24 août 1572.*

Un traité philosophique

L'AFFAIRE CALAS

Les protestants, comme le mot l'indique, sont des chrétiens qui ont « protesté » contre la toute-puissance de l'Église catholique au XVIe siècle. Les débuts du protestantisme ont été marqués par des guerres en France et en Allemagne. En 1598, le roi de France Henri IV signa l'édit de Nantes, par lequel le protestantisme était toléré. Les protestants furent persécutés après la révocation de cet édit (1685), puis tolérés à nouveau à partir de 1787.

En 1762, un protestant français, Jean Calas, est accusé d'avoir tué son fils pour l'empêcher de se convertir au catholicisme. Jean Calas est reconnu coupable et exécuté. Le philosophe Voltaire s'élève contre cette condamnation et voit le père comme une victime de l'intolérance des autorités catholiques. De la passion de Voltaire pour la liberté et la justice naîtra son célèbre *Traité sur la tolérance*, d'où est tiré le récit de cette affaire, qui a une portée universelle.

Les faits

Voltaire expose les circonstances de la mort du fils de Jean Calas, Marc-Antoine Calas.

Jean Calas, âgé de soixante et huit ans, exerçait la profession de négociant à Toulouse depuis plus de quarante années, et était reconnu de tous ceux qui ont vécu avec lui pour un bon père. Il était protestant, ainsi que sa femme et tous ses enfants, excepté un, qui avait abjuré l'hérésie, et à qui le père

5 faisait une petite pension. Il paraissait si éloigné de cet absurde fanatisme qui rompt tous les liens de la société qu'il approuva la conversion de son fils Louis Calas, et qu'il avait depuis trente ans chez lui une servante zélée catholique, laquelle avait élevé tous ses enfants.

Un des fils de Jean Calas, nommé Marc-Antoine, était un homme de lettres : il
10 passait pour un esprit inquiet, sombre et violent. Ce jeune homme, ne pouvant réussir ni à entrer dans le négoce, auquel il n'était pas propre, ni à être reçu avocat, parce qu'il fallait des certificats de catholicité qu'il ne put obtenir, résolut de finir sa vie, et fit pressentir ce dessein à un de ses amis ; il se confirma dans sa résolution par la lecture de tout ce qu'on a jamais écrit sur le suicide.

15 Enfin, un jour, ayant perdu son argent au jeu, il choisit ce jour-là pour exécuter son dessein. Un ami de sa famille et le sien, nommé Lavaysse, jeune homme de dix-neuf ans, connu par la candeur et la douceur de ses mœurs, fils d'un avocat célèbre de Toulouse, était arrivé de Bordeaux la veille ; il soupa par hasard chez les Calas. Le père, la mère, Marc-Antoine leur fils aîné, Pierre leur second fils,
20 mangèrent ensemble. Après le souper on se retira dans un petit salon : Marc-Antoine disparut ; enfin, lorsque le jeune Lavaysse voulut partir, Pierre Calas et lui étant descendus trouvèrent en bas, auprès du magasin, Marc-Antoine en chemise, pendu à une porte, et son habit plié sur le comptoir ; sa chemise n'était pas seulement dérangée ; ses cheveux étaient bien peignés : il n'avait sur le corps aucune
25 plaie, aucune meurtrissure. ❮

L'écrivain et philosophe français **Voltaire** (1694-1778), de son vrai nom François Marie Arouet, a touché tous les genres littéraires. Polémiste, il a critiqué brillamment les institutions sociales et politiques de son temps. Ses œuvres les plus célèbres sont les *Lettres philosophiques* (1734), *Candide* (1759) et le *Traité sur la tolérance* (1763).

Les adieux de Jean Calas à sa famille avant son exécution (gravure du XVIIIe siècle).

La défense

Jean Calas est reconnu coupable du meurtre de son fils et condamné à mort; il est exécuté sur la place publique le 9 mars 1762. Voltaire critique ici la manière dont le procès a été mené.

Il semble que, quand il s'agit d'un parricide et de livrer un père de famille au plus affreux supplice, le jugement devrait être unanime, parce que les preuves d'un crime si inouï devraient être d'une évidence sensible à tout le monde : le moindre doute dans un cas pareil doit suffire pour faire trembler
5 un juge qui va signer un arrêt de mort. La faiblesse de notre raison et l'insuffisance de nos lois se font sentir tous les jours; mais dans quelle occasion en découvre-t-on mieux la misère que quand la prépondérance d'une seule voix fait rouer un citoyen? Il fallait, dans Athènes, cinquante voix au delà de la moitié pour oser prononcer un jugement de mort. Qu'en résulte-t-il? Ce que nous savons très
10 inutilement, que les Grecs étaient plus sages et plus humains que nous.

Il paraissait impossible que Jean Calas, vieillard de soixante-huit ans, qui avait depuis longtemps les jambes enflées et faibles, eût seul étranglé et pendu un fils âgé de vingt-huit ans, qui était d'une force au-dessus de l'ordinaire; il fallait absolument qu'il eût été assisté dans cette exécution par sa femme, par son fils Pierre
15 Calas, par Lavaysse et par la servante. Ils ne s'étaient pas quittés un seul moment le soir de cette fatale aventure. Mais cette supposition était encore aussi absurde que l'autre : car comment une servante zélée catholique aurait-elle pu souffrir que des huguenots assassinassent un jeune homme élevé par elle pour le punir d'aimer la religion de cette servante? Comment Lavaysse serait-il venu exprès de Bordeaux
20 pour étrangler son ami dont il ignorait la conversion prétendue? Comment une mère tendre aurait-elle mis les mains sur son fils? Comment tous ensemble auraient-ils pu étrangler un jeune homme aussi robuste qu'eux tous, sans un combat long et violent, sans des cris affreux qui auraient appelé tout le voisinage, sans des coups réitérés, sans des meurtrissures, sans des habits déchirés.

25 Il était évident que, si le parricide avait pu être commis, tous les accusés étaient également coupables, parce qu'ils ne s'étaient pas quittés d'un moment ; il était évident que le père seul ne pouvait l'être ; et cependant l'arrêt condamna ce père seul à expirer sur la roue.

Le motif de l'arrêt était aussi inconcevable que tout le reste. Les juges qui
30 étaient décidés pour le supplice de Jean Calas persuadèrent aux autres que ce vieillard faible ne pourrait résister aux tourments, et qu'il avouerait sous les coups des bourreaux son crime et celui de ses complices. Ils furent confondus, quand ce vieillard, en mourant sur la roue, prit Dieu à témoin de son innocence, et le conjura de pardonner à ses juges. ❬

Le dénouement

Trois ans jour pour jour après son exécution, Jean Calas est innocenté. Voltaire s'en réjouit et en profite pour écrire ce vibrant plaidoyer contre l'intolérance.

L e jour arriva (9 mars 1765) où l'innocence triompha pleinement. M. de Bacquencourt ayant rapporté toute la procédure, et ayant instruit l'affaire jusque dans les moindres circonstances, tous les juges, d'une voix unanime, déclarèrent la famille innocente, tortionnairement et abusivement jugée
5 par le parlement de Toulouse. Ils réhabilitèrent la mémoire du père. Ils permirent à la famille de se pourvoir devant qui il appartiendrait pour prendre ses juges à partie, et pour obtenir les dépens, dommages et intérêts que les magistrats toulousains auraient dû offrir d'eux-mêmes.

Ce fut dans Paris une joie universelle : on s'attroupait dans les places
10 publiques, dans les promenades ; on accourait pour voir cette famille si malheureuse et si bien justifiée ; on battait des mains en voyant passer les juges, on les comblait de bénédictions. Ce qui rendait encore ce spectacle plus touchant, c'est que ce jour, neuvième mars, était le jour même où Calas avait péri par le plus cruel supplice (trois ans auparavant).

[…]

15 Puisse cet exemple servir à inspirer aux hommes la tolérance, sans laquelle le fanatisme désolerait la terre, ou du moins l'attristerait toujours ! Nous savons qu'il ne s'agit ici que d'une seule famille et que la rage des sectes en a fait périr des milliers ; mais aujourd'hui qu'une ombre de paix laisse reposer toutes les sociétés chrétiennes, après des siècles de carnage, c'est dans ce temps de tranquillité que le
20 malheur des Calas doit faire une plus grande impression, à peu près comme le tonnerre qui tombe dans la sérénité d'un beau jour. Ces cas sont rares, mais ils arrivent, et ils sont l'effet de cette sombre superstition qui porte les âmes faibles à imputer des crimes à quiconque ne pense pas comme elles. ❬

Extraits de Voltaire, « L'affaire Calas », *Traité sur la tolérance*, 1763.

La peine capitale · La peine capitale · La peine capitale · La peine capitale · La peine
La peine capitale
La peine capitale

La peine capitale

Abolie au Canada depuis 1976, la peine de mort continue néan-moins de faire l'objet de débats enflammés. Chaque fois qu'un crime particulièrement violent est rapporté dans les médias, on voit renaître dans la population un sentiment de colère et un désir de vengeance. Il y a bien longtemps que l'on réfléchit sur la peine de mort ; des écrivains comme Victor Hugo, Albert Camus et bien d'autres ont pris la plume pour formuler des arguments à l'appui de leur thèse. Et le débat n'est pas clos. Mais ce débat est-il alimenté par la passion ou par la raison ?

Aux États-Unis, où le débat est encore vif

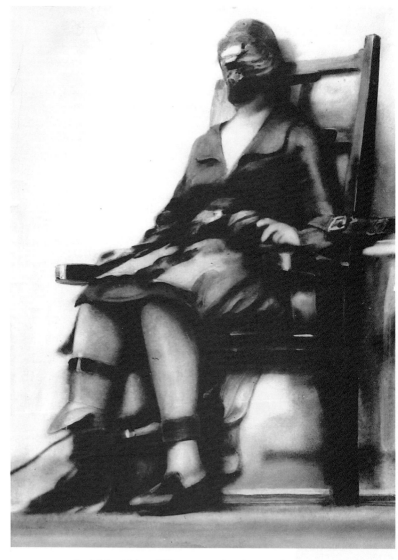

- Seuls 12 États américains n'appliquent pas la peine de mort.

- Sur ces 12 États, 10 ont un taux de meurtres inférieur à la moyenne nationale.

- Ces 12 États se trouvent principalement le long de la frontière canadienne et en Nouvelle-Angleterre.

- Dans certains États, même des mineurs sont condamnés à mort.

- De 1970 à 2000, plus de 80 prisonniers ont échappé de justesse à la mort après que l'on eut reconnu qu'il manquait de preuves contre eux.

Ce cliché publié en 1928 a provoqué un énorme choc dans l'opinion publique américaine, qui n'avait jamais vu la peine de mort représentée de façon aussi brutale. Le mouvement abolitionniste se sert régulièrement de cette photo dans ses campagnes contre la peine de mort.

Une préface de roman

LA PLUS IRRÉPARABLE DES PEINES IRRÉPARABLES

Le roman *Le dernier jour d'un condamné* de Victor Hugo prend la forme du journal intime d'un prisonnier. C'est un roman engagé ; Victor Hugo a même rédigé une préface à son livre, dans laquelle il réfute les arguments des partisans de la peine de mort.

Ceux qui jugent et qui condamnent disent la peine de mort nécessaire. D'abord, — parce qu'il importe de retrancher de la communauté sociale un membre qui lui a déjà nui et qui pourrait lui nuire encore. — S'il ne s'agissait que de cela, la prison perpétuelle suffirait. À quoi bon la mort ? Vous
5 objectez qu'on peut s'échapper d'une prison ? faites mieux votre ronde. Si vous ne croyez pas à la solidité des barreaux de fer, comment osez-vous avoir des ménageries ?

Pas de bourreau où le geôlier suffit.

Mais, reprend-on, — il faut que la société se venge, que la société punisse. — Ni l'un, ni l'autre. Se venger est de l'individu, punir est de Dieu.
10 La société est entre deux. Le châtiment est au-dessus d'elle, la vengeance au-dessous. Rien de si grand et de si petit ne lui sied. Elle ne doit pas « punir pour se venger » ; elle doit *corriger pour améliorer*. Transformez de cette façon la formule des criminalistes, nous la comprenons et nous y adhérons.

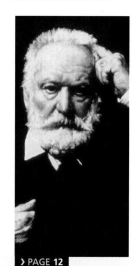

> PAGE 12

Parallèlement à la poésie, au roman et au théâtre, **Victor Hugo** (1802-1885) s'est intéressé à la politique, en fondant un journal et en prenant part aux débats publics de son temps. Ce fut un homme d'idées qui a su, dans toute son œuvre, communiquer ses convictions humanistes.

Reste la troisième et dernière raison, la
15 théorie de l'exemple. — Il faut faire des exemples ! il faut épouvanter par le spectacle du sort réservé aux criminels ceux qui seraient tentés de les imiter ! — Voilà bien à peu près textuellement la phrase éternelle
20 dont tous les réquisitoires des cinq cents parquets de France ne sont que des variations plus ou moins sonores. Eh bien ! nous nions d'abord qu'il y ait exemple. Nous nions que le spectacle des supplices pro-
25 duise l'effet qu'on en attend. Loin d'édifier le peuple, il le démoralise, et ruine en lui toute sensibilité, partant toute vertu. Les preuves abondent, et encombreraient notre raisonnement si nous voulions en citer. ❮

Victor Hugo, *Le dernier jour d'un condamné*,
extrait de la préface au roman, 1832.

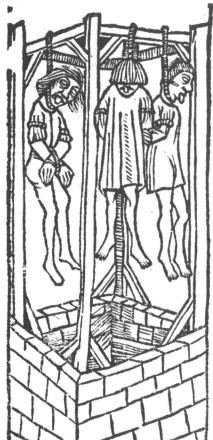

Figure gravée sur bois pour la *Ballade des pendus* de F. Villon, 1497.

RÉFLEXIONS SUR LA GUILLOTINE

L'écrivain français Albert Camus relate ici l'expérience douloureuse de son père, qui revient chez lui abattu après avoir assisté à une exécution publique. Pour Camus, cet événement est l'occasion de prendre conscience de l'atrocité de la peine capitale et de la condamner afin qu'on l'abolisse.

Peu avant la guerre de 1914, un assassin dont le crime était particulièrement révoltant (il avait massacré une famille de fermiers avec leurs enfants) fut condamné à mort en Alger. Il s'agissait d'un ouvrier agricole qui avait tué dans une sorte de délire du sang, mais avait aggravé son cas en volant ses vic-
5 times. L'affaire eut un grand retentissement. On estima généralement que la déca-
pitation était une peine trop douce pour un pareil monstre. Telle fut, m'a-t-on dit, l'opinion de mon père que le meurtre des enfants, en particulier, avait indigné. L'une des rares choses que je sache de lui, en tout cas, est qu'il voulut
10 assister à l'exécution, pour la première fois de sa vie. Il se leva dans la nuit pour se rendre sur les lieux du supplice, à l'autre bout de la ville, au milieu d'un grand concours de peuple. Ce qu'il vit, ce matin-là, il n'en dit rien à personne. Ma mère
15 raconte seulement qu'il rentra en coup de vent, le visage bouleversé, refusa de parler, s'étendit un moment sur le lit et se mit tout d'un coup à vomir. Il venait de découvrir la réalité qui se cachait sous les grandes formules dont on la masquait. Au lieu
20 de penser aux enfants massacrés, il ne pouvait plus penser qu'à ce corps pantelant qu'on venait de jeter sur une planche pour lui couper le cou.

Exécution de Louis XVI, anonyme, époque révolutionnaire.

Exécution du roi Louis XVI, le 21 janvier 1793. Autrefois, les exécutions étaient le plus souvent publiques, dans le but de frapper l'imagination de la population et de lui inspirer la peur. Ces exécutions publiques ont été particulièrement nombreuses sous la Terreur (1792-1794), pendant la Révolution française.

Il faut croire que cet acte rituel est bien horrible pour arriver à vaincre l'indignation d'un homme simple et droit et pour qu'un châtiment qu'il estimait cent
25 fois mérité n'ait eu finalement d'autre effet que de lui retourner le cœur. Quand la suprême justice donne seulement à vomir à l'honnête homme qu'elle est censée protéger, il paraît difficile de soutenir qu'elle est destinée, comme ce devrait être sa fonction, à apporter plus de paix et d'ordre dans la cité. Il éclate au contraire qu'elle n'est pas moins révoltante que le crime, et que ce nouveau meurtre, loin de
30 réparer l'offense faite au corps social, ajoute une nouvelle souillure à la première. Cela est si vrai que personne n'ose parler directement de cette cérémonie. Les fonctionnaires et les journalistes qui ont la charge d'en parler, comme s'ils avaient conscience de ce qu'elle manifeste en même temps de provocant et de honteux, ont constitué à son propos une sorte de langage rituel, réduit à des formules

stéréotypées. Nous lisons ainsi, à l'heure du petit déjeuner, dans un coin du journal, que le condamné « a payé sa dette à la société », ou qu'il a « expié », ou que « à
cinq heures, justice était faite ». Les fonctionnaires traitent du condamné comme de
« l'intéressé » ou du « patient », ou le désignent par un sigle : le C.A.M. De la peine
capitale, on n'écrit, si j'ose dire, qu'à voix basse. Dans notre société très policée,
nous reconnaissons qu'une maladie est grave à ce que nous n'osons pas en parler
directement. Longtemps, dans les familles bourgeoises, on s'est borné à dire que la
fille aînée était faible de la poitrine ou que le père souffrait d'une « grosseur »
parce qu'on considérait la tuberculose et le cancer comme des maladies un peu
honteuses. Cela est plus vrai sans doute de la peine de mort, puisque tout le
monde s'évertue à n'en parler que par euphémisme. Elle est au corps politique ce
que le cancer est au corps individuel, à cette différence près que personne n'a
jamais parlé de la nécessité du cancer. On n'hésite pas au contraire à présenter
communément la peine de mort comme une regrettable nécessité, qui légitime
donc que l'on tue, puisque cela est nécessaire, et qu'on n'en parle point, puisque
cela est regrettable.

[...]

Loin de dire que la peine de mort est d'abord nécessaire et qu'il convient
ensuite de n'en pas parler, il faut parler au contraire de ce qu'elle est réellement et
dire alors si, telle qu'elle est, elle doit être considérée comme nécessaire.

Je la crois, quant à moi, non seulement inutile, mais profondément nuisible et
je dois consigner ici cette conviction, avant d'en venir au sujet lui-même. Il ne
serait pas honnête de laisser croire que je suis arrivé à cette conclusion après les
semaines d'enquêtes et de recherches que je viens de consacrer à cette question.
Mais il serait aussi malhonnête de n'attribuer ma conviction qu'à la seule sensi-
blerie. Je suis aussi éloigné que possible, au contraire, de ce mol attendrissement
où se complaisent les humanitaires et dans lequel les valeurs et les responsabilités
se confondent, les crimes s'égalisent, l'innocence perd finalement ses droits. Je ne
crois pas, contrairement à beaucoup d'illustres contemporains, que l'homme soit,
par nature, un animal de société. À vrai dire, je pense le contraire. Mais je crois,
ce qui est très différent, qu'il ne peut vivre désormais en dehors de la société dont
les lois sont nécessaires à sa survie physique. Il faut donc que les responsabilités
soient établies selon une échelle raisonnable et efficace par la société elle-même.
Mais la loi trouve sa dernière justification dans le bien qu'elle fait ou ne fait pas à
la société d'un lieu et d'un temps donnés. Pendant des années, je n'ai pu voir dans
la peine de mort qu'un supplice insupportable à l'imagination et un désordre
paresseux que ma raison condamnait. J'étais prêt cependant à penser que l'imagination influençait mon jugement. Mais, en vérité, je n'ai rien trouvé, pendant ces
semaines, qui n'ait renforcé ma conviction ou qui ait modifié mes raisonnements.
Au contraire, aux arguments qui étaient déjà les miens, d'autres sont venus s'ajouter. Aujourd'hui, je partage absolument la conviction de Koestler : la peine de mort
souille notre société et ses partisans ne peuvent la justifier en raison.

[...]

On sait que le grand argument des partisans de la peine de mort est l'exemplarité du châtiment. On ne coupe pas seulement les têtes pour punir leurs porteurs, mais pour intimider, par un exemple effrayant, ceux qui seraient tentés de ❯

❯ PAGE 14

L'écrivain et philosophe
français **Albert Camus**
(1913-1960) s'est
constamment interrogé
sur le sens de la vie.
Dans ses romans et
ses essais, il a abordé
les thèmes de la révolte,
de la responsabilité,
de la justice, de la faute,
du devoir. *L'étranger*,
son chef-d'œuvre, raconte
l'histoire d'un homme
condamné à mort.

les imiter. La société ne se venge pas, elle veut seulement prévenir. Elle brandit la
80 tête pour que les candidats au meurtre y lisent leur avenir et reculent.

Cet argument serait impressionnant si l'on n'était obligé de constater :

1° que la société ne croit pas elle-même à l'exemplarité dont elle parle ;

2° qu'il n'est pas prouvé que la peine de mort ait fait reculer un seul meurtrier,
décidé à l'être, alors qu'il est évident qu'elle n'a eu aucun effet, sinon de fascina-
85 tion, sur des milliers de criminels ;

3° qu'elle constitue, à d'autres égards, un exemple repoussant dont les conséquences sont imprévisibles.

La société, d'abord, ne croit pas ce qu'elle dit. Si elle le croyait vraiment, elle
montrerait les têtes. Elle ferait bénéficier les exécutions du lancement publicitaire
90 qu'elle réserve d'ordinaire aux emprunts nationaux ou aux nouvelles marques
d'apéritifs.

[...]

Comment l'assassinat furtif qu'on commet la nuit dans une cour de prison
peut-il être exemplaire ? Tout au plus sert-il à informer périodiquement les
citoyens qu'ils mourront s'il leur arrive de tuer ; avenir qu'on peut promettre aussi
95 à ceux qui ne tuent pas. ❰

Extrait de Albert Camus, « Réflexions sur la guillotine »,
Essais, © Éditions Gallimard, Bibliothèque de la Pléiade, 1965.

Dans *La dernière marche* (1995), on voit comment
une religieuse (Susan Sarandon) accompagne
un criminel (Sean Penn) dans ses derniers moments.
Le réalisateur, Tim Robbins, a voulu faire de
son film un plaidoyer contre la peine de mort.

Un éditorial

LA POTENCE AUX OUBLIETTES

Au Canada, la dernière exécution eu lieu en 1962, mais il a fallu attendre jusqu'en juillet 1976 pour que la peine de mort soit officiellement abolie. Dans l'éditorial qui suit, le journaliste Jean Pellerin souligne le courage du gouvernement, qui a pris une décision qui ne correspondait pas à la volonté de la majorité des citoyens et citoyennes.

Après dix ans de débats, le Canada vient enfin d'abolir, mais de justesse, la peine de mort. La loi C-84 entre en vigueur par seulement six voix de majorité sur les 254 représentants qui ont participé au vote.

Jusqu'à la dernière minute, les partisans du rétablissement de la peine de mort
5 au Canada ont fait valoir leur principal argument qui consiste à soutenir qu'il faut tenir compte du sentiment de la majorité de la population sur cette question. Mais cet argument visiblement dérivé de préoccupations électorales, n'aura su prévaloir sur l'aspect moral et sur le cas de conscience qu'il présentait.

Si, comme semble le croire la quasi-moitié des membres de la Chambre, les
10 décisions du gouvernement doivent refléter l'opinion majoritaire de la population, on n'aurait jamais pu en venir à trancher le débat de la façon qu'on a fait, du moins pas dans l'état actuel des esprits concernant cette question. En effet, un sondage Gallup indiquait encore l'an dernier que 69 pour cent des Canadiens favorisaient le maintien de la peine de mort contre seulement 23 pour cent qui en recom-
15 mandaient l'abolition.

Le débat a fait en quelque sorte ressortir deux conceptions de gouvernement. En tout cas, le résultat des votes en deuxième et troisième lectures a l'air d'indiquer que, pour la moitié de la Chambre, le gouvernement doit se conformer à l'opinion du peuple et légiférer dans le sens que souhaite la majorité, tandis que,
20 aux yeux de l'autre moitié plus six, le gouvernement ne doit pas suivre mais guider l'opinion publique, surtout quand il s'agit d'une décision relevant plus de la conscience que de l'intérêt politique. Quoi qu'il en soit, on peut parler d'un vote historique. Des deux côtés, on a défendu des principes et des opinions valables dans ce qui semble être les plus pures traditions parlementaires.

25 Au départ, la majorité en Chambre s'opposait à l'abolition. Mais on a eu l'impression que l'engagement et la dialectique serrée du Premier ministre Trudeau sur cette question ont contribué à renverser suffisamment la vapeur pour en venir à faire légèrement pencher le vote en faveur de la cause abolitionniste. Il s'agit d'une victoire remportée de justesse et de haute lutte.

30 Le gouvernement canadien vient de prendre une autre attitude d'avant-garde. Il vient de donner un nouvel exemple de courage, car il en fallait pour se laisser guider par sa conscience plutôt que par une opinion majoritaire mais passionnée dans une affaire aussi controversée. ❮

Jean Pellerin, « La potence aux oubliettes », *La Presse*, 16 juillet 1976.

LA PEINE DE MORT ? OUI

Aujourd'hui, les gens qui sont en faveur de la peine de mort sont plutôt discrets. L'écrivain Maurice Dantec, lui, ne se gêne pas pour réclamer le rétablissement de ce châtiment ultime. Dans cette entrevue, il défend sa position en citant nombre d'atrocités qui ne laissent personne indifférent.

Selon vous, comment doit être appliquée la peine de mort ?

La peine de mort devrait être employée pour punir les criminels qui ont commis
5 des fautes graves, des crimes que je dirais à part des autres. Bien des criminels entrent dans cette catégorie. Les détracteurs qui ont réalisé des crimes contre l'humanité et des crimes de
10 guerre ; les tueurs en série sociopathes ; les gangsters organisateurs d'assassinats et les violeurs à répétition. Par exemple, d'après moi, les généraux serbes qui ont ordonné la mort de
15 centaines de Bosniaques et les chefs de milice hutus responsables du génocide rwandais devraient avoir droit à la potence.

Au lieu d'être un geste humani-
20 taire, l'abolition de la peine de mort est un crime, un crime contre l'humanité : parce qu'elle permet justement à des crimes contre l'humanité de s'exercer, et à leurs auteurs de ne pas être punis à
25 la hauteur de leurs crimes.

Pourquoi favorisez-vous la peine de mort alors qu'elle est de plus en plus décriée ?

C'est une question de justice. Actuel-
30 lement, ni ceux qui sont pour ni ceux qui sont contre ont une bonne idée de

ce qu'est la justice. Selon la logique abolitionniste où se retrouvent les gens opposés à la peine de mort, un indi-
35 vidu qui a tué une personne et un autre qui en a tué deux cents ont droit, à peu de chose près, à la même peine d'emprisonnement. Visiblement, ce n'est pas juste.

40 Dans la position maximaliste défendue par les partisans de la peine de mort, George W. Bush en tête, il n'y a qu'une solution à l'homicide : la peine de mort. Ici encore, un individu qui a
45 tué une personne et l'autre qui en a tué deux cents ont tous deux droit au même châtiment. Dans ces deux positions, il n'y a pas d'échelle de valeurs. On ne distingue pas le petit du gros
50 criminel.

On ne peut plus admettre que le chef d'une organisation criminelle qui a deux cents morts sur la conscience soit mis sur un pied d'égalité et écope de
55 la même peine que le criminel qui va tuer sa femme dans un moment de dinguerie. Je ne dis pas que ce dernier ne devrait pas être puni. Je dis qu'entre ce crime passionnel prémédité, mais
60 unique, et l'assassinat en série parfaitement planifié, il y a des nuances à faire que la peine de mort pourrait clairement établir.

? Plusieurs considèrent toutefois
65 que les peines d'emprisonnement
à vie suffisent…

Je suis en partie d'accord. Toutefois, dans certains pays, ces peines ne sont plus accordées. Mais même avec les
70 peines d'emprisonnement à vie, on ne parviendrait pas réellement à faire la différence entre un tueur de deux personnes et celui de deux cent mille lors d'une guerre. La seule façon de rétablir
75 une échelle de valeurs juste reste selon moi la peine de mort. Quand tu commets des crimes horribles en série, tu dois le payer de ta vie. C'est une bonne application de la loi du talion, et j'y crois.

80 **?** Les partisans de la peine de mort sont souvent taxés d'inhumanité et traités d'extrémistes de droite. Est-ce que cette situation vous dérange?

Je m'en contrefiche. Mais il est vrai
85 qu'on ne peut plus aujourd'hui défendre la peine de mort sans être traité de *redneck* pro-fondamentaliste à tendance néonazie. Arrêtons de dire que la peine de mort est inhumaine. Il s'agit d'un
90 meurtre légal que la société commet lorsqu'une personne est allée beaucoup trop loin. Voilà.

Les gens qui défendent le plus fort la peine de mort, c'est-à-dire l'Alliance
95 canadienne, le Front national, la droite chrétienne américaine et les Républicains, n'aident pas à faire accepter l'idée de la peine de mort. Ces icônes projettent une image extrémiste. Il reste
100 cependant que des gens sains d'esprit sont en faveur de la peine de mort.

? Au Texas, c'est bien connu, on fait griller des criminels comme on fait griller du steak. Ou presque.
105 Il y a des exécutions à la petite semaine, surtout de Noirs et de pauvres. Et c'est sans compter les erreurs judiciaires qui ont entraîné la condamnation à mort d'innocents.
110 Ne trouvez-vous pas que la peine de mort connaît trop de ratés pour être acceptable?

Oui, il y a trop de condamnations à mort au Texas, surtout chez les Noirs.
115 Et oui, il y a des erreurs, car l'application de la peine de mort y est trop systématique. Cependant, cette façon de faire à l'américaine est ridicule. Il est possible de créer un système plus juste.
120 Par ailleurs, si la peine de mort était appliquée à de puissants criminels, comme je le prône, les preuves ne seraient jamais difficiles à établir et aucun innocent ne serait condamné.
125 Les erreurs seraient en fait presque impossibles, car le massacre de plusieurs personnes laisse bien des preuves, non? Aujourd'hui, les tests d'ADN favorisent aussi l'application juste de la
130 peine de mort.

? Pensez-vous qu'un discours comme le vôtre pourrait vraiment renverser la tendance actuelle contre la peine de mort?
135 Je ne le sais pas, mais je l'espère. Il est toutefois difficile de la faire accepter. Le problème actuellement, c'est que je suis déchiré entre, d'un côté, dénoncer les condamnations à mort faites par
140 erreur et, de l'autre, prôner la peine capitale juste et bien organisée. Et puis, les gens n'ont que le mauvais exemple du Texas à l'esprit. C'est désolant. ❮

Extrait de Tommy Chouinard,
« La peine de mort? Oui », *Voir*, 24 août 2000.

Maurice Dantec écrit des romans noirs et certains de ses personnages sont possédés par le mal. Il n'est donc pas étonnant que cet écrivain français installé au Québec ait un avis sur la question des crimes et des châtiments. C'est un habile polémiste, qui aime choquer.

Le racisme

De nombreux généticiens, dont Albert Jacquard, le répètent inlassablement : il n'y a pas de races qui soient supérieures à d'autres. Certains disent même qu'il n'y a pas de races humaines tout court. Sur Terre vivent six milliards d'êtres humains, tous différents, tout en étant tous semblables aussi. Pourtant, il existe encore dans notre quotidien un racisme subtil. Ce racisme est certes moins violent que celui d'Hitler, mais il existe bel et bien, et peu de gens acceptent d'y faire face.

Le racisme : quelques tragédies

- Ku Klux Klan (depuis 1865)
- Génocide des Arméniens (1915-1916)
- Holocauste (1933-1945)
- Extermination des Tsiganes par les nazis (1941)
- Apartheid (1948-1994)
- Purification ethnique en Bosnie et au Kosovo (1991-1995)
- Massacre des Tutsis au Rwanda (1994)

Fondé aux États-Unis vers 1865 pour s'opposer à l'émancipation des Noirs, le Ku Klux Klan est un mouvement raciste d'une rare violence. Bien qu'interdit en 1928, il se manifeste encore sporadiquement aujourd'hui.

L'Holocauste, ou génocide des Juifs par les nazis, a fait six millions de victimes, de 1933 à 1945.

sme · Le racisme · Le racisme · Le racisme · Le racisme · Le ra

Un compte rendu d'événements

L'AFFAIRE DREYFUS

Bien des points communs rapprochent l'affaire Calas et l'affaire Dreyfus. Dans les deux cas, il s'agit d'un procès dans lequel un homme est injustement accusé. Dans les deux cas, un intellectuel influent prend la plume pour défendre l'accusé. Dans l'affaire Dreyfus, qui eut lieu en France à la fin du XIXe siècle, le romancier Émile Zola s'est attaqué aux autorités françaises dans un plaidoyer publié à la une d'un grand journal. Le capitaine Dreyfus étant juif, Zola était convaincu qu'il était victime de l'antisémitisme qui sévissait dans l'armée et le gouvernement français. Selon Zola, les droits de l'accusé avaient été bafoués pour des raisons raciales.

Une machination soigneusement orchestrée

Fin septembre 1894, une femme de ménage française de l'ambassade allemande, travaillant pour le Service de Renseignements français, découvre un
5 bordereau prouvant la trahison d'un officier de l'État-major français. Le 14 octobre, le général Mercier, ministre de la Guerre, met en cause un capitaine juif, Alfred Dreyfus (1859-1935) : il lui
10 fait faire une dictée et conclut à sa culpabilité à partir de la similitude des écritures.

Dreyfus est incarcéré, condamné à la déportation à vie et dégradé le
15 5 janvier 1895, malgré ses protestations d'innocence. Ni lui ni son avocat n'ont pu prendre connaissance du dossier. Ce n'est qu'en 1896 que le Lieutenant-colonel Picquart, nommé à
20 la tête du service des Renseignements, soupçonne une machination. Il en avertit le chef d'État-major, le général de Boisdeffre, mais deux mois après, il est envoyé à l'étranger. ❯

« J'accuse… ! », lettre ouverte parue à la une du journal *L'Aurore*, le 13 janvier 1898, dans laquelle Zola défend le capitaine Dreyfus.

J'accuse… : l'« affaire » en marche

25 – Le 6 novembre 1896, le journaliste Bernard Lazare publie une brochure : « Une erreur judiciaire : la vérité sur l'affaire Dreyfus ».

– Le 15 novembre 1897, Matthieu 30 Dreyfus, frère d'Alfred, accuse le commandant Charles Walsin Esterhazy d'être l'auteur du bordereau.

– Le 11 janvier 1898, Esterhazy, qui a demandé à être jugé, est acquitté 35 (il est prouvé cependant qu'il fait de l'espionnage). Le procès aurait été truqué par l'État-major soucieux de paraître efficace dans sa lutte contre l'Allemagne.

40 – Le 13 janvier 1898, le romancier Émile Zola prend la défense de Dreyfus. Dans une lettre ouverte au Président de la République qui fait la une de L'Aurore (« J'accuse… »), il met 45 en cause l'État-major. L'affaire Dreyfus est lancée. Elle déchire la société française, déchaînant l'antisémitisme et mobilisant « les intellectuels ». Menacé, calomnié, poursuivi en justice, l'écri- 50 vain s'exile en Angleterre.

La France coupée en deux

Journalistes, caricaturistes, hommes politiques et particuliers, échangent injures et menaces. Les duels, manifestations et bagarres ne se comptent plus.

55 – les *antidreyfusards*, nationalistes et militaristes, parlent de trahison, d'antipatriotisme, de complot contre l'armée. Sous l'influence de l'écrivain Charles Maurras et du journal l'*Action* 60 *française* (créé en 1899), l'antidreyfusisme se transforme dans les milieux de droite en « antisémitisme d'État ». L'écrivain Maurice Barrès ironise sur ces « intellectuels » qui se mêlent de ce 65 qui ne les regarde pas.

– les *dreyfusards*, derrière Zola, réclament la révision du procès : ils accusent les antidreyfusards de déni de justice, haine raciale, violation des 70 droits de l'Homme. Anatole France et Proust signent une pétition en faveur de Dreyfus.

La réhabilitation de Dreyfus (1906)

– 1899 : Une première révision du procès accorde les circonstances atté- 75 nuantes : Dreyfus est condamné à 10 ans de réclusion avant d'être gracié le 19 septembre.

– 1900 : L'amnistie générale est prononcée pour les multiples condam- 80 nations liées à « l'affaire ».

– 1904 : Une nouvelle demande de révision est acceptée.

– 1906 : Dreyfus est réhabilité, réintégré dans l'armée et nommé 85 Commandant et Chevalier de la Légion d'Honneur.

Au regard de la postérité, même si Dreyfus est considéré comme innocent par les historiens, l'Affaire n'a pas livré 90 tous ses secrets.

Les leçons de l'affaire : l'engagement des intellectuels

À travers son action dans l'affaire Dreyfus, Zola s'inscrit dans la lignée de Voltaire qui, tout au long de sa vie, prit parti contre les opprimés et les vic- 95 times d'erreurs judiciaires.

Il fournit la preuve que les « intellectuels » – présentés comme des rêveurs irresponsables – peuvent (et peut-être doivent) agir au nom de la justice et 100 des droits de l'Homme. Après la Seconde Guerre mondiale, Sartre et Camus reprendront le débat sur cette question. ❮

Extrait de Évelyne Amon, Yves Bomati et Jacqueline Villani, *Lectures*, tome 2, © Éditions Magnard, 2000.

Fin de la lettre ouverte « J'accuse… ! »

Une explication

LETTRE À Mᴹᴱ DREYFUS

Cette lettre adressée à Mᵐᵉ Dreyfus par Zola a été publiée dans le journal *L'Aurore* un an après le fameux *J'accuse*. L'auteur de *Germinal* y expose les motifs qui l'ont poussé à prendre la défense de Dreyfus. L'affaire Dreyfus a profondément divisé la France; on peut dire que ce fut le premier événement médiatique de l'histoire.

Quant à moi, je le confesse, mon œuvre n'a été d'abord qu'une œuvre de solidarité humaine, de pitié et d'amour. Un innocent souffrait le plus effroyable des supplices, je n'ai vu que cela, je ne me suis mis en campagne que pour le délivrer de ses maux. Dès que son innocence me fut prou-
5 vée, il y eut en moi une hantise affreuse, cette pensée de tout ce que le misérable avait souffert, de tout ce qu'il souffrait encore dans le cachot muré où il agonisait, sous la fatalité monstrueuse dont il ne pouvait même déchiffrer l'énigme. Quelle tempête sous ce crâne, quelle attente dévorante, ramenée par chaque aurore! Et je n'ai plus vécu, et mon courage n'a été fait que de ma pitié, et mon but unique a
10 été de mettre fin à la torture, de soulever la pierre pour que le supplicié revînt à la clarté du jour, fût rendu aux siens, qui panseraient ses plaies.

Affaire de sentiment, comme disent les politiques, avec un léger haussement d'épaules. Mon Dieu! oui, mon cœur seul était pris, j'allais au secours d'un homme en détresse, fût-il juif, catholique ou mahométan. Je croyais alors à une
15 simple erreur judiciaire, j'ignorais la grandeur du crime qui tenait cet homme enchaîné, écrasé au fond de la fosse scélérate, où l'on guettait son agonie. Aussi étais-je sans colère contre les coupables, inconnus encore. Simple écrivain, arraché par la compassion à sa besogne coutumière, je ne poursuivais aucun but politique, je ne travaillais pour aucun parti. Mon parti, à moi, dès ce début de la campagne,
20 ce n'était que l'humanité à servir.

> PAGE 11

La carrière d'**Émile Zola** (1840-1902) allait bon train lorsqu'il a écrit *J'accuse* pour défendre Dreyfus. Il a sacrifié son confort matériel et financier et même sa réputation pour défendre un seul homme. Zola a montré ainsi que les intellectuels et les intellectuelles doivent prendre des responsabilités sociales.

Et ce que je compris, ensuite, ce fut la terrible difficulté de notre tâche. À mesure que la bataille se déroulait, s'étendait, je sentais que la délivrance de l'innocent demanderait des efforts surhumains.
25 Toutes les puissances sociales se liguaient contre nous, et nous n'avions pour nous que la force de la vérité. Il nous faudrait faire un miracle, pour ressusciter l'enseveli. ❬

Émile Zola, extrait d'une lettre écrite à Mᵐᵉ Dreyfus, publiée dans le journal *L'Aurore* le 29 septembre 1899.

Le capitaine Alfred Dreyfus.

POURQUOI LE RACISME ?

D'origine marocaine, l'écrivain Tahar Ben Jelloun vit en France. Il est très sensible à la question de l'immigration et de l'exclusion. Dans cet article paru dans *Le Monde*, il démonte les mécanismes du racisme au quotidien.

Un homme en vaut un autre. Ce principe est un droit élémentaire souvent bafoué au nom de la race. L'histoire de l'humanité est faite, hélas! de préjugés érigés en principes. Elle agit à partir de bases douteuses, souvent inavouées: un homme en opprime un autre; une race prouve son existence en en
5 dominant une autre.

Partout et de tout temps, la différence entre communautés a été l'élément dynamique du comportement et de la pensée racistes. Le racisme est ce qui établit, à partir de données subjectives, une hiérarchie entre les hommes selon leurs spécificités ethniques, culturelles, voire religieuses. Il y aurait des races
10 supérieures à d'autres. Il y aurait des peuples plus intelligents que d'autres et des civilisations plus valables que d'autres. Certains en sont convaincus. À l'appui de leur pensée, ils invoquent des justifications pseudo-scientifiques. Autant le dire tout de suite: rien ne peut justifier un comportement raciste.

15 L'esclavage n'existe plus officiellement (un des derniers pays à l'avoir aboli, en 1962, fut l'Arabie Saoudite). Il y eut aussi le colonialisme, qui est une forme manifeste du racisme. L'humiliation des peuples et des cultures non occidentaux a préparé en quelque sorte l'extermination des minorités. L'histoire récente retiendra au moins trois génocides au
20 nom de la race: les Indiens furent massacrés par les conquérants américains blancs; les Arméniens, par principalement les Turcs; les Juifs, par le nazisme. Tant de millions d'êtres humains massacrés parce qu'on a jugé leur race « impure » et « inférieure ». Tant de millions d'hommes à qui on a retiré la vie parce qu'ils ne correspondaient pas
25 aux normes de la race dominante.

Si le racisme est parfois érigé en système politique et idéologie d'État, comme c'est le cas aujourd'hui en Afrique du Sud, il est souvent un comportement quotidien et ordinaire chez les individus. Au commencement, la xénophobie: l'étranger n'est pas accepté. On ne
30 donne pas forcément de raisons. On parle à la rigueur d'incompatibilité; on invoque le « seuil de tolérance ». En fait, on se sent menacé dans son petit bonheur, car on s'est installé dans un territoire de certitudes. À l'ouverture sur les autres, on préfère la méfiance. Cette hostilité à tout ce qui vient de l'étranger, quand elle est exaspérée, devient de
35 la haine, l'ignorance et le manque d'information aidant. Le glissement

Photo prise au cours d'une manifestation tenue en 1999 contre le Ku Klux Klan.

vers le racisme affiché, vers le « racisme militant », se fait aisément en des moments de crise socio-économique et politique.

L'Autre devient l'indésirable parce qu'il a le tort de renvoyer à la société où il est de passage une image où elle ne se reconnaît pas. Le Noir aux États-Unis est
40 l'image qui indispose une mentalité satisfaite et encombrée de préjugés. C'est une question de couleur de peau, de faciès ; une question d'apparence. L'Autre est refoulé sur simple présentation de son visage. Tout l'irrationnel du racisme est là : la haine de l'Autre à partir d'une question d'épiderme !

[…]

Plus subtil, moins évident, le racisme « interne » qui exigerait à lui tout seul
45 une autre étude est assez vivant. Il vise les personnes qui vivent dans la périphérie de l'ordre établi, ceux qu'on appelle les « marginaux ». La société moderne ne sait que faire de ses exclus. Pour le moment, elle les refoule vers le territoire de la mort lente : les personnes âgées dans les hospices ; les fous dans l'asile ; les jeunes aso-ciaux dans les champs de la honte et de la haine. ❮

Tahar Ben Jelloun, « Le racisme », *Le Monde,*
Dossiers et documents, mars 1978.

Dans ses romans, l'écrivain marocain **Tahar Ben Jelloun** traite surtout de l'identité culturelle et de la difficulté pour un immigrant de s'intégrer dans une société étrangère. Ces dernières années, l'écrivain exprime aussi son inquiétude devant le racisme (*Le racisme expliqué à ma fille*, 1999) et la montée de l'extrême droite en Europe. Il a reçu le prix Goncourt en 1987.

• **Voltaire utilise l'analogie du bateau pour montrer qu'il est de l'intérêt des humains d'être solidaires.**

Le genre humain est semblable à une foule de voyageurs qui se trouvent dans un vais-seau ; ceux-là sont à la poupe, d'autres à la proue, plusieurs à fond de cale, et dans la sentine. Le vaisseau fait eau de tous côtés, l'orage est continuel : misérables passagers qui seront tous engloutis ! faut-il qu'au lieu de nous porter les uns aux autres les secours
5 nécessaires qui adouciraient le passage, nous rendions notre navigation affreuse ! Mais celui-ci est nestorien, cet autre est juif ; en voilà un qui croit à un Picard, un autre à un natif d'Islèbe ; ici est une famille d'ignicoles, là sont des musulmans, à quatre pas voilà des anabaptistes. Hé ! qu'importent leurs sectes ? Il faut qu'ils travaillent tous à calfater le vaisseau, et que chacun, en assurant la vie de son voisin pour quelques moments,
10 assure la sienne ; mais ils se querellent, et ils périssent.

Extrait de Voltaire, *Traité sur la tolérance*, 1763.

Un récit

IL EST MONTÉ À ODÉON...

On peut, par la fiction, aborder les sujets les plus sérieux. Tahar Ben Jelloun illustre ici le racisme au quotidien et nous fait réfléchir sur l'ignorance et les préjugés.

I have a dream... Martin Luther King rêvait d'une nation américaine respectueuse de l'égalité de tous. Prix Nobel de la paix en 1964, le leader pacifiste noir a été assassiné en 1968.

Il est monté à Odéon. Ce n'était pas l'heure de pointe, mais il y avait du monde dans la voiture de seconde classe. Élégant, grand, il occupe la seule place vide de la banquette. Il ouvre son journal et y
5 plonge la tête. Déjà il avait attiré les regards des voyageurs par ses grandes jambes, son aisance et ses gestes quelque peu envahissants. En lisant le journal, il mâchait du chewing-gum et souriait.

Une dame d'un certain âge, de ces dames qui n'ont
10 pas de lèvres mais qui les dessinent avec du rouge, l'observait tout en prenant les autres à témoin. Le jeune homme était très amusé par ce qu'il lisait. La dame aux lèvres peintes n'arrivait plus à contenir sa gêne, sa colère. Elle murmura à qui voulait bien être son complice :
15 *« Quand même, ils exagèrent... Pourquoi ne restent-ils pas dans leur brousse ? Nous, on ne va pas les voir là-bas. Une vieille dame, ils ne la respectent pas. Vous croyez qu'il a compris ? Pensez donc ! D'ailleurs, ce n'est même pas de la politesse ; il est écrit en toutes lettres qu'il faut « laisser les*
20 *places aux personnes âgées et aux invalides... ». Ils exagèrent. Non seulement il est de couleur, mais il doit être sourd. Quelle époque ! Ils vont maintenant occuper la France. Ils en sont capables avec leurs grandes jambes. Et dire qu'il y a des Françaises qui couchent avec... »*
25 Le jeune homme, impassible. Les autres voyageurs assistent à la scène sans broncher. La vieille dame s'adressa alors directement à sa voisine : *« Dites-moi, madame, comment ils font là-bas ? Qu'est-ce qu'ils font des vieilles dames là-bas ?... »* La voisine ne répondit pas.
30 Le métro s'arrête. Barbès-Rochechouart. Le jeune homme se leva. En passant devant la vieille dame indignée, toujours debout, il dit : *« Chez nous, là-bas, les vieilles dames, on les mange, madame ! »* ❮

Tahar Ben Jelloun, « Le cannibale »,
Le Monde, 19 et 20 juin 1977.

Un article scientifique

RACE ET HISTOIRE

L'Unesco, une institution de l'ONU vouée à l'éducation, à la science et à la culture, a demandé dans les années 60 à Claude Lévi-Strauss d'écrire un article sur les différences culturelles. L'anthropologue a développé une longue réflexion sur le sujet. Les différences culturelles sont, selon lui, un phénomène naturel chez l'humain. La science nous apprend par ailleurs qu'aucune culture n'est supérieure à d'autres.

Il semble que la diversité des cultures soit rarement apparue aux hommes pour ce qu'elle est : un phénomène naturel, résultant des rapports directs ou indirects entre les sociétés ; ils y ont plutôt vu une sorte de monstruosité ou de scandale ; dans ces matières, le progrès
5 de la connaissance n'a pas tellement consisté à dissiper cette illusion au profit d'une vue plus exacte qu'à l'accepter ou à trouver le moyen de s'y résigner.

L'attitude la plus ancienne, et qui repose sans doute sur des fondements psychologiques solides puisqu'elle tend à réapparaître chez chacun de nous quand nous sommes placés dans une situation inattendue, consiste à répu-
10 dier purement et simplement les formes culturelles : morales, religieuses, sociales, esthétiques, qui sont les plus éloignées de celles auxquelles nous nous identifions. « Habitudes de sauvages », « cela n'est pas de chez nous », « on ne devrait pas permettre cela », etc., autant de réactions grossières qui traduisent ce même frisson, cette même répul-
15 sion, en présence de manières de vivre, de croire ou de penser qui nous sont étrangères. Ainsi l'Antiquité confondait-elle tout ce qui ne participait pas de la culture grecque (puis gréco-romaine) sous le même nom de barbare ; la civili-
20 sation occidentale a ensuite utilisé le terme de sauvage dans le même sens. Or derrière ces épithètes se dissimule un même jugement : il est probable que le mot barbare se réfère étymologiquement à la confusion et à l'inarticulation du
25 chant des oiseaux, opposées à la valeur signifiante du langage humain ; et sauvage, qui veut dire « de la forêt », évoque aussi un genre de vie animal, par opposition à la culture humaine. Dans les deux cas, on refuse d'admettre le fait même de la
30 diversité culturelle ; on préfère rejeter hors de la culture, dans la nature, tout ce qui ne se conforme pas à la norme sous laquelle on vit. ❮

Rituel en hommage aux morts, Papouasie-Nouvelle-Guinée.

Extrait de Claude Lévi-Strauss,
Race et histoire, © Éditions Denoël, 1987.

Femme girafe, Birmanie.

Le féminisme · Le féminisme · Le féminisme · Le féminisme · Le féminisme · Le fé
Le féminisme · Le féminisme · Le féminisme
Le féminisme

Le féminisme

Le deuxième sexe, c'est la femme, le premier sexe étant l'homme... C'est ainsi que l'écrivaine française Simone de Beauvoir a décrit l'histoire des rapports entre les sexes. Depuis, les choses ont bien changé. Cependant, les hommes et les femmes débattent toujours afin de définir le sens du mot «égalité».

La situation des femmes aujourd'hui

- Dans le monde, les femmes fournissent 70 % des heures travaillées, mais ne reçoivent que 10 % des revenus du travail.

- Les femmes ne possèdent que 1 % des richesses de la planète.

- Au Canada, 61 % des gens qui travaillent au salaire minimum sont des femmes.

- Au Canada, 68 % des gens qui occupent un emploi à temps partiel sont des femmes.

- Au Québec, les femmes ne composent que 21 % de l'Assemblée nationale.

L'écrivaine française Simone de Beauvoir a été une inspiratrice pour les femmes en quête d'un rapport égalitaire avec les hommes. Elle s'adresse ici aux participantes d'un colloque féministe tenu à Bruxelles en 1972.

Un constat

LA RÉVOLUTION DU XXᴱ SIÈCLE

Quand on songe qu'elles n'avaient pas le droit de voter il n'y a pas si longtemps… La situation des femmes s'est améliorée de façon spectaculaire en quelques dizaines d'années. Il suffit de parler à nos grands-mères pour se convaincre que le féminisme a été une véritable révolution. L'auteure de ce texte reconnaît ces progrès, mais elle nous invite à faire preuve de vigilance ; les rapports entre les hommes et les femmes peuvent toujours être améliorés.

Aucun siècle n'aura connu une aussi grande accumulation d'horreurs, crimes de guerres et exterminations, déplacements de populations, cruels dénis de justice, jusqu'à ces inconcevables horreurs qui les combinent toutes et frappent actuellement la Bosnie, l'Algérie, l'Afrique orientale,
5 l'ex-empire russe.

Et cependant. Pour qui demeure essentiellement attaché à l'idée de l'émancipation du genre humain, pour qui ne cherche à lire dans l'histoire d'autres étapes que celles de l'affranchissement des hommes,
10 pour qui ne s'intéresse pas exclusivement, aujourd'hui, avec une satisfaction ambiguë, à la ruine et à l'effondrement des grandes idéologies de libération, le XXᵉ siècle est et demeurera sans aucun doute aussi un siècle révolutionnaire, un moment décisif
15 dans l'histoire d'une humanité encore à la recherche d'elle-même et de son accomplissement. Car il est le siècle qui aura vu, scandée par une série d'événements irréversibles, politiques, théoriques, philosophiques, idéologiques, l'émergence d'un monde
20 nouveau, fondé sur l'égalité des sexes et l'émancipation des femmes. La reconnaissance pleine et entière des droits des femmes n'est pas un changement, c'est une révolution : ou alors, c'est un de ces changements à l'échelle du monde, analogue aux
25 grandes ruptures du néolithique, à la découverte du Nouveau Monde, aux révolutions industrielles.

[…]

Oui, le XXᵉ siècle aura été celui de l'accession des femmes à l'égalité ; oui, il n'y a plus désormais qu'un seul monde fait d'hommes et de femmes,
30 uniques, égaux. Mais cette grande idée neuve que *Le deuxième sexe* a fait entendre incomparablement *« on ne naît pas femme on le devient »*, et qui fonde ❯

Les femmes d'aujourd'hui sont en train de détrôner le mythe de la féminité ; elles commencent à affirmer concrètement leur indépendance : mais ce n'est pas sans peine qu'elles réussissent à vivre intégralement
5 leur condition d'être humain. Élevées par des femmes, au sein d'un monde féminin, leur destinée normale est le mariage qui les subordonne encore pratiquement à l'homme ; le prestige viril est bien loin de s'être effacé : il repose encore sur de solides bases
10 économiques et sociales. Il est donc nécessaire d'étudier avec soin le destin traditionnel de la femme. Comment la femme fait-elle l'apprentissage de sa condition, comment l'éprouve-t-elle, dans quel univers se trouve-t-elle enfermée, quelles évasions lui
15 sont permises, voilà ce que je chercherai à décrire. Alors seulement nous pourrons comprendre quels problèmes se posent aux femmes qui, héritant d'un lourd passé, s'efforcent de forger un avenir nouveau.

Extrait de Simone de Beauvoir,
Le deuxième sexe, © Gallimard, 1949.

Le deuxième sexe de Simone de Beauvoir a fait l'effet d'une bombe à sa publication en 1949. Rarement un livre aura eu autant d'impact. À la mort de Simone de Beauvoir, l'écrivaine Élisabeth Badinter a rendu hommage à la grande écrivaine en déclarant : « Femmes, vous lui devez tout ! »

Si les femmes ont aujourd'hui les mêmes droits que les hommes, l'inégalité subsiste sur le plan économique. En 1995, la Fédération des femmes du Québec organisait la marche «Du pain et des roses» pour dénoncer la pauvreté des femmes.

théoriquement et sans appel l'absolue égalité des hommes et des femmes, il serait faux de la croire définitivement et partout acceptée. Des pans entiers du monde
35 contemporain n'en ont pas encore été touchés : dans d'innombrables régions du monde, on torture, on opprime les femmes, on les rabaisse, on les mutile parce qu'elles sont des femmes, l'homme peut les répudier à son gré, leur refuser l'accès à la propriété, à certains types d'études. Et il n'est pas de jour que de nouvelles régressions ne se déclarent même chez nous sur le plan public ou privé. Il suffira
40 de nous en tenir exclusivement à la question des emplois de haut niveau dans les sociétés démocratiques développées : «*Au rythme actuel du progrès*, dit un rapport récent du BIT (*Le Monde* du 26 août 1995), *il faudrait 475 ans pour arriver à la parité des sexes*».

Tout cela est sans doute bien connu. Je me méfie cependant de la lassitude
45 dédaigneuse de ceux à qui ce discours paraîtra rebattu : je connais trop les intérêts cachés qui les animent. Je dis au contraire qu'il faut affirmer et réaffirmer sans cesse que l'égalité des femmes a sans doute été posée, mais qu'elle est encore à faire, que l'histoire d'un monde humain enfin égalitaire ne fait que commencer. S'il y a un domaine où une vigilance constante est nécessaire, c'est bien celui des
50 «droits des femmes». Il est cependant plus facile de manifester cette vigilance lorsqu'ils sont menacés sur le plan légal, juridique, que lorsqu'une insidieuse régression se fait jour sur le plan des mœurs, des usages, des comportements, des rapports de chaque jour entre les hommes et les femmes. ❬

Extrait de Danièle Sallenave, «Les hommes et moi»,
Le Monde, 31 août 1995.

Un pamphlet

« FEMMES, SOYEZ SOUMISES À VOS MARIS »

Le féminisme existait bien avant le XXᵉ siècle. Dans ce texte de Voltaire, le personnage est une aristocrate qui décide de s'initier à la littérature. Par hasard, elle tombe sur ces mots de l'apôtre saint Paul : « Femmes, soyez soumises à vos maris. » Cette phrase déclenche en elle une violente colère et elle se livre alors à une attaque virulente contre l'asservissement des femmes. En racontant cette histoire, Voltaire s'affichait déjà comme un défenseur de l'égalité des sexes.

On lui fit lire Montaigne : elle fut charmée d'un homme qui faisait conversation avec elle, et qui doutait de tout. On lui donna ensuite les Grands Hommes de Plutarque : elle demanda pourquoi il n'avait pas écrit l'histoire des grandes femmes.

5 L'abbé de Châteauneuf la rencontra un jour toute rouge de colère. « Qu'avez-vous donc, Madame ? lui dit-il.

— J'ai ouvert par hasard, répondit-elle, un livre qui traînait dans mon cabinet ;
10 c'est, je crois, quelque recueil de lettres ; j'y ai vu ces paroles : *Femmes, soyez soumises à vos maris* ; j'ai jeté le livre.

— Comment, Madame ! savez-vous bien que ce sont les *Épîtres* de saint Paul ?
15 — Il ne m'importe de qui elles sont ; l'auteur est très impoli. Jamais monsieur le maréchal ne m'a écrit dans ce style ; je suis persuadée que votre saint Paul était un homme très difficile à vivre. Était-il marié ?
20 — Oui, Madame.

— Il fallait que sa femme fût bien une bonne créature : si j'avais été la femme d'un pareil homme, je lui aurais fait voir du pays. *Soyez soumises à vos maris* ! Encore s'il
25 s'était contenté de dire : *Soyez douces, complaisantes, attentives, économes*, je dirais : Voilà un homme qui sait vivre ; et pourquoi soumises, s'il vous plaît ? Quand j'épousai M. de Grancey, nous nous promîmes d'être
30 fidèles : je n'ai pas trop gardé ma parole, ni ❯

On peut se demander ce qu'aurait pensé Mᵐᵉ de Grancey du rôle traditionnel de la femme dans les années 50…

lui la sienne ; mais ni lui ni moi ne promîmes d'obéir. Sommes-nous donc des esclaves ? N'est-ce pas assez qu'un homme, après m'avoir épousée, ait le droit de me donner une maladie de neuf mois, qui quelquefois est mortelle ? N'est-ce pas assez que je mette au jour avec de très grandes douleurs un enfant qui pourra me 35 plaider quand il sera majeur ? Ne suffit-il pas que je sois sujette tous les mois à des incommodités très désagréables pour une femme de qualité, et que, pour comble, la suppression d'une de ces douze maladies par an soit capable de me donner la mort, sans qu'on vienne me dire encore : *Obéissez* ?

« Certainement la nature ne l'a pas dit ; elle nous a fait des organes différents 40 de ceux des hommes ; mais en nous rendant nécessaires les uns aux autres, elle n'a pas prétendu que l'union formât un esclavage. Je me souviens bien que Molière a dit :

Du côté de la barbe est la toute-puissance.

Mais voilà une plaisante raison pour que j'aie un maître ! Quoi ! parce qu'un 45 homme a le menton couvert d'un vilain poil rude, qu'il est obligé de tondre de fort près, et que mon menton est né rasé, il faudra que je lui obéisse très humblement ? Je sais bien qu'en général les hommes ont les muscles plus forts que les nôtres, et qu'ils peuvent donner un coup de poing mieux appliqué : j'ai bien peur que ce ne soit là l'origine de leur supériorité.

50 « Ils prétendent avoir aussi la tête mieux organisée, et, en conséquence, ils se vantent d'être plus capables de gouverner ; mais je leur montrerai des reines qui valent bien des rois. On me parlait ces jours passés d'une princesse allemande qui se lève à cinq heures du matin pour travailler à rendre ses sujets heureux, qui dirige toutes les affaires, répond à toutes les lettres, encourage tous les arts, et qui 55 répand autant de bienfaits qu'elle a de lumières. Son courage égale ses connaissances ; aussi n'a-t-elle pas été élevée dans un couvent par des imbéciles qui nous apprennent ce qu'il faut ignorer, et qui nous laissent ignorer ce qu'il faut apprendre. Pour moi, si j'avais un État à gouverner, je me sens capable d'oser suivre ce modèle. »

L'abbé de Châteauneuf, qui était fort poli, n'eut garde de contredire madame 60 la maréchale. ❮

Extrait de Voltaire, « Femmes, soyez soumises à vos maris »,
Mélanges, 1759-1768.

Une remise en question

« J'AI DE FORTES OBJECTIONS AU FÉMINISME... »

Jamais un mouvement de contestation n'a été autant critiqué que le féminisme. Certaines dénoncent le côté trop radical de ce mouvement de libération, alors que d'autres déplorent que les jeunes femmes d'aujourd'hui ne s'intéressent plus aux revendications de leurs mères. La romancière Marguerite Yourcenar critique ici certains comportements paradoxaux des féministes.

J'ai de fortes objections au féminisme tel qu'il se présente aujourd'hui. La plupart du temps, il est agressif, et ce n'est pas par l'agression qu'on parvient durablement à quelque chose. Ensuite, et ceci sans doute vous paraîtra paradoxal, il est conformiste, du point de vue de l'établissement social, en
5 ce sens que la femme semble aspirer à la liberté et au bonheur du bureaucrate qui part chaque matin, une serviette sous le bras, ou de l'ouvrier qui pointe dans une usine. Cet *homo sapiens* des sociétés bureaucratiques et technocratiques est l'idéal qu'elle semble vouloir imiter sans voir les frustrations et les dangers qu'il comporte, parce qu'en cela, pareille aux hommes, elle pense en termes de profit immé-
10 diat et de « succès » individuel. Je crois que l'important, pour la femme, est de participer le plus possible à toutes les causes utiles, et d'imposer cette participation par sa compétence. Même en plein XIXe siècle, les autorités anglaises se sont montrées brutales et grossières envers Florence Nightingale, à l'hôpital de Scutari : elles n'ont pas pu se passer d'elle. Tout gain obtenu par la femme dans la cause des
15 droits civiques, de l'urbanisme, de l'environnement, de la protection de l'animal, de l'enfant, et des minorités humaines, toute victoire contre la guerre, contre la monstrueuse exploitation de la science en faveur de l'avidité et de la violence, est celle de la femme, sinon
20 du féminisme, et ce sera celle du féminisme par surcroît. Je crois même la femme peut-être plus à même de se charger de ce rôle que l'homme, à cause de son contact journalier avec les réalités de la vie, que l'homme ignore souvent plus qu'elle.
25 Je trouve aussi regrettable de voir la femme jouer sur les deux tableaux, de voir, par exemple, des revues, pour se conformer à la mode (car les opinions sont aussi des modes), qui publient des articles féministes supposés incendiaires, tout en offrant à leurs
30 lectrices, qui les feuillettent distraitement chez le coiffeur, le même nombre de photographies de jolies filles, ou plutôt de filles qui seraient jolies si elles n'incarnaient trop évidemment des modèles publicitaires ; ❯

Marguerite Yourcenar a été la première femme élue à l'Académie française, en 1980.

Écrivaine française née en Belgique, **Marguerite Yourcenar** (1903-1987) s'est distinguée par son étonnante érudition. Elle s'est intéressée à tout : l'Antiquité gréco-romaine, le Moyen-Âge, le développement des arts et des sciences. Elle s'est aussi intéressée à l'humain, à sa manière de vivre en société.

la curieuse psychologie commerciale de notre temps impose ces expressions
35 boudeuses, prétendument séduisantes, aguicheuses ou sensuelles, à moins qu'elles ne frôlent même l'érotisme de la demi-nudité, si l'occasion s'en présente.

Que les féministes acceptent ce peuple de femmes-objets m'étonne. […]

Enfin, les femmes qui disent « les hommes » et les hommes qui disent « les femmes », généralement pour s'en plaindre dans un groupe comme dans l'autre,
40 m'inspirent un immense ennui, comme tous ceux qui ânonnent toutes les formules conventionnelles. Il y a des vertus spécifiquement « féminines » que les féministes font mine de dédaigner, ce qui ne signifie pas d'ailleurs qu'elles aient été jamais l'apanage de toutes les femmes : la douceur, la bonté, la finesse, la délicatesse, vertus si importantes qu'un homme qui n'en posséderait pas au moins une
45 petite part serait une brute et non un homme. Il y a des vertus dites « masculines », ce qui ne signifie pas plus que tous les hommes les possèdent : le courage, l'endurance, l'énergie physique, la maîtrise de soi, et la femme qui n'en détient pas au moins une partie n'est qu'un chiffon, pour ne pas dire une chiffe.

J'aimerais que ces vertus complémentaires servent également au bien de tous.
50 Mais supprimer les différences qui existent entre les sexes, si variables et si fluides que ces différences sociales et psychologiques puissent être, me paraît déplorable, comme tout ce qui pousse le genre humain, de notre temps, vers une morne uniformité. ❮

Extrait de Marguerite Yourcenar,
Les yeux ouverts, Entretiens avec Matthieu Galey,
© Centurion/Bayard Éditions, 1980, 1997.

L'éditeur québécois Michel Brûlé a écrit dans les années 90 un manifeste qui fait flèche de tout bois : il y est question de chômage, de politique, d'éducation, mais également de la place de la femme dans la société.

Notre société est loin de traiter la femme à l'égal de l'homme. La situation des femmes sur le marché du travail s'est améliorée, mais ce marché est toujours sexiste.

Qu'il y ait davantage de femmes cadres qu'aupa-
5 ravant, ça ne change rien. Ces femmes doivent jouer aux hommes si elles veulent être acceptées. Les autres doivent se contenter de postes inférieurs. Plus souvent qu'autrement, elles sont encore secrétaires ou infirmières. On dit qu'il n'y a pas de sot métier. Je crois que c'est partiel-
10 lement vrai, mais une chose reste sûre, c'est qu'il y a de sots salaires. Je trouve révoltant que des secrétaires gagnent 12 000 $ par année, d'autant plus qu'on sait qu'elles font souvent le boulot de leur patron et qu'elles ont à composer avec le harcèlement sexuel. Et comme elles consti-
15 tuent souvent le soutien familial, elles ont à payer les frais de garderie, à faire le ménage et les repas ainsi qu'à élever les enfants. Je ne peux pas croire que notre société accepte de traiter ses femmes aussi injustement. Vous

direz que toutes les femmes ne sont pas secrétaires. C'est
20 vrai, il y a beaucoup d'assistées et de chômeuses. Vous voulez parler des femmes qui gagnent un salaire décent ? Eh bien ! on va en parler !

Discutons du salaire des infirmières. Pensez donc que ces précieuses personnes gagnent beaucoup moins que
25 les policiers. Pourtant, ces derniers ne sont pas plus instruits et leur travail n'est pas plus important pour la société. Vous répliquerez, cher lecteur, que les policières gagnent autant que les policiers. Assurément, mais il faut dire que l'équité salariale ne fonctionne pas comme ça. Il y a ini-
30 quité salariale sur le marché du travail au Québec parce que les emplois majoritairement occupés par des femmes sont moins bien rémunérés que ceux occupés majoritairement par des hommes. Avez-vous encore quelque chose à redire, cher lecteur ? **Je vous le dis, nous vivons dans**
35 **une société archisexiste...**

Extrait de Michel Brûlé, *Le manifeste des Intouchables*,
© Les Éditions des Intouchables et Michel Brûlé, 1994.

La vie privée

La vie privée · La vie privée · La vie privée · La vie privée

La vie privée

La vie privée

La vie privée

Dans notre société où se multiplient les communications, il est parfois difficile de savoir ce qui nous appartient vraiment. Toutes les informations sont emmagasinées, reliées, contrôlées. En se branchant au réseau Internet, on peut, avec un peu de débrouillardise, avoir accès à des données confidentielles. Quelle est la frontière entre le domaine privé et le domaine public ? Est-ce que tout le monde peut avoir accès à des documents aussi personnels qu'un dossier médical, un bulletin scolaire, un casier judiciaire, un dossier de crédit ? Est-ce que quelqu'un peut nous prendre en photo et montrer notre visage à la une d'un journal sans notre consentement ? Que nous reste-t-il de l'intimité ?

Des personnages sous haute surveillance

Le thème du viol de la vie privée a inspiré quelques films fort réussis :

- *Fenêtre sur cour*, un « thriller » d'Alfred Hitchcock : un homme qui espionne ses voisins est témoin d'un crime.

- *Conversation secrète*, de Francis Ford Coppola, avec Gene Hackman : une histoire d'écoute électronique.

- *1984*, un film de science-fiction adapté d'un roman : dans une société totalitaire, les individus sont constamment épiés.

- *Louis 19*, *le roi des ondes*, une comédie québécoise de Michel Poulette : la vie quotidienne d'un homme est filmée pour la télévision.

- *Le show Truman* : reprend le même thème que *Louis 19*.

- *Paparazzi*, avec Vincent Lindon et Patrick Timsit : l'histoire de ces photographes qui violent l'intimité des stars.

Fenêtre sur cour, un « thriller » d'Alfred Hitchcock avec James Stewart (1954).

PÉRILS ET ESPOIRS
DE LA VIE PRIVÉE

Ce texte nuancé fait véritablement le tour de la question de la protection de la vie privée des citoyens et citoyennes.

Alors, la vie privée s'en va-t-elle chez le diable ? Big Brother cogne-t-il à la porte ? L'État et la grande entreprise vont-ils clouer au sol le citoyen
5 pour le fouiller dans son intimité et le dépouiller à jamais de son « anonymat » ?

Restons calme.

Les deux grands inspirateurs des
10 lois de protection de la vie privée qui ont vu le jour depuis 25 ans dans le monde, [...] nous disent essentiellement trois choses : d'abord, les initiatives de protection des renseignements person-
15 nels, un peu partout dans le monde, ont porté fruit ; ensuite, le public est de plus en plus sensible à l'invasion de sa vie privée ; et finalement, la défense de la vie privée est comme celle de la
20 liberté : toujours à refaire.

Alan F. Westin, qui a rédigé à lui seul une vingtaine de lois américaines sur le sujet, et Spiros Simitis, l'inspirateur de la première législation euro-
25 péenne, se montrent donc d'un optimisme modéré.

« Quand le débat a commencé, dans les années 1960, la grande crainte était de voir l'État créer un grand centre
30 de compilation de tous les renseignements personnels sur les citoyens ; 30 ans plus tard, ça n'existe toujours pas, dit M. Westin. On pourrait arguer que ce fichier existe de façon virtuelle
35 (par la connexion de toutes les banques

de données) ; mais les lois ont établi des paramètres pour protéger les gens. Les gens ne veulent pas que cela arrive et l'expérience montre que les diffé-
40 rentes branches du gouvernement sont jalouses de leurs informations et peu promptes à les partager. »

Pour ce qui est du secteur privé, il faut distinguer les vraies menaces
45 des fausses. On sait que les grandes sociétés, qui œuvrent maintenant dans plusieurs domaines en même temps (banque, assurance, produits financiers, etc.), compilent sur les individus
50 des portraits très précis. Elle savent que tel homme blanc de 26 ans de tel centre urbain américain a acheté une petite voiture à deux portes, mais qu'à 35 ans, avec deux enfants en banlieue
55 il est susceptible d'acheter une voiture familiale. Son comportement de consommateur variera selon son revenu, sa scolarité, ses habitudes personnelles, son lieu géographique.
60 Alors, forts de ces informations (une lecture des cartes de crédit et bancaires les fournit précisément), les marchands de tous poils peuvent cibler leur clientèle et faire du « marketing
65 direct ». Certains y voient un viol de l'intimité.

« Recevoir deux enveloppes et un coup de fil de plus par semaine pour me vendre un voyage dans le sud de la
70 France n'est pas nécessairement une ❯

Greg, *Les idées d'Achille Talon,
cerveau-choc!* p. 46, Dargaud Éditeur.

des grandes injustices du genre humain », ironise M. Westin.

Quand il a commencé sa carrière de spécialiste dans le domaine, les bureaux de crédit travaillaient parfaitement secrètement. Les banques n'avaient même pas le droit de dire qu'elles faisaient affaire avec de tels bureaux. Et les consommateurs se faisaient parfois refuser une assurance, un prêt ou un emploi à cause d'erreurs dans leur dossier ou de normes discriminatoires inacceptables (sur les habitudes sexuelles, la race, etc.). Ça, c'était sérieux, dit M. Westin.

Trente ans plus tard, les consommateurs ont accès gratuitement à leur dossier de crédit et peuvent exiger de le modifier en cas d'erreur. C'est du progrès.

LES NOUVELLES MENACES

Les nouvelles menaces n'en sont pas moins nombreuses. Les informations génétiques, par exemple, sont explosives à plus d'un titre. Si, par analyse du code génétique d'une personne, on découvre qu'elle souffre de tel syndrome qui la fera mourir entre 50 et 55 ans (ça existe), un employeur peut refuser d'embaucher cette personne, un assureur de lui vendre de l'assurance.

En ce moment, aucune réglementation n'interdit le dépistage génétique, de dire M. Westin. Les sociétés d'assurance ont convenu volontairement de ne pas en faire pour le moment.

« Mais qu'arrive-t-il si moi je me fais tester et que j'apprends avec certitude que telle défaillance génétique va me faire mourir dans 10 ans ? Si je contracte une assurance de 5 millions avec cette information, je viens de pervertir la relation commerciale ; c'est pourquoi les assureurs peuvent au moins demander si le client a obtenu un tel dépistage, pour équilibrer l'information. »

La grande difficulté sera le contrôle du réseau informatique mondial, Internet. Contrôler des sociétés sur un territoire, cela se fait avec des moyens classiques. Mais contrôler la diffusion de l'information dans le cyberespace, c'est un défi auquel on n'a pas encore répondu. Maintenant que tout un chacun possède son ordinateur portatif, de grandes banques de données privées ne sont plus « qu'à quelques touches de clavier » des utilisateurs habiles, dit-on. On développe des techniques de blocage informatique en parallèle, et « tout cela force la recherche de nouvelles idées originales ; c'est une lutte incessante », de conclure M. Westin.

DES NOUVELLES DU FRONT…

Dans le but d'identifier les agresseurs sexuels et de prévenir ce type de crime, on a mis sur pied dans plusieurs États américains des fichiers des agresseurs sexuels. On a compilé les informations contenues dans les banques de données de la police depuis 30 à 40 ans. Une fois les « agresseurs » identifiés, l'information devient accessible à la communauté, dans le but de l'aider à se protéger contre ces gens. En plus des autres problèmes que pose ce genre d'initiative, ces banques de données sont pleines d'erreurs, d'imprécisions ou de renseignements dépassés. C'est ainsi qu'un ancien marin qui avait été pris en flagrant délit d'homosexualité avait été condamné en Californie il y a 35 ans pour immoralité sexuelle. Il a été fiché publiquement cette année au même titre que des pédophiles dangereux.

Les employés d'un casino aux États-Unis doivent obligatoirement porter un bracelet électronique qui est

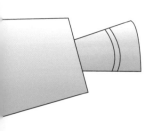

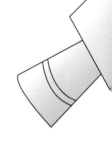

relié aux lavabos du personnel ; cela permet à l'employeur de vérifier s'ils se lavent les mains et s'ils le font assez longtemps.

Des camionneurs d'une grande société américaine ont découvert par hasard cet été que leur employeur avait caché des caméras derrière le miroir de la salle de bains d'un relais routier les filmant dans leur intimité, supposément pour vérifier s'il y avait du trafic de stupéfiants.

Les États-Unis mettront sur pied ces jours prochains un fichier national des salariés qui comportera le nom, le salaire et le numéro d'assurance sociale de tous les nouveaux employés aux États-Unis ; le but de la mesure est de retracer où qu'ils soient les parents – des pères surtout – qui ne paient pas leur pension alimentaire.

Pour l'ensemble du territoire américain, tous corps policiers confondus, il y a chaque année un total variant de 900 à 1200 demandes d'écoute électronique accordées par les autorités judiciaires, selon le procureur spécial du FBI, Alan R. McDonald. Chaque demande, faite selon un processus lourd et rigoureux, peut comporter plusieurs branchements. Une ou deux sont refusées par année, dit M. McDonald.

En Europe, certaines sociétés de téléphone offrent un rabais substantiel – allant jusqu'à la quasi-gratuité – aux abonnés qui acceptent de voir leurs communications interrompues par des réclames publicitaires ; la réponse d'une bonne partie du public est favorable, note avec inquiétude le professeur Spiros Simitis, de Francfort.

La surveillance des employés ne se fait plus uniquement par vidéo et par les cartes d'accès aux locaux de l'entreprise (permettant de connaître avec précision les allées et venues de tous) ; les camions d'UPS, par exemple, sont équipés d'émetteurs qui permettent de les suivre par satellite. La surveillance photo-satellite, par ailleurs, est techniquement assez précise, dans certains cas, pour surveiller de l'espace un individu en particulier – ce qui n'est évidemment pas à la portée du premier dépanneur venu.

En Grande-Bretagne, on a considéré très sérieusement l'idée de stocker dans un fichier policier le code génétique de toute la population masculine, afin de détecter les agresseurs sexuels qui auraient laissé des traces sur les lieux de leur crime.

Les entreprises où l'employeur gère les contrats d'assurance-médicaments peuvent savoir de quelle maladie souffrent les employés – et prendre des décisions sur cette base.

Vous ne le saviez peut-être pas, mais les systèmes informatiques centralisés des entreprises permettent de savoir quel salarié – ou quel cadre ! – a utilisé le jeu de golf électronique, quand et pendant combien de temps. Votre handicap est connu des informaticiens – voyez les sourires quand ils vous croisent. ❮

Yves Boisvert, « Périls et espoirs de la vie privée », *La Presse*, 27 septembre 1997.

L'AFFAIRE DUCLOS

Le petit monde médiatique québécois a été secoué en 1988 par une photo en apparence banale : une jeune fille avait été photographiée à son insu pendant qu'elle profitait du soleil sur les marches d'un escalier. La photo a été publiée dans un magazine, la jeune fille s'est reconnue et a poursuivi le photographe, Gilbert Duclos. Elle a gagné son procès en 1996. Un citoyen qui a trouvé cette poursuite ridicule se porte à la défense du photographe.

L e récent jugement condamnant le photographe Gilbert Duclos m'apparaît tout à fait inconvenant.

Primo : il faut être réaliste et comprendre qu'il est inconcevable que l'on puisse demander une autorisation écrite à toutes les personnes figurant
5 dans une photographie de rue.

Secundo : le débat « personnalités publiques versus personnalité privée » est un faux débat. Toute personne circulant sur la voie publique devient, ipso facto, une personne publique. Le monsieur au ventre en tonneau de bière qui, pour se mettre à l'aise à cause de la canicule, déambule presque
10 nu sur la Main, s'offre lui-même en spectacle, et s'offre ainsi au jugement de ceux qui le croisent. Et ceux-ci sont infiniment plus nombreux que ceux qui pourraient le voir en photo dans une publication ou une exposition de photos documentaires.

S'il devait y avoir une loi protégeant l'anonymat, elle devrait plutôt être
15 faite à l'intention de ces personnes dites « publiques », qui sont souvent harcelées de façon outrageante (voir jugement récent en faveur de Lady Di) par les paparazzi. Le photographe de rue, style Gilbert Duclos, est un témoin de son temps. Il enregistre pour les générations futures des tranches de vie qui reflètent les attitudes, les modes et les mœurs d'une époque : et ces atti-
20 tudes, ces modes, ces mœurs ne sont pas nécessairement à l'avantage de ceux qui les endossent. Mais elles sont la réalité du moment, capturées pour toujours.

Songeons un instant au vide immense et à la perte incalculable qui seraient les nôtres si Atget n'avait jamais pu photographier ces chanteurs de rue du Paris de la fin du dix-neuvième siècle ; si l'audacieux projet de la Farm Security Administration, sous
25 la direction intelligente de Roy Stryker, n'avait pas lancé les meilleurs photographes documentaires des États-Unis sur les routes de la Grande Dépression dans les années 1935-1943 et récolté deux cent soixante-dix mille images ; si une loi étriquée avait « bâillonné » les Cartier-Bresson, les Doisneau et tous les autres, plus ou moins connus, dont la sensibilité du regard se matérialise pour notre plus grande richesse : la mémoire
30 du passé ?

S'incliner devant ce jugement, c'est se faire complice de l'assassinat de la photographie documentaire. Cela est inacceptable. ❮

Roland Weber, lettre ouverte adressée
au magazine *Voir*, 24 octobre 1996.

LE DROIT À L'IMAGE

L' «affaire Gilbert Duclos» n'allait pas s'arrêter là; la cause se rend jusqu'à la Cour suprême, qui donna elle aussi raison à la jeune fille. Les magistrats précisèrent en outre la notion de droit à l'image. L'éditorialiste du journal *Le Devoir* commente ici leur jugement.

L e jugement de la Cour suprême, qui reconnaît le droit à l'image comme un droit protégé et que doivent respecter les médias lorsqu'ils publient la photographie d'une personne, laisse aux photographes une marge de manœuvre encore immense. Il leur revient de l'utiliser dans les limites de leurs propres règles
5 déontologiques. Le péril pour la liberté de presse n'est pas aussi grave que le prétendent ceux qui ont dénoncé ce jugement.

Jeudi dernier, le plus haut tribunal au pays a confirmé les jugements de la Cour du Québec et de la Cour d'appel du Québec donnant raison à une jeune femme qui prétendait avoir souffert d'un préjudice par la publication d'un cliché pris d'elle-même
10 par le photographe Gilbert Duclos, rue Sainte-Catherine à Montréal, et paru à son insu dans le magazine *Vice-Versa*. Pascale Claude Aubry était isolée sur l'image. Elle était le sujet principal de la photographie. Elle ne faisait rien de particulier. Elle recevra 2000 $ en dommages.

Le montant a son importance. Les juges de la Cour suprême l'ont d'ailleurs fait
15 remarquer. Les dommages «semblent élevés», écrivent-ils, surtout que le juge de première instance s'est mépris quant à l'importance de la diffusion de la revue. La Cour suprême soutient qu'un juge ne devrait pas imputer un dommage du seul fait de la diffusion fautive de la photographie. Le préjudice doit être démontré. Ces considérations, si elles ne changent rien à la décision finale, sont tout de même une invitation aux
20 juges de première instance de traiter ce genre d'affaire avec modération. En deux mots, poursuivre un photographe ne rendra jamais personne millionnaire. Qu'on se le dise. Cela devrait réduire considérablement l'attrait pour des procédures judiciaires pour des raisons frivoles.

Les premières réactions à ce jugement dans la communauté journalistique ont été
25 sévères. Pourtant, les exemples d'atteinte à la liberté de presse invoqués à l'appui de ces critiques étaient assez peu convaincants. Va-t-on s'émouvoir du fait qu'il serait dorénavant plus difficile pour un journal de publier la photographie de quelques jeunes gens attablés à une terrasse de la rue Saint-Denis au printemps? Soyons sérieux. D'abord, il y a des sujets plus graves, on en conviendra. Et ensuite, le jugement n'in-
30 terdit pas la publication de photographies de ce genre et ne requiert pas non plus de la part du photographe qu'il fasse signer un formulaire de consentement par chacun des personnages.

Le jugement est plus nuancé qu'il n'y paraît. Et il préserve une marge de manœuvre encore immense aux photographes de presse. La Cour mentionne plusieurs circons-
35 tances dans lesquelles le droit à l'information prime sur le droit à la vie privée. Cela tient au fait que les attentes raisonnables de vie privée sont réduites dans certaines ❯

circonstances qui se rapportent à l'intérêt public. Il faut, dit le tribunal, que l'intérêt du public à prendre connaissance d'une photographie soit dominant par rapport au droit à la vie privée reconnu par la Charte. Bien sûr, c'est le cas de la plupart des acti-
40 vités des personnages connus, les artistes, les politiciens, mais aussi celui de simples citoyens mêlés à des affaires qui relèvent du domaine public, comme un procès. Le photographe est exonéré de responsabilité également, dit la Cour, lorsqu'un particulier se trouve accidentellement et accessoirement dans la photographie, comme quelqu'un se trouvant dans une foule lors d'un événement sportif ou une manifestation. Une per-
45 sonne ne peut revenir contre un photographe non plus si elle se trouve de façon acces- soire dans la photographie d'un lieu public, précise la Cour, et ce, même s'il est tech- niquement possible de l'identifier.

La Cour ne définit pas ce qu'est l'intérêt public. Il y a lieu de s'en réjouir. En soi, cela constitue une victoire pour la liberté de presse. La Cour laisse aux journalistes et
50 aux photographes la responsabilité d'en juger chaque jour. Le Guide de déontologie de la Fédération professionnelle des journalistes du Québec (FPJQ) fait de l'intérêt public, sans pour autant le définir, l'élément le plus déterminant de l'acte journalistique. « Les journalistes, dit le guide, privilégieront le droit à l'information [par rapport à la vie privée] lorsque les faits privés présentent un intérêt public plutôt que de relever de la
55 simple curiosité publique. » La Cour suprême ne fait-elle pas, au fond, que rappeler aux photographes de presse ce principe énoncé dans leur propre guide déontologique ?

Si l'intérêt public n'est pas manifeste, le photographe doit obtenir le consentement de la personne qui figure sur la photographie pour la publier. Certains professionnels ont poussé les hauts cris. Comment cela est-il possible de faire signer à chaque per-
60 sonne croquée sur le vif un formulaire de consentement ? La Cour ne va pas jusque-là. Elle précise que ce consentement peut être « exprès ou tacite ». En d'autres termes, le consentement ne doit pas forcément être écrit. Il peut avoir été exprimé tacitement. Ainsi, pour reprendre l'exemple de la terrasse au printemps, ne peut-on pas présumer que des personnes qui lèvent leur verre devant la lentille d'un photographe de presse,
65 affublé de sa veste à poches multiples, d'une casquette aux couleurs de son journal et alourdi par le poids des quatre appareils qui lui pendent au cou, ont tacitement con- senti à ce que leur photo soit publiée le lendemain dans un journal ? Parions d'ailleurs qu'ils se précipiteraient pour l'acheter. Même chose pour un fan qui, monté sur les épaules d'un ami, pleure son admiration devant Céline Dion qui clôt son spectacle
70 devant 15 000 spectateurs, s'extirpant volontairement de la foule, se rendant visible à tous, lors d'un événement public et largement médiatisé.

Outre ces circonstances dans lesquelles un photographe peut présumer du con- sentement tacite des personnages, il y a celles où un photographe devrait, dorénavant, demander à une personne assise sur un banc de parc ou tondant sa pelouse, si elle
75 s'oppose à la publication de son portrait dans la gazette locale. N'est-ce pas la moindre des choses ? D'ailleurs, la FPJQ reconnaît encore une fois dans son guide déonto- logique que, sauf dans des situations exceptionnelles, les journalistes ne doivent pas utiliser de procédés clandestins comme les caméras cachées. Le guide précise en sus que « les journalistes doivent informer les sources d'information peu familiarisées avec
80 la presse que leurs propos peuvent être publiés et diffusés ». Si cette directive vaut pour les propos, pourquoi ne vaudrait-elle pas pour l'image d'une personne ? ❮

Michel Venne, « Le droit à l'image », *Le Devoir*, 15 avril 1998.

Une chronique

L'INTIMITÉ OU LA VOLUPTÉ DU QUOTIDIEN

La question de la vie privée et du droit à l'image pose un problème fondamental : qu'est-ce qui nous appartient vraiment ? Pierre Bourgault discute de cette question sous l'angle des relations interpersonnelles.

L'intimité a ses exigences. Elle veut d'abord et avant tout qu'on soit bien dans sa peau et que l'esprit soit libéré de toute contrainte. Elle veut
5 qu'on puisse se montrer tout nu, corps et âme, sans rougir.

Ce petit travers encombrant que j'essaie de cacher à tout le monde risque de prendre, dans l'intimité, des
10 proportions considérables. Aussi bien l'assumer totalement puisque je ne saurai le masquer plus longtemps. Cet orteil un peu crochu qui faisait s'esclaffer les amis en ce temps d'adolescence
15 où nous découvrions et comparions nos corps ne pourra plus échapper à l'attention de qui scrutera mon corps dans toutes ses articulations et ma peau dans tous ses replis.

20 Et comment ne pas faire étalage de cette vieille frustration que je traîne depuis des années puisque je trouve enfin l'occasion, peut-être, de m'en défaire ? Et pourquoi ne dirais-je pas
25 enfin tout net tout ce qui me trotte dans la tête d'inavouable ?

L'intimité, de par sa nature même, nous force à aller très loin dans la connaissance de soi et des autres. Elle
30 exige franchise et générosité. Elle exige curiosité.

Et avant de réussir à être intime avec quelqu'un d'autre, il faut d'abord arriver à l'être avec soi-même : se con-
35 naître d'un travers à l'autre, vivre avec soi-même en permanence, en évitant les fuites hors de son corps et de son esprit.

Qu'on soit intime avec les choses
40 qui font le quotidien : pouvoir faire le tour de sa maison les yeux fermés parce qu'on sait de mémoire où on a posé l'objet précieux ou le fauteuil confortable ou le Proust qu'on s'ap-
45 prête à relire. Tout ce qu'on a regardé et touché longuement, tout ce peuple d'objets apparemment inanimés qui se sont usés lentement autour de moi, qui se sont patinés sous les yeux trop sou-
50 vent distraits des amis, des amants, des maîtresses.

Ce tableau devenu familier à force de vivre devant, autour, derrière, dedans. Cette orchidée dont j'ai fini
55 par connaître le jour exact de la florai- son annuelle. Cette vieille chemise qui ne tient plus que par un fil mais dans laquelle je me trouve si confortable. N'a-t-elle pas fini par s'animer un peu
60 à force de m'entendre battre le cœur ?

Et moi ? N'ai-je pas enfin reconnu qui j'étais vraiment, profondément ? N'ai-je pas enfin accepté d'être celui-là – et personne d'autre ? Beaucoup moins
65 que je l'aurais souhaité, beaucoup plus que je l'aurais imaginé. À la fois plus simple et plus complexe… mais telle- ment moins compliqué.

L'intimité, c'est la barrière qu'on
70 met entre soi et les autres. C'est ce qui ❯

Dans les années 60, **Pierre Bourgault** a milité au sein du Rassemblement pour l'indépendance nationale (RIN). Après la fondation du Parti québécois en 1968, il quitte la politique active pour se consacrer à l'écriture, à l'enseignement et au journalisme. C'est un grand communicateur ; il est aujourd'hui le chroniqueur vedette du *Journal de Montréal* et du *Journal de Québec*.

n'appartient à personne qu'à moi-même. C'est tout ce que j'ai de précieux ou de futile, trop précieux ou trop futile pour l'étaler à la face du monde.

75 On comprendra facilement dès lors la générosité qu'il faut pour décider soudain de partager son intimité avec quelqu'un d'autre. Et la curiosité qu'il faut pour avoir envie d'arracher à quelqu'un d'autre tous ses masques et décou-
80 vrir, dans un éclairage cru, souvent cruel, une vérité qui jusqu'alors ne se dévoilait que pudiquement devant des regards qui ne faisaient, presque toujours, qu'en effleurer la surface.

L'intimité à deux, c'est la recherche infinie de
85 la complémentarité des êtres.

L'intimité à deux c'est, plus que faire l'amour, prendre son bain ensemble. C'est se découvrir l'un l'autre, non pas dans le paroxysme de l'orgasme, toujours un peu trompeur, mais dans la
90 simplicité du geste ordinaire, du mot qui n'essaie pas de convaincre ou de séduire, de la peau non exaltée par l'amour ou l'orage. C'est découvrir un pénis qu'on avait cru plus grand, un sein qu'on avait cru plus ferme.

95 L'intimité, c'est se reconnaître les yeux fermés parce qu'on a déjà fait l'expérience de se bien regarder et de se bien voir. C'est la complicité qui unit deux êtres au milieu d'une foule, certains qu'ils sont d'être les seuls à savoir ce qu'ils pensent et
100 ressentent. C'est la frontière qu'ils érigent entre eux et le reste du monde. C'est le secret. C'est aussi la sécurité affective totale.

En effet, je ne crains plus qu'on découvre chez moi quelque malformation du corps ou
105 quelque vice de l'esprit puisque cette étape a été franchie il y a longtemps. Je n'ai pas peur non plus de voir soudain apparaître le diable devant moi puisque j'ai déjà accepté de partager ma vie avec le diable.

110 Le sentiment qu'on a d'être intime avec quelqu'un ne fait pas partie de cette panoplie de sentiments qu'on appelle « grands ». C'est un tout petit sentiment, quotidien, presque banal, et qui pourtant nous permet, plus que bien d'autres,
115 d'aller plus loin et plus profondément.

Et ce n'est pas parce qu'il est petit qu'il se laisse facilement saisir. Je reprends le même exemple pour constater qu'il est souvent plus dif-ficile de prendre son bain que de faire l'amour
120 avec quelqu'un. Il faut beaucoup plus de simpli-cité et de générosité pour laver un dos que pour s'enfiler dans une brèche béante.

La simplicité n'est pas donnée à tout le monde. Certains ne se complaisent que dans le grandiose ;
125 le banal les déconcerte. Ils ne voient que pauvreté dans un quotidien où les richesses, pour ne s'épa-nouir qu'une à une et lentement, ne sont pas moins présentes.

L'intimité, c'est le droit au quotidien.

130 Il n'est pas besoin d'être amoureux pour partager son intimité avec quelqu'un. Mais, par contre, on peut être follement amoureux sans jamais arriver à être intime.

Je connais des gens qui ont passé leur vie
135 ensemble et qui se connaissent encore aussi mal à la fin qu'au début. Ils se sont arrêtés un jour à la surface de l'être et ils en sont restés là. Ils habitent leur maison de la même façon. Ils entre-tiennent si peu de familiarité avec les objets, les
140 bêtes ou les fleurs qui les entourent qu'on croirait entrer dans un grand magasin quand on entre chez eux.

Le quotidien, pour eux, n'est qu'un désert inhabité. Ils vivent dans l'attente du grand jour,
145 de la grande passion qui les jettera hors d'eux-mêmes dans une extase où ils seront, sans le savoir, absents.

L'intimité, c'est être avec soi.

Comme on ne peut partager que ce qu'on
150 possède…

L'intimité, c'est être avec soi dans l'autre. On ne peut donc pas être plus ou moins intime : on est intime ou on ne l'est pas.

L'intimité, c'est s'arrêter un moment pour
155 entendre battre son cœur. C'est plus que vivre ; c'est avoir conscience de vivre. ❮

Pierre Bourgault, « L'intimité ou la volupté du quotidien », *Écrits polémiques 1960-1983*, © Lanctôt éditeur, 1996.

LES INDIFFÉRENTS

Je hais les indifférents. Je crois comme Friedrich Hebbel que « vivre veut dire être partisan ». On ne peut être seulement *homme*, étranger à la cité. Qui vit vraiment ne peut pas ne pas être citoyen, et partisan. L'indifférence est aboulie, parasitisme, lâcheté ; elle n'est pas vie. C'est pourquoi je hais les indifférents.

5 L'indifférence est le poids mort de l'histoire. C'est le boulet que doit traîner le novateur, c'est la matière inerte en laquelle il n'est pas rare que se noient les plus beaux enthousiasmes, c'est le marais qui entoure la vieille ville et qui la défend mieux que les remparts les plus épais, mieux que les poitrines de ses guerriers, en engloutissant les assaillants dans ses sables mouvants, en les 10 décimant et en les décourageant, et en les faisant parfois renoncer à leur entreprise héroïque.

L'indifférence agit vigoureusement dans l'histoire. Elle agit passivement, mais elle agit. Elle se fait fatalité ; elle est ce quelque chose que l'on n'attendait point ; ce quelque chose qui bouleverse les programmes, renverse les plans les 15 mieux établis ; la matière brute qui se rebelle devant l'intelligence et l'étrangle. Les événements, le mal qui s'abat sur tous, le bien que pourrait engendrer un acte héroïque (de valeur universelle), ne dépendent pas tant de l'initiative du petit nombre qui agit, que de l'indifférence, de l'absentéisme de la multitude. Ce qui arrive ne se produit pas tant parce que quelques-uns le veulent, que 20 parce que la masse des hommes abdique toute volonté, laisse faire, laisse assembler les nœuds que seule l'épée pourra trancher ensuite, laisse promulguer les lois que seule la révolte fera ensuite abroger, laisse s'élever au pouvoir les hommes que seule une révolte pourra renverser par la suite.

Extrait de Antonio Gramsci, « Les indifférents »,
Écrits politiques, I, 1914-1920, © Éditions Gallimard, 1974.
Traduction de Robert Paris.

1 Charles Darwin (caricature)
2 Sigmund Freud
3 Margaret Mead
4 Albert Einstein
5 Dolly

On a parfois l'impression que la science est tout à fait objective et qu'elle mène inévitablement à la vérité. En fait, les choses sont beaucoup plus complexes : les découvertes scientifiques suscitent souvent la controverse. Aussitôt qu'une nouvelle hypothèse est avancée par une équipe de recherche, la communauté scientifique se scinde en deux et débat alors avec beaucoup de vigueur de ce qui est vrai et de ce qui est faux.

Généralement, les scientifiques – anthropologues, astronomes, pharmacologues, médecins, chimistes, biologistes, etc. – sont animés par la recherche de la vérité. Ces scientifiques défendent leurs certitudes et tentent de les prouver. Cependant, il arrive aussi que des gens de science défendent des thèses qui favorisent leurs intérêts personnels.

Les débats scientifiques débordent parfois le cadre des revues spécialisées et des colloques universitaires pour se rendre sur la place publique. La science progresse tellement rapidement que ses applications bouleversent la vie quotidienne de chaque citoyen et de chaque citoyenne.

La science n'est résolument pas le domaine du consensus. C'est aussi un domaine où se discutent le bien, le mauvais, l'acceptable, l'inacceptable.

les premiers humains les premiers humains les premiers humains les premiers humains les premiers humains les premiers humains les premiers humains les premiers humains Les premiers humains

Les premiers humains

La préhistoire est une période fascinante pour les scientifiques : c'était avant l'invention de l'écriture et du papier, de la photographie, de la vidéo, etc. ; on trouve donc peu de traces de ce qui s'est réellement passé à cette époque. Les scientifiques doivent procéder par hypothèses à partir de fouilles archéologiques. Par conséquent, les vérités sont difficiles à démontrer. Pas étonnant dès lors que les scientifiques qui étudient cette période passent beaucoup de temps à argumenter pour démontrer la véracité de leurs hypothèses.

Grottes de Lascaux (France). Le sens de nombreuses représentations préhistoriques échappe encore aux scientifiques.

De l'origine de l'être humain

- Au XVIIᵉ siècle, le premier chimpanzé débarque en Europe. Les gens sont troublés par les traits humains de cet animal. La pauvre bête décède au cours d'une dissection en 1641.

- Après une expédition scientifique aux Galápagos, Charles Darwin publie en 1859 sa théorie sur l'évolution des espèces. Son livre fait scandale.

- En 1866, Paul Broca apporte des preuves aux hypothèses de Darwin en analysant des ossements humains.

- En 1868, des ouvriers du chemin de fer découvrent dans le sud-ouest de la France le crâne de ce qu'on appellera plus tard l'homme de Cro-Magnon. Se multiplieront ensuite les découvertes paléontologiques, surtout en Afrique. Ce continent serait d'ailleurs le berceau de l'humanité.

La préhistorienne Mary Leaky est passionnée par la recherche des origines de l'être humain.

Un débat

PARTAGER OU PAS ?

Dans son roman *Pourquoi j'ai mangé mon père*, Roy Lewis raconte avec beaucoup d'humour la survie d'une tribu préhistorique. Dans l'extrait suivant, un père et son fils débattent d'une question très importante: faut-il montrer aux autres tribus comment faire du feu? Le père serait prêt à partager ses connaissances avec les autres tribus, alors que le fils voudrait les garder pour sa famille. Ce débat illustre bien le problème actuel auquel sont confrontés les scientifiques: la science est-elle au service d'une entreprise, d'une nation, ou de l'humanité dans son ensemble?

— Le feu fait de nous l'espèce dominante, et une fois pour toutes! proclama-t-il. Avec le feu et le silex taillé, en avant pour la maîtrise du monde, et notre horde à l'avant-garde! Les jeunes femmes, dis-tu? Et moi je dis que leurs enfants naîtront dans un monde meilleur que tout ce que nous pou-
5 vons rêver! Moi, je construis pour l'avenir, et vous, vous vous plaignez parce que pendant un an ou deux – le temps que repousse l'herbe – il faudra quitter notre chère caverne! Moi, je construis pour que chaque horde puisse avoir son chez-soi, du feu à domicile, une broche sur son feu, du bison sur sa broche, et qu'elles puissent s'inviter les unes les autres à partager leur hospitalité, et vous…
10 Mais moi, pendant que père nous brossait l'image sentimentale de cette impossible Arcadie paléolithique, je pesais vivement la signification de ses paroles. D'un regard méprisant, je voyais Tobie, Alexandre, les femmes, et même Oswald d'habitude si perspicace, tomber dans le panneau. J'attendis l'occasion, et enfin j'intervins, dur et amer:
15 — Est-ce que j'ai bien compris, papa? Est-ce que tu te proposes vraiment de divulguer ta formule d'allume-feu à n'importe quel Pierre, Paul ou Jacques en Afrique?
Père leva les sourcils.
— Bien entendu. Où veux-tu en venir?
20 Je fis une pause avant de répondre. Puis, les lèvres serrées, je dis avec le plus grand calme:
— Simplement à ceci: que je m'oppose absolument à toute divulgation de secrets intéressant notre sécurité, au profit d'une horde étrangère.
Mes paroles furent suivies d'un profond silence. Père regarda l'un après l'autre
25 les visages surpris et attentifs, et dit lentement:
— Ah oui? Et pour quelle raison?
— Pour différentes raisons, dis-je. Je les soumets aux réflexions de tous. Primo, parce que ce secret est *le nôtre*, que c'est *à nous* de décider si nous voulons nous en défaire. J'étais trop jeune alors, sinon je ne t'aurais jamais laissé dilapider
30 un monopole de fait en allant dire aux gens comment se procurer du feu sauvage sur les volcans; maintenant, si l'on en juge par les volutes de fumée qui se lèvent un peu partout dans le pays, presque tout le monde en a, y compris mes charmants beaux-parents. Et nous, qu'y avons-nous gagné? Pas même le cuissot d'un cheval. ❯

— Pouvais-je le refuser à tous ces pauvres gens? dit père.

35 — Tu pouvais, dis-je, le leur vendre, en autoriser l'usage sous licence; mais tu l'as tout simplement bradé, gaspillé pour rien, pas même des clopinettes. Cela ne se reproduira pas, voilà ce que je dis.

— Tu voudrais, si je comprends bien, dit père, que je leur fasse payer des leçons particulières? Six zèbres et trois bisons pour le maniement de la latérite, 40 autant pour le combustible, autant pour le soufflage du feu dormant en feu flambant? Voilà ce que tu as en tête?

— Et pourquoi pas? Cela n'aurait rien d'immoral. Mais ce serait encore beaucoup trop bon marché, à ce prix-là. Mon intention pour le moment, c'est que la horde garde pour elle le feu artificiel. Quelques vingtaines de zèbres ne nous 45 revaudraient pas cet avantage. Les autres hordes devront admettre que nous sommes, tu l'as dit, la puissance dominante. Il faut, si elles veulent mettre un feu en route, qu'elles soient obligées d'en passer par nous et par nos conditions.

— Plus un mot! cria père, rouge d'indignation. L'inventeur, c'est moi. L'invention m'appartient et j'en ferai ce que je voudrai.

50 — Mais toi, répliquai-je, tu appartiens à la horde et tu devras faire ce qu'elle veut. Tu n'es pas seul en jeu. Moi je pense aux enfants. À leur carrière future, et non à des rêves romanesques. Et je déclare que, pour des utopies, tu ne gâcheras pas les chances de nos fils de s'établir comme des pyrotechniciens professionnels. Je ne dis rien, Oswald, contre la chasse et le métier des armes. Je dis seulement 55 que l'on peut désormais penser à d'autres professions, par exemple pour ceux de nos garçons qui manqueraient de jambes ou de souffle.

— Ce n'est pas bête du tout, dit Oswald. Pourquoi ferions-nous bénévolement cadeau de nos idées, gratuitement et à l'œil, à tous ces salopards?

— Pour le bien de la subhumanité, dit père. Pour le salut de l'espèce. Pour 60 l'accroissement des forces évolutionnaires. Pour…

— Des mots, des mots, des mots! lançai-je brutalement.

— Ernest! gronda mère. Qu'est-ce qui te prend de parler à ton père sur ce ton?

La guerre du feu, un film de Jean-Jacques Annaud (1981). À la suite d'une attaque, une tribu perd la flamme qu'elle entretenait soigneusement. Trois guerriers partis à sa recherche seront initiés à l'art de faire du feu par une tribu plus évoluée.

— Je lui parlerai comme un fils doit parler à son père quand il se conduira
65 comme un père doit se conduire avec ses enfants, mère, dis-je en me contenant.

— Ton père a toujours été un jeune homme très idéaliste, dit mère, mais
c'était déjà comme pour l'excuser.

— Je suis un homme de science, dit père d'une voix calme. Je considère que
les résultats de la recherche individuelle sont la propriété de la subhumanité dans
70 son ensemble, et qu'ils doivent être mis à la disposition de tous ceux qui… eh
bien… explorent où que ce soit les phénomènes de la nature. De cette façon le
travail de chacun profite à tous, et c'est pour toute l'espèce que s'amassent nos
connaissances.

— Père a raison, dit Tobie, et il fut remercié d'un regard.

75 — Très bien, affectai-je d'admettre. J'admire ce principe, père, très sincè-
rement. Mais permets-moi, à ce sujet, de faire deux observations. La première,
c'est celle-ci : quelle aide avons-nous reçue, nous, de la part des autres chercheurs ?
Je suis moralement certain que, s'il s'en trouve quelque part, ils restent les fesses
serrées sur toute chose utile qu'ils ont pu découvrir. Comment leur faire lâcher
80 prise, si nous ne nous réservons pas nous-mêmes une monnaie d'échange ?

— C'est vrai aussi, convint Tobie à regret, mais père restait assis raide et
imperturbable.

— Le second point, poursuivis-je, je le livre à vos réflexions. Cette découverte
n'en est encore qu'à ses débuts. Elle a déjà provoqué un désastre. La confier à
85 d'autres pour l'amour de l'espèce ? Fort bien. Du moins, que ce soit sans danger
pour elle, et pour nous. Nous avons bien failli être rôtis, tous, et n'eût été l'habileté
géniale de père pour nous sauver de justesse…

— Heureux de te l'entendre dire…, marmonna père.

— Serait-ce seulement, de notre part, une bonne action, poursuivis-je lente-
90 ment, que d'enseigner à des retardataires de la technique comment se faire griller
eux-mêmes, et nous avec eux ? Une forêt incendiée, ça ne suffit pas ? Serait-ce
raisonnable de confier à des gens qui ne sont, à peu de choses près, que des grands
singes, le moyen de réduire le monde en cendres ?

Oswald se frappa la cuisse :

95 — Il a cent fois raison ! cria-t-il. Rien que l'idée me donne la chair de poule !

Je vis bien que j'avais gagné la partie. Père était seul, tous m'approuvèrent.
Griselda me regarda, les yeux brillants, et applaudit. Jusqu'à maman qui hasarda :

— Il me semble, Édouard, qu'Ernest a beaucoup réfléchi là-dessus. Ne crois-
tu pas que nous pourrions conserver cela pour nous, le temps de voir où nous en
100 sommes ?

Père lui jeta un regard froid et se leva. Il me fixa des yeux, et je lui rendis la
pareille.

— Hm, fit-il. C'est donc ce jeu-là que tu entends jouer, Ernest ?

Père me considéra un moment, blême de colère. Puis il se maîtrisa, non sans
105 effort, et leva la broussaille d'un seul sourcil, à sa façon ironique habituelle.

— Ainsi soit-il, mon fils, dit-il. ❭

Extrait de Roy Lewis, *Pourquoi j'ai mangé mon père*,
© Actes Sud, 1990. Traduction de Vercors
et de Rita Barisse.

Une réfutation

LA CONNAISSANCE DU FEU

Les anthropologues s'accordent à dire que la découverte du feu a été déterminante pour la survie de la race humaine. Cependant, il y a divergence sur la question de savoir comment le feu a été apprivoisé. L'ethnologue français Claude Lévi-Strauss a participé à cette polémique. Son point de vue est tranché : il réfute avec conviction la thèse du hasard.

On lit dans des traités d'ethnologie – et non des moindres – que l'homme doit la connaissance du feu au hasard de la foudre ou d'un incendie de brousse ; que la trouvaille d'un gibier accidentellement rôti dans ces conditions lui a révélé la cuisson des aliments ; que l'invention de la poterie

5 résulte de l'oubli d'une boulette d'argile au voisinage d'un foyer. On dirait que l'homme aurait d'abord vécu dans une sorte d'âge d'or technologique, où les inventions se cueillaient avec la même facilité que les fruits et les fleurs. À l'homme moderne seraient réservées les fatigues du labeur et les illuminations du génie.

Cette vue naïve résulte d'une totale ignorance de la complexité et de la diver-

10 sité des opérations impliquées dans les techniques les plus élémentaires. Pour fabriquer un outil de pierre taillée efficace, il ne suffit pas de frapper sur un caillou jusqu'à ce qu'il éclate : on s'en est bien aperçu le jour où l'on a essayé de reproduire les principaux types d'outils préhistoriques. Alors – et aussi en observant la même technique chez les indigènes qui la possèdent encore – on a découvert

15 la complication des procédés indispensables et qui vont, quelquefois, jusqu'à la fabrication préliminaire de véritables « appareils à tailler » : marteaux à contrepoids pour contrôler l'impact et sa direction ; dispositifs amortisseurs pour éviter que la vibration ne rompe l'éclat. Il faut aussi un vaste ensemble de notions sur l'origine locale, les procédés d'extraction, la résistance et la structure des matériaux utilisés,

20 un entraînement musculaire approprié, la connaissance des « tours de main », etc. ; en un mot, une véritable « liturgie » correspondant *mutatis mutandis*, aux divers chapitres de la métallurgie.

De même, des incendies naturels peuvent parfois griller ou rôtir ; mais il est très difficilement concevable (hors le cas des phénomènes volcaniques dont la dis-

25 tribution géographique est restreinte) qu'ils fassent bouillir ou cuire à la vapeur. Or ces méthodes de cuisson ne sont pas moins universelles que les autres. Donc on n'a pas de raison d'exclure l'acte inventif, qui a certainement été requis pour les dernières méthodes, quand on veut expliquer les premières. ❮

Extrait de Claude Lévi-Strauss, « Hasard et civilisation »,
Race et histoire, © Éditions Denoël, 1987.

Claude Lévi-Strauss
est un ethnologue, il étudie l'humain. Son domaine de recherche est la culture du quotidien. Il a écrit de nombreux articles sur les habitudes alimentaires (*Le cru et le cuit, L'origine des manières à table*). Selon Lévi-Strauss, c'est dans les petits détails que l'on apprend de grandes choses sur l'être humain. On dit de lui qu'il est le père du structuralisme. Il a contribué à valoriser les sciences humaines en y appliquant les méthodes scientifiques traditionnellement réservées aux sciences pures.

Une entrevue

LA FEMME DES CAVERNES

Il est étonnant de voir à quel point la science a pu être sexiste. On a longtemps pensé, par exemple, que la femme de l'âge de pierre jouait un rôle effacé, qu'elle était docile et asservie à l'homme. Cette image des premières femmes témoigne du manque d'intérêt de certains chercheurs pour l'histoire des femmes. Claudine Cohen, qui est à la fois philosophe, anthropologue, paléontologue et historienne des sciences, a voulu remettre les pendules à l'heure : les premières femmes ont probablement joué un rôle capital dans des sociétés par ailleurs beaucoup plus complexes qu'on pourrait le croire.

CHÂTELAINE : Pourquoi a-t-on si longtemps représenté la femme préhistorique comme une créature vulnérable assujettie à l'homme ?

CLAUDINE COHEN : Les témoignages et les frag-
5 ments dont on se sert pour reconstituer les conditions de vie qui prévalaient pendant la préhistoire sont si ténus qu'on projette inévitablement des conceptions du présent pour combler les trous du puzzle.

10 Lorsque la vague du roman préhistorique a déferlé sur l'Europe à la fin du XIXe siècle, la femme était légalement placée sous la tutelle de son père ou de son époux, elle était cantonnée aux tâches domestiques et économiquement
15 dépendante. Les gravures qui illustrent les bestsellers de l'époque, notamment *La guerre du feu* de Rosny aîné et *L'homme primitif* de Louis Figuier, sont particulièrement éloquentes. Elles croquent l'homme, généralement un solide gail-
20 lard musclé, dans des postures triomphantes, tandis que la femme est tapie dans un coin de la caverne, entourée d'une ribambelle d'enfants. La peau de bête dont elle est vêtue découvre souvent une partie de sa poitrine, ce qui ajoutait une
25 touche érotique fort appréciée dans la société du XIXe siècle aux prises avec les rigueurs de la morale victorienne.

La femme est donc représentée sous deux aspects : dans son rôle domestique et comme objet
30 érotique. Nos arrière-grands-pères croyaient que

la sexualité préhistorique était brutale et bestiale. Ils transposaient leurs fantasmes dans la représentation qu'ils se faisaient de la vie des sociétés antérieures à l'âge du bronze. L'image qu'on a
35 de l'homme et de la femme des origines est en partie le reflet des mentalités de l'époque de la reconstitution.

Nous n'en sommes plus là, aujourd'hui. Qu'est-ce qui a modifié nos perceptions ?

40 — De nouvelles perspectives se sont dessinées pendant les années 1970. La découverte, en 1974, du squelette de Lucy, en Éthiopie, a joué un grand rôle dans l'imaginaire occidental. Cet australopithèque de sexe féminin, mort vers l'âge
45 de 20 ans, est devenu un véritable mythe en Occident. Lucy a supplanté l'homme de Cro-Magnon comme figure emblématique de l'âge de pierre. Il s'agit pourtant de deux types d'hominidés très différents. L'homme de Cro-Magnon
50 était un *homo sapiens*, comme nous, qui vivait il y a un peu plus de 20 000 ans. Lucy a vécu il y a quelque trois millions d'années et c'était un australopithèque, c'est-à-dire qu'il ne s'agit même pas d'une de nos ancêtres. C'était plutôt une loin-
55 taine cousine.

Mais cette découverte était tellement extraordinaire, notamment parce que c'était la première fois qu'on exhumait un fossile d'australopithèque aussi ancien et aussi complet, qu'elle a accaparé ❯

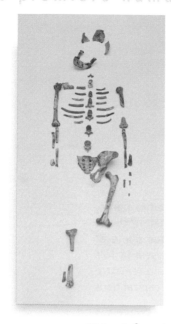

**Le squelette de Lucy: 52 os,
soit 40 % du squelette complet
de cette australopithèque.**

60 l'attention des médias. On a
compris qu'il s'agissait d'un
individu de sexe féminin
grâce à certaines caractéristiques du bassin indiquant
65 qu'elle avait enfanté. Le fait
qu'il s'agissait d'une femme
et le battage médiatique
dont elle a fait l'objet ont
complètement modifié la
70 perspective. Auparavant, on
se représentait les cultures
préhistoriques comme des
sociétés viriles où la femme ne jouait qu'un rôle
secondaire. Grâce à Lucy, la femme a décroché
75 le rôle principal dans notre imaginaire. Le féminisme américain a fait le reste.

? De quelle manière?

— Pendant les années 1970, certaines spécialistes américaines de la préhistoire, comme
80 Adrienne Zihlman et Nancy Tanner, ont construit
des modèles spéculatifs de l'évolution humaine
fortement influencés par le féminisme. Ces modèles ont été récupérés par la littérature populaire. L'exemple le plus édifiant nous est fourni
85 par Ayla, l'héroïne de la romancière Jean Auel,
dont les livres connaissent un succès extraordinaire depuis près de 30 ans. Madame Auel s'est
remarquablement documentée, ce qui lui permet
de camper un environnement préhistorique vrai-
90 semblable autour de son héroïne dont les mœurs
et la façon de penser ressemblent curieusement à
ceux d'une jeune Américaine libérée de la fin du
XXe siècle. Ces romans insistent sur le rôle actif
de la femme, ce qui a beaucoup plu, et ils sont
95 truffés de scènes de sexualité, ce qu'on ne retrou-
vait pas dans les romans du XIXe siècle.

? Mais, en réalité, les femmes jouaient-elles un rôle actif ou effacé dans les sociétés préhistoriques?

100 — Elles jouaient certainement un rôle plus actif
que celui qu'on leur a longtemps prêté. L'idée que
l'économie de ces sociétés était essentiellement
fondée sur la chasse est un mythe du XIXe siècle.
On a donc imaginé une structure sociale où la
105 figure centrale était un chef entouré d'un groupe
de chasseurs mâles. La femme, qui ne participait
pas à la chasse parce qu'elle appartenait au « sexe
faible », devait séduire et accorder ses faveurs
pour obtenir de la nourriture.

110 Puis, pendant les années 1970, des anthropologues comme Richard Lee et Franz de Vore
ont travaillé sur les Bushmen d'Afrique du Sud,
qui sont des groupes de chasseurs-cueilleurs
présentant des caractéristiques communes avec
115 ceux du paléolithique. Ils ont établi que la chasse
ne leur fournit qu'entre 30 % et 40 % des calories
qu'ils consomment. Ce sont les activités de cueil-
lette, où les femmes jouent un rôle prépondérant,
qui assurent le principal de l'alimentation. Il en
120 allait probablement de même dans la plupart des
sociétés préhistoriques. Ces travaux et d'autres
découvertes nous ont fait prendre conscience que
nous entretenions beaucoup d'idées préconçues
sur ces sociétés.

125 Ainsi, dans certains sites d'Europe centrale,
on a trouvé des statuettes féminines qui portaient
des ceintures, des pagnes et des coiffures de
résille. Ce qui signifie que le tissage, les aiguilles
et la couture ont été inventés non pas voilà
130 12 000 ans comme on le pensait jusqu'à tout
récemment, mais plutôt entre 22 000 et 25 000 ans
avant notre ère. Les Européens du paléolithique
supérieur ne s'habillaient pas uniquement avec
des peaux de bêtes comme on l'imaginait, mais
135 ils portaient des vêtements relativement sophis-
tiqués et ils fabriquaient même des ustensiles de
terre cuite. Ce sont probablement les femmes qui
ont inventé le tissage pour fabriquer les harnais
de cordes et de fibres qui leur permettaient de
140 porter les jeunes enfants sur le dos. Il est aussi
permis de penser qu'elles sont les auteurs de
plusieurs fresques du paléolithique qu'on a auto-
matiquement attribuées à des hommes sans jamais
se poser de questions. ❮

Extrait de André Désiront,
« La femme de l'homme de Cro-Magnon »,
Châtelaine, septembre 2000.

L'espace

« Le silence éternel de ces espaces infinis m'effraie. » Cette parole de Blaise Pascal nous rappelle combien l'espace est mystérieux. Les scientifiques qui scrutent le ciel comparent parfois leur travail à une expérience mystique et spirituelle. Plus les astronomes regardent loin, plus ils et elles risquent de découvrir des secrets étonnants et déroutants, car c'est l'essence même de la vie qui se trouve près des étoiles lointaines. C'est la naissance du cosmos... Toute nouvelle découverte scientifique risque d'ébranler nos certitudes...

Des jalons dans notre compréhension du cosmos

- IIᵉ s. apr. J.-C. : Ptolémée imagine déjà le mouvement des corps célestes.

- 1543 : Copernic affirme que la Terre n'est pas le centre de l'univers.

- 1610 : Galilée confirme l'hypothèse copernicienne.

- 1846 : Galle découvre Neptune.

- 1930 : Tombaugh découvre Pluton.

- 1969 : On marche sur la Lune.

- 1986-1989 : La sonde *Voyager 2* survole Uranus et s'aventure autour de Neptune.

- 1990 : Le télescope spatial Hubble nous envoie ses premières photos.

La nébuleuse de l'Aigle. Au sommet de ces immenses colonnes de poussière, longues de plusieurs années-lumière, des étoiles sont en train de naître.

LA VIE DE GALILÉE

Galilée est un très grand astronome. Il a perfectionné une lunette qui lui a permis, entre autres choses, d'observer l'organisation de l'Univers. À l'époque de Galilée, au XVIIe siècle, on croyait que la Terre était le centre du monde et que tous les astres gravitaient autour d'elle. Déjà au XVIe siècle, Copernic, un astronome polonais, avait réfuté cette manière de voir le monde. Pour lui, il était clair que la Terre tourne autour du Soleil. Il lui manquait cependant des preuves pour démontrer sa théorie. Plus de cent ans plus tard, Galilée reprenait le travail de Copernic en y ajoutant des preuves solides. Ses écrits lui valurent un procès.

La vie de Galilée a inspiré le dramaturge allemand Bertolt Brecht. Dans cet extrait de la pièce de Brecht, l'astronome montre à un ami que la Lune n'est pas lisse, contrairement à ce qu'on croyait à l'époque. La vérité est parfois difficile à admettre !

SAGREDO, *regardant à travers la lunette, à mi-voix*. Le bord du croissant est tout à fait irrégulier, dentelé et plein d'aspérités. Dans la partie sombre, à proximité du bord lumineux, apparaissent l'un après l'autre des points lumineux. Partant de ces points la lumière se répand, gagnant de plus larges espaces, finissant par
5   rejoindre la plus grande partie lumineuse.

GALILÉE. Comment t'expliques-tu ces points lumineux ?

SAGREDO. Cela ne peut pas être.

GALILÉE. Et pourtant si. Ce sont des montagnes.

SAGREDO. Sur une étoile ?

10 GALILÉE. De gigantesques montagnes. Leurs cimes sont dorées par le soleil levant tandis qu'autour les versants sont plongés dans la nuit. Tu vois la lumière descendre des plus hauts sommets vers les vallées.

SAGREDO. Mais cela contredit deux mille ans d'astronomie.

GALILÉE. Exactement. Ce que tu vois, aucun homme encore ne l'a vu, excepté moi. Tu es le second.

SAGREDO. Mais la lune ne peut pas être une terre avec des montagnes et des vallées, pas plus que la terre ne peut être une étoile.

GALILÉE. La lune peut être une terre avec des montagnes et des vallées et la terre peut être une étoile. Un corps céleste ordinaire, un parmi des milliers. Regarde
20 encore une fois. La partie sombre de la lune t'apparaît-elle tout à fait sombre ?

SAGREDO. Non. Maintenant que j'y prête attention, je vois qu'elle est couverte d'une faible lumière couleur de cendre.

Bertolt Brecht (1898-1956) est l'un des dramaturges les plus importants du XXe siècle. Son théâtre est engagé. Même si la pièce *La vie de Galilée* témoigne d'un lointain passé, elle touche à des préoccupations actuelles quant au rôle des scientifiques dans la société.

GALILÉE. D'où peut bien venir cette lumière?

SAGREDO. ?

25 GALILÉE. Elle vient de la terre.

SAGREDO. C'est absurde. Comment la terre, avec ses montagnes et ses forêts et ses eaux, pourrait-elle être lumineuse – un corps froid?

GALILÉE. Tout comme la lune est lumineuse. Parce que ces deux astres sont illuminés par le soleil, c'est pourquoi ils sont lumineux. Ce que la lune est pour nous, nous le sommes pour la lune. Et elle nous voit tantôt comme un croissant, tantôt comme une demi-lune, tantôt pleine et tantôt pas du tout.

30

SAGREDO. Ainsi il n'y aurait pas de différence entre la lune et la terre? ❮

Extrait de Bertolt Brecht, *La vie de Galilée*,
© L'Arche Éditeur, Paris, 1990. Traduction de Eloi Recoing.

LES DÉBATS SCIENTIFIQUES

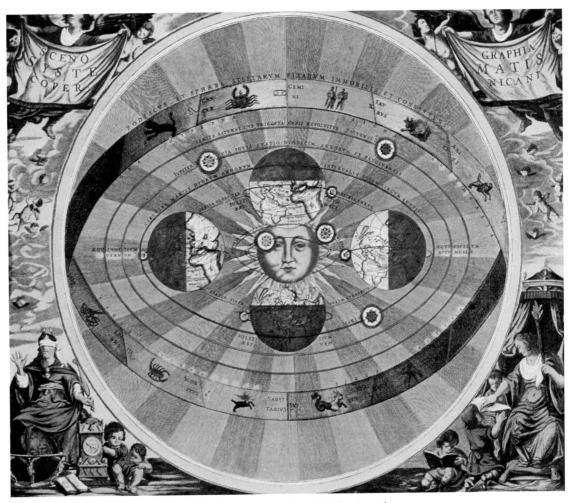

Représentation du «système de Copernic» (1661). L'astronome polonais Nicolas Copernic (1473-1543) fut le premier à pressentir que la Terre tourne sur elle-même tout en tournant autour du Soleil. Copernic ne publia ses idées que quelques jours avant sa mort, craignant l'hostilité des autorités ecclésiastiques.

LA SENTENCE

Le texte suivant est une traduction de la sentence imposée à Galilée par l'Église romaine. Afin d'éviter la torture, l'astronome renia ses convictions scientifiques à la suite de la lecture du jugement. En d'autres mots, il renonça à ses idées pour sauver sa vie. C'était le 22 juin 1633. Galilée, agenouillé devant ses juges, subit une terrible humiliation. Heureusement, l'histoire finira par lui donner raison. Quelques années plus tard, ses textes circuleront beaucoup et susciteront l'enthousiasme des scientifiques partout en Europe.

Par la miséricorde de Dieu, cardinaux de la Sainte Église romaine, inquisiteurs généraux du Saint-Siège Apostolique, spécialement députés dans toute la République chrétienne contre la dépravation hérétique,

Comme ainsi soit que toi, Galileo Galilei, fils de feu Vincenzo Galilei,
5 Florentin, âgé de soixante-dix ans, aies été, en 1615, dénoncé à ce Saint-Office, pour ce que tu tenais pour véritable la fausse doctrine, enseignée par aucuns, que le Soleil est le centre du monde et immobile et que la Terre ne l'était pas et se remuait d'un mouvement journalier ; pour avoir des disciples auxquels tu enseignais la même doctrine ; et que tu l'écrivois aux mathématiciens d'Allemagne,
10 tes correspondants ; avois fait imprimer un livre des Taches du Soleil, et publié autres escrits contenant la même doctrine qui est aussi celle de Copernic ; attendu que, aux objections tirées de la Sainte Écriture qui parfois t'ont été faites, tu as répondu en glosant sur l'Écriture suivant ta propre interprétation ; que, sur ce, on a présenté la copie d'un document sous forme de Lettre, que l'on disait avoir été
15 écrite par toi à un de tes anciens disciples, et que dans celle-ci, suivant la position de Copernic, se trouvent diverses propositions qui vont à l'encontre du sens véritable et de l'autorité de la Sainte Écriture.

Pour ces raisons ce Saint Tribunal, voulant remédier au désordre et au dommage causé, qui est allé s'augmentant au préjudice de la Sainte Foi ; par ordre de
20 Sa Sainteté et des Très Éminents et Révérends MMgrs les cardinaux de cette Suprême et Universelle Inquisition, les qualificateurs théologiques ont défini comme suit les deux propositions de la stabilité du Soleil et du mouvement de la Terre :

La proposition que le Soleil soit le centre du monde et immobile d'un mou-
25 vement local est absurde et fausse en philosophie, et formellement hérétique, pour être expressément contraire à la Sainte Écriture ;

La proposition que la Terre n'est pas le centre du monde ni immobile, mais qu'elle se meut, et aussi d'un mouvement diurne, est également une proposition absurde et fausse en philosophie, et considérée en théologie *ad minus erronea in fide*.
30 Mais, attendu que l'on a voulu à l'époque te traiter avec clémence, il a été décrété par la Sacrée Congrégation tenue devant Sa Sainteté, le 25 février 1615, que le Très Éminent Mgr le cardinal Bellarmin mettrait ordre que tu quitterais entièrement cette fausse opinion, à faute de quoy le commissaire dudit Saint-Office

t'en ferait commandement avec défense de l'enseigner jamais à aucun autre ni de
35 la soutenir, à peine de prison ; en exécution duquel décret, le jour ensuivant, et en
présence du susdit Très Éminent Mgr le cardinal Bellarmin, après bénignes et
familières remontrances dudit cardinal Bellarmin à toi faites dans sa maison, ledit
commissaire assisté de notaire et témoins, te dit les commandements et défenses
d'avoir à abandonner complètement ladite opinion fausse, et à l'avenir de ne pou-
40 voir la soutenir ni la défendre ni l'enseigner en aucune manière, ni en paroles ni
par écrit ; auxquels ayant promis d'obéir, tu fus envoyé.

[…] » ❰

Extrait de Jean-Pierre Maury, *Galilée, le messager des étoiles*,
© Éditions Gallimard, 1986. Découvertes Gallimard, Sciences.

En 1633, Galilée subit un procès pour avoir soutenu les théories
coperniciennes sur le mouvement de la Terre. Il se rétracta
pour échapper à la mort, mais, selon la légende, il murmura :
« Et pourtant, elle tourne ! »

Le procès de Galilée 1633, anonyme, XVIIe siècle.

SOMMES-NOUS SEULS DANS L'UNIVERS ?

Le développement récent des sondes spatiales, des satellites et des télescopes remet au goût du jour une question qui a toujours obsédé les humains : « Sommes-nous seuls dans l'Univers ? » Aujourd'hui, la question ne se pose plus en termes d'apparition de soucoupes volantes et de bonshommes verts. Elle appartient désormais aux astrophysiciens et astrophysiciennes, et fait l'objet de débats sérieux. Quatre scientifiques dont le Québécois Hubert Reeves se prononcent ici sur cette question.

*D*epuis plus de quinze ans, au sein de l'asso-
ciation Seti (Search for Extra-Terrestrial Intelligence),
qui rassemble une centaine d'astronomes dans le
monde entier, Jean Heidmann, chercheur à l'obser-
5 *vatoire de Paris-Meudon, se consacre à la détection*
de signaux éventuels venus de l'espace.

? — Sommes-nous seuls dans l'Univers ?
JEAN HEIDMANN. — J'ai tendance à penser que nous
ne sommes pas seuls. Mais je n'ai, bien sûr, aucune
10 preuve.

? — C'est une opinion très ancienne chez vous ?
J. HEIDMANN. — Ma recherche a commencé en 1982.
Le bon sens m'amenait à penser qu'il devait en effet
exister des civilisations semblables, et sans doute plus
15 avancées que la nôtre, avec lesquelles nous pourrions
entrer en contact. Et si nous n'avions pas encore
perçu un message en provenance de ces planètes, cela
prouvait seulement que ces messages n'étaient pas
facilement détectables. La recherche n'en était que
20 plus passionnante.

? — Vous faites donc partie de ces quelques
astronomes qui œuvrent aux destinées de Seti. Mais
qu'est-ce que Seti, au juste ? Une société secrète ?
J. HEIDMANN. — Seti est un sigle servant à désigner
25 un domaine d'étude particulier au sein de la recherche
en astrophysique. Comme son nom l'indique, Seti

privilégie la recherche de toute forme de vie intelligente dans l'Univers. Seti n'est ni le nom d'un institut
ni celui d'une entreprise. Et ce n'est pas une société
30 secrète. Désolé de vous décevoir !

? — Les astronomes qui participent au projet Seti
croient donc tous à l'existence d'une vie extraterrestre ?
J. HEIDMANN. — Disons plutôt qu'ils acceptent sans
préjugé la possibilité d'une vie intelligente en dehors
35 de la nôtre. […]

? — Pourquoi avez-vous fait l'hypothèse que
les civilisations extraterrestres communiqueraient
avec nous par ondes radio ?
J. HEIDMANN. — Pour des raisons pratiques. Les
40 ondes électromagnétiques voyagent vite et loin sans
être trop perturbées. On aurait pu imaginer de capter
des neutrinos, qui présentent des qualités assez com-
parables, mais nous ne sommes pas en mesure de
fabriquer des récepteurs de neutrinos efficaces. […]
45 Lorsque la supernova a explosé en 1987 dans
le Nuage de Magellan, nous n'avons recueilli que
13 neutrinos. C'est vraiment peu ! […] L'expérience a
montré que les longueurs d'onde avec lesquelles on
obtiendrait les meilleurs résultats se situaient entre
50 3 et 30 centimètres. Ces ondes décimétriques sont
précisément celles que peut capter le grand radiotéles-
cope de Nançay où je travaille.

[…]

? — Faudrait-il répondre ?

J. HEIDMANN. — Nous définissons en ce moment les
termes d'un nouveau protocole relatif à cette question de la réponse éventuelle. Il s'agit d'empêcher
toute tentative de récupération d'un signal artificiel
par une société multinationale, une secte puissante
ou un annonceur publicitaire. Notre souhait serait de
faire ratifier ce protocole par les Nations unies.

[…]

*Depuis la découverte en 1984 d'un disque de pous-
sières contenant des planètes à 66 années-lumière
de la Terre, Alfred Vidal-Madjar, de l'Institut d'Astrophysique de Paris, s'est passionné pour l'observation des belles étrangères.*

? — S'il y a vraiment des milliards de planètes
dans notre Galaxie, cela signifie-t-il que nous
avons de grandes chances d'y trouver de la vie ?

ALFRED VIDAL-MADJAR. — On pourrait le penser.
D'autant plus que notre Système solaire et notre
planète n'ont vraiment rien d'original. Nous sommes
même dans un environnement terriblement banal.
Prenons la planète Terre : est-elle la plus proche du
Soleil ? La plus lointaine ? Pas du tout : elle est à mi-
chemin. […] Notre Galaxie est-elle exceptionnelle ?
Non, c'est une galaxie très ordinaire. Alors on se dit :
où est le miracle, où est l'extraordinaire originalité ?
Si notre situation est tellement banale, les conditions de la vie peuvent se retrouver
partout. Et puisque nous savons maintenant qu'il y a de nombreuses
planètes, nous avons tendance à être
encore plus optimistes. […] Il y a
150 milliards d'étoiles dans notre
Galaxie. Si elles ont presque toutes
des planètes, c'est bien le diable
s'il n'y a pas un système sur mille,
c'est-à-dire des millions, où une
planète pourrait présenter des conditions favorables au développement de la vie. Et pourtant… […]

? — Quelle est finalement votre conviction
personnelle ? Pensez-vous comme Jean Heidmann
que nous recevrons un jour des signaux venus
d'une autre civilisation ?

A. VIDAL-MADJAR. — Je vais peut-être vous décevoir, je suis en fait assez sceptique quant à la
présence d'une vie ailleurs dans l'Univers – en tout
cas d'une vie intelligente. Et encore plus sceptique
en ce qui concerne une rencontre éventuelle. […]
Car il reste un problème essentiel, et je ne suis pas
du tout sûr que nous puissions un jour le résoudre :
c'est le rôle du temps… Si une telle civilisation nous
a précédés d'une seule journée cosmique, comment
se fait-il qu'elle ne soit pas arrivée jusqu'ici ? La
Galaxie devrait foisonner de signaux, Jean
Heidmann devrait être surchargé de travail ! Or,
manifestement, « ils » ne sont pas là. Du moins, je ne
les ai pas rencontrés. […]

? — Si nous semblons être seuls dans l'Univers,
peut-être est-ce simplement parce que nous
sommes les premiers, les ancêtres, les patriarches ?

A. VIDAL-MADJAR. — Il faut toujours un premier, en
effet. C'est une idée qui a ses défenseurs, mais elle est
suspecte d'anthropocentrisme. Nous considérons
plutôt comme un progrès de la pensée le fait que l'humanité ne se prenne plus pour le nombril de l'Univers.

[…]

Pendant ses études, Nicolas Prantzos rêvait de deve-nir astronaute. Aujourd'hui, selon ce chercheur du 120 *CNRS, le rêve ancestral est plus vivant que jamais. À la lumière des connaissances actuelles, il ima-gine les voyages futurs de l'humanité, si elle s'arra-che un jour à son berceau planétaire.*

❓ — Croyez-vous qu'il existe des civilisations 125 extraterrestres ?

NICOLAS PRANTZOS. — [...] En général, les gens s'attendent à une réponse positive, car ils sont impressionnés par le grand nombre d'étoiles dans notre Galaxie. [...] C'est un argument statistique qui 130 remonte aux penseurs de l'Antiquité grecque. Selon Métrodore, disciple d'Épicure, *« il est aussi absurde de concevoir un champ de blé avec une seule tige qu'un monde unique dans le vaste Univers »*. Mais cet argu-ment a une valeur extrêmement faible, car on ne peut 135 pas faire de statistiques sur la base d'un seul cas connu. [...]

❓ — Si le scientifique ne peut rien affirmer, quel est votre point de vue personnel ? Quelles sont les chances, selon vous, qu'il existe 140 une autre intelligence ailleurs dans l'Univers ?

N. PRANTZOS. — Si je suis convoqué devant un tri-bunal et que l'on me demande : *« Êtes-vous prêt à jurer qu'il n'y a pas d'êtres doués d'intelligence ailleurs dans l'Univers ? »*, je répondrai : *« Non, je ne peux pas le jurer,* 145 *c'est tout à fait possible. »* Si vous me demandez ce que je préfère personnellement, je vous répondrai : *« Oui, j'aimerais bien qu'ils existent, ce serait très excitant, très enrichissant intellectuellement, nous aurions tellement de choses à apprendre d'eux ! »* Maintenant, si vous me 150 demandez de parier, je placerai mon argent sur l'hy-pothèse négative.

❓ — Pour quelle raison ?

N. PRANTZOS. — À cause de l'argument déjà cité d'Enrico Fermi, le père de la pile atomique : s'il y avait 155 des civilisations extraterrestres, nous aurions déjà rencontré soit des êtres vivants, soit leurs sondes, soit leurs robots, soit des traces de leur visite. Si plusieurs civilisations avaient déjà émergé, au moins l'une d'entre elles aurait déjà dû arriver jusqu'ici. Or nous n'avons 160 jusqu'à présent aucun indice d'une telle visite. [...]

Pour le célèbre auteur de « Patience dans l'azur » et de « Poussières d'étoiles », qui enseigne la cosmologie au Canada et à Paris, il est hautement plausible que le phénomène de la vie soit inhérent à la logique 165 *de l'évolution de l'Univers, de même que les lois de la physique sont valables partout.*

❓ — Sommes-nous seuls, ou y a-t-il d'autres civilisations dans le grand espace ?

HUBERT REEVES. — Nous n'avons aucune certitude, 170 dans un sens ou dans l'autre. Même s'il n'y a pas d'ex-plications valables pour tous les phénomènes regroupés sous la dénomination « ovni », je ne crois pas qu'on y ait trouvé des preuves crédibles de la visite d'extraterrestres sur notre planète. Tout cela, à 175 mon avis, relève beaucoup plus de l'imagination que de la réalité. Mais cela pourrait venir... Qui sait ?

❓ — Il est important de le dire dans ce livre : quand vous, Hubert Reeves, vous affirmez qu'il n'existe pour le moment aucune preuve d'aucune sorte, 180 ce n'est pas l'effet d'un préjugé idéologique, mais une simple constatation ! Si les gens qui ont « vu des ovnis » avaient apporté des indices convaincants, les scientifiques auraient-ils refusé de les examiner ? Si l'on vous avait dit : venez voir, il y a un ovni dans 185 le jardin, seriez-vous allé y voir ? Et si vous aviez vu un ovni, l'auriez-vous admis ?

H. REEVES. — Certainement !

❓ — Il faut insister sur ce point, car les gens qui croient aux ovnis s'imaginent souvent que la 190 communauté scientifique ne veut pas les entendre. Un grand mathématicien a dit au cours d'une émission de télévision : « Si j'entends à la radio qu'une soucoupe volante s'est posée dans mon jardin, je vais fermer les volets et je continue mon travail. » 195 H. REEVES. — Sans doute manquait-il de curiosité. Cela existe, même chez les savants ! Cela dit, je suis certain que, s'il y avait vraiment « quelque chose », tout le monde se précipiterait. [...]

De gauche à droite, les astrophysiciens Alfred Vidal-Madjar, Nicolas Prantzos, Hubert Reeves et Jean Heidmann.

? — Ce que vous cherchez à nous faire percevoir,
200 c'est l'unité de ce formidable système qu'est l'Univers ?

H. REEVES. — Oui, je veux insister sur l'homogénéité des structures qui peuplent notre cosmos. Pensez, par exemple, à l'omniprésence du carbone dans les structures moléculaires repérées dans l'es-
205 pace. [...] Contrairement aux atomes, les êtres vivants ne sont pas éternels, ils sont même très fragiles. Ils doivent extraire de grandes quantités d'énergie du milieu extérieur. Ils doivent manger, en évitant d'être mangés. Ils doivent se reproduire, parce
210 que leur durée de vie est limitée. Si la vie existe ailleurs, elle fait vraisemblablement face aux mêmes problèmes. Mais elle peut avoir trouvé des solutions différentes... [...]

? — Si une onde lumineuse nous arrivait aujourd'hui
215 d'une civilisation extragalactique, les expéditeurs du message auraient sans doute disparu depuis des millions d'années...

H. REEVES. — À ce sujet, voici une histoire racontée par l'écrivain italien Italo Calvino. Un homme
220 observe la galaxie d'Andromède avec ses jumelles. Il aperçoit au-dessus de la galaxie un grand panneau où sont inscrits les mots : « *On vous a vu !* » En proie à la stupéfaction et à l'angoisse, il se sent visé. « Mais qu'est-ce qu'ils ont vu ? » Il cherche dans sa mémoire.
225 De quels actes innommables se serait-il rendu coupable, que ces gens auraient observé de là-haut ?

Il passe une nuit horrible. Mais, au matin, une lueur jaillit dans sa tête. Andromède est à 2 millions d'années-lumière. Ce n'est donc pas lui qu'« ils » ont
230 vu, mais quelqu'un qui vivait il y a deux millions d'années. Rassuré, il dresse un grand panneau sur lequel il répond : « *Et alors ?* » [...]

? — Finalement, à supposer que l'évolution se soit produite ailleurs, vous semblez penser qu'elle
235 aurait toutes les chances d'aller dans le même sens que sur la Terre ?

H. REEVES. — Disons plutôt : dans une direction analogue [...]. Sur d'autres planètes, les organismes doués d'intelligence ne sont peut-être pas les
240 hommes mais une autre espèce, par exemple les dauphins. Peut-être que dans leurs parcs d'attractions, ils font virevolter devant leurs enfants enthousiastes des hommes savants et acrobates. On peut tout imaginer ! Humains ou dauphins, quelle que
245 soit la forme que prennent les organismes doués d'intelligence et de conscience – s'ils existent ! –, il est à parier que, comme nous, d'un bout à l'autre de la Voie lactée, ainsi que sur les galaxies les plus lointaines, ils s'interrogent sur la pluralité des mondes
250 habités. **❮**

« Les savants croient-ils aux extraterrestres ? »,
Le Nouvel Observateur, 30 mars-5 avril 2000,
extraits de *Sommes-nous seuls dans l'Univers ?*
© Librairie Arthème Fayard, 2000.

Les gènes

On entendra encore longtemps parler de génétique. Les progrès de cette branche de la biologie sont tellement rapides que certaines personnes s'inquiètent et se demandent s'il ne faudrait pas tout arrêter. La génétique soulève d'abord des questions d'éthique, mais elle soulève aussi des questions purement scientifiques. Les gens dans les laboratoires savent-ils vraiment ce qu'ils font ? Et si la manipulation de gènes était beaucoup plus complexe qu'ils ne le croient ? Sommes-nous en train de créer des monstres ? Ne vaudrait-il pas mieux laisser la nature faire son travail, même si ce travail est imparfait ?

Petite histoire de la génétique

- 1856 : Gregor Mendel découvre les lois de l'hérédité en croisant des petits pois.

- 1871 : Friedrich Miescher découvre l'ADN.

- 1953 : Francis Crick et James Watson découvrent la structure à double hélice de l'ADN.

- 1986 : Lancement du projet de la carte du génome humain.

- 1997 : Naissance de la brebis Dolly, le premier mammifère cloné à partir d'une cellule adulte.

- 2000 : Dévoilement de la carte du génome humain et de ses trois milliards de caractères.

En 1953, les savants James Watson (à gauche) et Francis Crick découvraient la structure d'une molécule d'ADN. Leurs recherches ont permis de comprendre la transmission de l'information génétique.

Un compte rendu

L'ALCOOLISME, UNE MALADIE GÉNÉTIQUE ?

Ce texte est tiré d'un livre qui fait l'inventaire des grandes erreurs scientifiques. L'une d'elles est due à l'empressement de spécialistes à vouloir trouver à tout prix des causes génétiques à certains désordres mentaux. On se demande souvent si l'alcoolisme est un trait appris ou inné. En 1989, on a sauté trop rapidement aux conclusions.

Les gènes sont partout ! On a cherché, mais en vain, le gène du crime, le gène de l'autisme, celui de la tabagie et maintenant un gène nouveau est arrivé : celui de l'alcoolisme. La nouvelle a paru en 1989 dans le très sérieux *Journal of the American Medical Association*. Manque de chance, le démenti
5 est arrivé en 1990, moins d'un an après l'annonce, un peu prématurée, de la prétendue découverte.

Définir l'alcoolisme comme une attirance dommageable, pour ne pas dire coupable, est dans tous les esprits. Il est bien connu qu'on boit parce qu'on est malheureux, que l'on a quelque chose à oublier, qu'à la maison papa faisait de
10 même, ou qu'alors, c'est inscrit dans les gènes. Le terrain était tout préparé à l'annonce hâtive mais fracassante d'une équipe américaine.

L'affaire commence dans les universités de Californie (Los Angeles) et du Texas (San Antonio) où une étude détaillée de l'ADN (la matière supportant les caractères héréditaires regroupés en longs filaments, les chromosomes) des tissus
15 cérébraux de 35 alcooliques et de 35 non-alcooliques est effectuée. Sur 77 % des échantillons de tissus des adeptes de Bacchus, les universitaires découvrent qu'un allèle d'un gène, c'est-à-dire une forme active d'une ou plusieurs versions possibles de ce gène, commande la fabrication d'un récepteur spécifique pour une substance bien connue, la dopamine. On sait actuellement que cette molécule est
20 chargée de la transmission dans le cerveau d'informations nerveuses et plus précisément de la régulation des voies motrices. C'est ainsi qu'il est montré qu'elle peut jouer un rôle dans l'effet de plaisir ressenti par les amoureux de la dive bouteille.

C.Q.F.D. se disent les heureux chercheurs, sans doute grisés par leur décou-
25 verte, l'alcoolisme se transmet de génération en génération car le sujet qui possède ce gène particulier possède, ancrées au plus profond de son cerveau, des molécules qui attendent la dopamine. Il ne peut sans doute pas résister à ce drôle de plaisir qui monte du plus profond de ses cellules. Le porteur de ce petit gène complètement « accro » qui a un rapport particulier et mystérieux au plaisir de
30 boire est forcé, malgré lui, de succomber. Taquiner la bouteille n'est plus seulement drame personnel ou fléau social, mais véritable maladie génétique. Et si les parents boivent c'est que déjà les grands-parents étaient copieusement imbibés et qu'il est presque certain que les enfants seront enclins à trinquer à leur tour.

La malédiction éthylique sans fin…

〉

Edgar Degas, *L'absinthe*, 1876.

35 Et aussitôt de proclamer, fièrement, leurs résultats.

Mais le calcul statistique montre que la corrélation entre la présence du gène et le comportement éthylique est à peine significative. D'autant plus que, dans 28 % des échantillons de tissus des buveurs d'eau, on trouve cette même forme génétique. Les non-alcooliques ne seraient-ils que des alcooliques qui s'ignorent ?
40 Tout cela n'est pas vraiment probant.

Il est vrai qu'à force de vouloir prouver que tout est génétique, les chercheurs peuvent se laisser abuser par une trop belle série de résultats, surtout si, statistiquement, ils sont à la limite du significatif.

Et c'est sur ces entrefaites qu'une autre équipe de spécialistes de la bouteille,
45 appartenant au *National Institute on Alcohol Abuse and Alcoholism*, publie dans le même journal un démenti cinglant : « *nous avons étudié 40 alcooliques blancs non apparentés, un groupe de témoin de 127 personnes blanches et deux familles blanches (…) nous n'avons observé aucune différence significative dans la présence (de ce gène) entre les alcooliques et le groupe témoin, … chez ceux qui sont des enfants d'alcoolique*
50 *et chez ceux qui ne le sont pas* ».

La contre-expérience est irréfutable. Exit, pour l'instant, le gène de l'alcoolisme. Et ces spécialistes rajoutent, perfides, à l'attention de leurs collègues imprudents, que leurs résultats « *étaient probablement dus au hasard…* ». ❮

François Aulas et Jean-Paul Vacher, « Du gène dans le plaisir de boire ? »,
Le doigt dans l'œil, Petite typologie des erreurs scientifiques,
© Publications MNH, 1998.

Un éditorial

LE MEILLEUR DES MONDES

Cet éditorial aborde la même problématique que le texte précédent. Son titre fait référence au célèbre roman de science-fiction, *Le meilleur des mondes*, d'Aldous Huxley, qui décrit une société du futur où tous les êtres sont créés par manipulations génétiques. Dans cette société, tout est contrôlé par l'État. Les individus consomment même une drogue qui leur garantit le bonheur. Martineau fait implicitement des parallèles avec ce roman : il dénonce l'attitude des scientifiques qui considèrent l'humain comme une matière programmée.

Il y a deux ans, le réseau américain PBS diffusait un documentaire sur l'affluenza.

Pour ceux qui l'ignorent, l'affluenza est une dangereuse maladie qui, bon an, mal an, frappe des millions de Nord-Américains. Tout comme l'influenza, on ne
5 lui connaît aucun remède. Les symptômes sont toujours les mêmes : incapacité de garder son argent, fascination pour les nouveaux gadgets à la mode, amour immodéré des gros centres commerciaux, tendance morbide à collectionner les cartes de crédit…

L'affluenza porte aussi un autre nom : la surconsommation.

10 En Amérique du Nord, c'est une véritable pandémie. Les gens achètent des VTT gigantesques et se font construire des garages de neuf cents pieds carrés, grands comme des bungalows des années cinquante. Chez nos voisins du sud, les commerçants investissent 233 milliards de dollars par année dans des campagnes publicitaires destinées à inciter les gens à acheter leurs produits. Selon de récentes
15 études, les Américains ont utilisé plus de ressources au cours des quarante dernières années que l'ensemble des êtres humains qui ont vécu avant eux ! Ils « scrappent » sept millions d'autos annuellement, jettent deux millions de bouteilles de plastique par heure, et suffisamment de canettes d'aluminium pour fabriquer six mille DC-10 par année.

20 Bref, « we shop til we drop ». Et plus l'économie s'améliore, plus les gens consomment.

Heureusement, il y a de l'espoir. Selon le magazine *Mother Jones*, des scientifiques de l'Université de Stanford ont réussi à percer le secret de la surconsommation. Cette fièvre étrange ne serait pas un problème de société, mais… un
25 désordre biologique, qui frappe près de 10 % des Américains !

Et qui dit désordre biologique, dit petite pilule bleue.

C'est ainsi qu'après avoir bossé pendant des mois dans leur labo (grâce à la générosité d'une firme pharmacologique désirant conserver l'anonymat – ah ! l'humilité des grands), nos savants ont mis au point un comprimé révolutionnaire
30 qui, promettent-ils, nous enlèvera toute envie de flamber notre fric.

Richard Martineau est le rédacteur en chef de l'hebdomadaire *Voir*. Il collabore également à *L'actualité* et participe régulièrement à des émissions de télévision et de radio. Tout comme Franco Nuovo, Marie Plourde et Isabelle Maréchal, il fait partie de cette nouvelle génération de journalistes qui se distinguent par leur franc-parler.

❯

Cette pilule miracle – un antidépresseur approuvé par la Federal Drug Agency – sera bientôt en vente dans toutes les bonnes pharmacies. Et, comme le Viagra, elle sera annoncée partout, à grand renfort de pub.

Rien de mieux que la maladie pour enrichir les fabricants de pilules. Et quand on est à court de maladies, on en invente !

En janvier dernier, le géant Glaxo Weelcome a fusionné avec un autre géant de l'industrie pharmaceutique : SmithKline Beecham. Valeur de la nouvelle corporation : 189 milliards de dollars. En février, c'était au tour de Pfizer, le fabricant du célèbre Viagra, d'acheter un compétiteur (Warner-Lambert) pour 90 milliards de dollars.

L'an dernier, aux États-Unis, la vente de pilules a grimpé de 9 %, pour atteindre le chiffre astronomique de trois milliards d'ordonnances ! Bien entendu, ce sont les antidépresseurs qui mènent le bal avec une hausse de 17 %.

Et pendant ce temps-là, les flics effectuent des descentes dans des Clubs Compassion sous prétexte qu'on y offre du pot à des malades chroniques…

Savez-vous quand le gouvernement décidera enfin de décriminaliser la mari ? Quand les compagnies pharmaceutiques s'en mêleront, quand ils vont mettre la main sur ce marché hyper lucratif. Quand Glaxo Weelcome et Pfizer commenceront à faire pousser du pot dans leurs labos, et qu'elles investiront des millions et des millions de dollars dans ce business.

Là, vous verrez, on vantera les mérites du joint aux heures de grande écoute.

Bientôt, si ça continue, on va nous dire qu'il existe un gène de la surconsommation. Pourquoi pas ?

Dans *Les imposteurs de la génétique*, un essai qui vient de sortir aux éditions du Seuil (collection Science ouverte), Bertrand Jordan, directeur de recherche au CNRS, dénonce cette idéologie du « tout génétique » qui emballe les médias depuis quelques années. « Il ne se passe pas un jour sans que l'on annonce la découverte des gènes de l'homosexualité, de l'innovation, de l'alcoolisme, de l'hyperactivité infantile, voire de la religiosité, écrit-il. La génétique est créditée de tous les pouvoirs quant à l'amélioration de la santé humaine. Mais cette idéologie engendre aussi la résignation à des inégalités sociales vite présentées comme biologiques. Avec le triomphe mondial d'un mode de production capitaliste auquel ne s'oppose plus aucune alternative, nos sociétés marchandes et individualistes tendent à dissoudre les solidarités et à se décharger de toute responsabilité dans le devenir des individus. Elles accueillent donc favorablement des théories qui attribuent le destin des personnes à leurs gènes plutôt qu'à leur éducation, leur environnement et leur condition sociale… »

À quand une pilule anti-pauvreté ? ❰

Richard Martineau, « Le meilleur des mondes », *Voir*, 25 mai 2000.

Un éditorial

GÉNOME ET ÉTHIQUE

En juin 2000, la presse annonçait avec fracas que la carte du génome humain était presque entièrement dressée. Désormais on connaissait chacun des gènes qui constituent nos cellules. La nouvelle n'était qu'une étape vers des découvertes plus spectaculaires encore, mais il s'agissait néanmoins d'un grand événement puisque cette carte allait pouvoir servir à de nombreuses applications : on pensait déjà au clonage des organes, au dépistage de maladies et à la sélection des meilleurs embryons. Le lendemain de la nouvelle, on réagissait dans les pages éditoriales de tous les journaux à travers le monde. Voici la réaction de Murray Maltais, éditorialiste au journal *Le Droit* à Ottawa.

Le décryptage du génome humain vient d'être complété à 90 %. Dans l'immédiat, cette nouvelle ne changera pas nos vies. La recherche se poursuit. Les applications qu'on pourra tirer de ces nouvelles connaissances ne sont pas pour demain, mais pour après-demain. Entre deux et
5 dix ans, nous disent les scientifiques.

Mais les superlatifs fusent de toutes parts ; d'aucuns n'hésitent pas à comparer le déchiffrage de l'ADN humain à la découverte de la roue. Imaginez : les trois quarts des maladies humaines étant d'origine génétique (le quart seulement est causé par des infections), il sera donc possible, du moins
10 en théorie, de les identifier, les prévenir et les soigner avec une efficacité sans précédent.

Le travail accompli s'avère considérable. Le séquençage des trois milliards de « lettres chimiques » formant l'ADN constitue, en quelque sorte, le Grand Livre de la vie. On
15 peut le comparer à un jeu de mots cachés, des mots qu'il faut découvrir si l'on veut d'abord savoir de quoi se compose un humain en bonne santé et comment utiliser la « recette » obtenue.

Vaincu, le cancer ? Terrassées, des maladies comme le
20 diabète, la dystrophie musculaire, la fibrose kystique, l'hémophilie ou celle d'Alzheimer ? Pas encore. Mais on s'approche du but. Les espoirs les plus fous de l'humanité appartiennent moins à la fiction et plus à la science. On pourra comprendre ce qui contrôle la vie, la maladie et la
25 mort. Pourquoi l'homme est un animal doué de raison. Comment il se fait que certains la conservent, mais que d'autres la perdent ou en sont dépourvus. La médecine va prendre un grand virage. Les médicaments aussi. La thérapie génique est à nos portes.

30 Voilà pour le côté clair. Maintenant, le côté sombre. Avec, au départ, une controverse. Elle oppose ceux qui ❯

La carte du génome humain.

voudraient que les nouveaux codes génétiques de l'ADN humain, qui seront découverts soient disponibles gratuitement, à ceux qui estiment que ces codes doivent être protégés par des brevets, que les nouvelles informations sur une maladie
35 soient vendues et considérées comme de la marchandise. On le voit, l'esprit de recherche et l'envie de se dépasser animent l'humain… tout comme l'appât du gain. Nous comprenons à peine les enjeux de la recherche qui s'amorce, les fantastiques perspectives qu'elle ouvre à l'humanité que déjà, on veut protéger ses acquis, son territoire. Tout ça, bien entendu, au nom de l'ordre, d'un choix de
40 priorités qu'on s'efforce de justifer, du progrès. De difficiles arbitrages vont devoir se faire. Nos politiciens en auront-ils le courage?

Ce progrès donne aussi des frissons. Est-ce le prélude à un nouvel eugénisme? Grande sera la tentation, au fur et à mesure que nos connaissances vont s'accroître, d'en arriver à donner naissance à des humains quasi parfaits en bricolant leurs
45 gènes. Par ailleurs, lorsque chacun aura sa propre carte génétique, rien n'assure que les informations qu'elle contient ne serviront pas à lui refuser un emploi, ou à le disqualifier comme client d'une compagnie d'assurance. Les gouvernements vont devoir légiférer pour protéger ce genre de renseignements.

Le clonage humain hante tous les esprits. Il y a des frontières qu'il ne faut pas
50 franchir. Il faut combattre l'idée de manipuler un embryon humain comme on a déjà manipulé un embryon de brebis pour créer Dolly. C'est moralement condamnable. Commençons par comprendre, digérer ce qui vient d'être accompli.

Mais dans quelle mesure les scientifiques sont-ils des êtres moraux? Ainsi, leurs connaissances en génétique les rendent-ils nécessairement plus aptes que
55 votre voisin d'en face ou d'en arrière à trancher des problèmes fondamentaux au plan de l'éthique? Oui, nous avons un examen de conscience à faire. Mais auparavant, il faut s'efforcer de comprendre les enjeux auxquels ces progrès nous confrontent. Il ne faut surtout pas se taire sous prétexte que nous n'apercevons pas toutes les perspectives, que certaines demeurent floues dans leur contour.

60 La science accomplit des pas de géant. Mais plus elle avance, plus elle laisse derrière elle des gens de moins en moins aptes à mesurer l'importance des formidables enjeux moraux, politiques, socio-économiques que ses progrès impliquent. On résume, on schématise, mais à force de trop vouloir cerner l'essentiel, il se dérobe. En dernier ressort, c'est notre sens du bien et du mal, notre conscience qui
65 nous sauvera ou nous perdra. Laissons-la s'exprimer. ❮

Murray Maltais, « Génome et éthique »,
Le Droit, 28 juin 2000.

Les « pilules »

Quelle est la meilleure façon de soigner un mauvais rhume, un trouble de la digestion ou un problème d'acné ? Nous nous prenons un peu pour des scientifiques quand nous ouvrons la pharmacie pour soulager nos petits « bobos ». Le monde des « pilules » est un monde mystérieux pour le commun des mortels. Certes, dans bien des cas, les médicaments peuvent être efficaces. Mais ils peuvent aussi être inutiles, voire dangereux.

La pharmacologie est au cœur d'un débat scientifique. Il existe également un débat parallèle : celui des tenants d'une médecine moins chimique, plus naturelle et plus douce que la médecine « officielle ».

Quelques médecines dites « douces »

- L'acupuncture
- L'homéopathie
- La chiropraxie
- L'herboristerie
- L'aromathérapie
- La réflexologie
- La naturopathie

1 La réflexologie, ou l'art de soigner par le massage des pieds.

2 L'herboristerie chinoise.

3 La surconsommation de médicaments, un débat actuel.

4 Traitement à l'acupuncture.

«Les pilules» · Les «

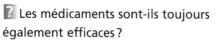

Une entrevue

MÉDICAMENTS :
FAUT-IL TOUT AVALER ?

Pierre Biron est un médecin spécialisé en pharmacologie. Il fait de la recherche sur les médicaments et leur efficacité. Il a écrit pour le grand public un guide qui recense tous les produits pharmaceutiques vendus au Canada. Ses propos sur la consommation de médicaments sont très critiques. Le journaliste scientifique Yanick Villedieu l'a rencontré.

? Tant que nous sommes en bonne santé, nous disons volontiers du mal des médicaments. Mais dès que nous tombons ou croyons tomber malades,
5 nous réclamons la pilule miracle…

— C'est vrai que nous attendons beaucoup des médicaments. Et qu'ils nous donnent souvent beaucoup. Mais il n'y a rien de raisonnable ni même de
10 rationnel à espérer qu'ils règlent par magie nos problèmes d'anxiété ou qu'ils nous donnent l'air jeune plus longtemps. Ce qui caractérise notre fin de siècle, c'est que le médicament ne
15 sert plus seulement la santé du public, mais qu'on l'utilise à d'autres fins. Le personnel des centres d'accueil demande qu'on prescrive des tranquillisants aux pensionnaires. Les ensei-
20 gnants souhaitent qu'on traite l'hyperactivité des enfants turbulents. On veut modeler le corps, moduler l'humeur, modifier ses performances athlétiques ou sexuelles, empêcher ou favoriser la
25 fertilité avec des médicaments.
　　　[…]

? Les médicaments sont-ils toujours également efficaces ?

— On pourrait croire que oui. Ainsi, un anesthésiste en salle d'opération obtient
30 toujours les résultats escomptés. Ce qui n'est pas le cas dans la pratique médi-

cale de tous les jours. J'ai par exemple tenté de prédire l'utilité pharmacologique d'une première ordonnance
35 rédigée dans de mauvaises conditions, comme dans une clinique sans rendez-vous bondée de patients pressés : une telle ordonnance est utile probablement une fois sur deux. Avant de la
40 faire, le médecin doit poser le bon diagnostic, ce qui n'est pas facile, choisir le bon objectif et la bonne stratégie thérapeutiques, opter pour le bon médicament et la bonne poso-
45 logie ; puis le patient doit le prendre selon les indications qu'on lui a données et espérer faire partie de ceux dont l'organisme répond au traitement. À chacune de ces étapes se glisse une
50 difficulté. Un médecin qui voit un patient pour un nouveau problème aura du mal à faire le bon diagnostic du premier coup. Et un pharmacien qui ne donne pas d'explications sur le
55 médicament qu'il délivre ne remplit peut-être pas tout à fait son rôle de professionnel.

? Si le médicament n'est pas efficace en soi, le patient bénéficiera
60 peut-être de l'effet placebo…

— Il n'est pas facile de savoir si une guérison, lorsque guérison il y a, vient du médicament, de la nature ou de l'effet placebo, c'est-à-dire de l'effet causé par le seul fait d'être en présence d'un médecin qui nous communique sa confiance dans le traitement auquel il nous soumet. Cela dit, comme les deux tiers des visites chez les généralistes sont liés à des problèmes un peu vagues, « fonctionnels » comme on dit, souvent associés confusément à un certain mal de vivre, il ne faudrait pas nier l'utilité de l'effet placebo, avec et – pourquoi pas – sans médicaments. Je crois d'ailleurs que le succès de ce qu'on appelle les « médecines douces » tient au fait qu'elles reposent à 100 % sur l'effet placebo. Et peut-être aussi au fait qu'on ne connaît pas les dangers qu'elles font parfois courir avec leurs « médicaments » – je pense par exemple à cette femme qui a dû subir une transplantation hépatique après avoir pris pendant plusieurs mois des extraits d'une plante vendus par un naturopathe, la germandrée, qui aurait causé chez elle une nécrose du foie.

❓ Mais les médicaments modernes ont aussi des effets indésirables !

— Ils en ont tous et, je dirais, par nature. Un médicament efficace est une molécule étrangère à l'organisme, et ce dernier peut toujours réagir de façon étonnante, imprévue et parfois violente. On connaît très bien le cas des anti-inflammatoires utilisés contre les douleurs articulaires (un problème de plus en plus fréquent dans nos populations vieillissantes) et qui provoquent des saignements d'estomac. Dans notre *Guide pratique des médicaments*, plus de la moitié de chacune de nos fiches descriptives est consacrée aux précautions à prendre, aux effets indésirables et aux interactions entre les médicaments – un autre problème en croissance puisque de plus en plus

de gens, parmi les personnes âgées notamment, prennent plus d'un médicament à la fois.

❓ Comme patients et consommateurs, pouvons-nous, malgré tout, choisir un tant soit peu nos médicaments ?

— Vous pouvez au moins vous informer et poser des questions à votre médecin au moment où il rédige l'ordonnance. Il n'est pas inutile de savoir qu'il existe quatre classes de médicaments contre l'hypertension, et que les deux plus anciennes, qui sont aussi les moins chères, peuvent très souvent convenir : pourquoi ne pas d'abord essayer un produit dans l'une de ces classes, plutôt que d'aller tout de suite vers des produits beaucoup plus chers et pas nécessairement plus utiles pour vous ? Les lecteurs de notre *Guide* pourront aussi constater qu'avec 320 ingrédients actifs différents, on fait plus de 3000 médicaments. Et que certaines molécules se vendent sous plus d'une dizaine de marques de commerce. Pourquoi ne pas opter pour le produit le moins cher avec l'aide de son pharmacien ? Après tout, qu'ils soient « génériques » ou « de marque », ils ont tous été approuvés par le ministère de la Santé du Canada car jugés sûrs et efficaces… ❮

Extrait de Yanick Villedieu, « Médicaments :
faut-il tout avaler ? », *L'actualité*,
vol. 22, 11 janvier 1997.

LE PLUS GROS MENSONGE DU SIÈCLE ?

On connaît Jean-René Dufort, ce jeune journaliste anticonformiste, qui traite ses sujets de façon très personnelle. Dans ce texte, il s'attaque à une pratique extrêmement controversée : l'homéopathie. On voit bien en comparant les pour et les contre que le débat est très vif.

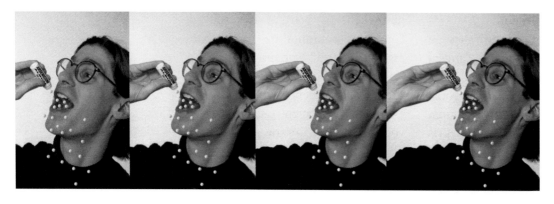

Jean-René Dufort a ingurgité des centaines de granules d'Arsenicum album 30 cH (une dilution très puissante !) avant d'écrire ce dossier. Si les granules ont réellement un effet pharmacologique, un excès sera certainement nocif, voire mortel ! Pourtant, le journaliste semble en pleine forme...

Homéopathes et médecins traditionnels s'entendent sur un point : le désir de soulager. Ambition louable que tout consommateur malade encourage 5 vivement ! La chicane porte plutôt sur la manière d'y parvenir.

L'homéopathie parle d'une approche « globale » de la maladie et entend soigner « l'individu dans sa totalité ». Selon 10 Claudine Larocque, présidente du Syndicat professionnel des homéopathes du Québec, « l'homme est composé de matière et d'énergie. Les symptômes de la maladie sont la conséquence du désé- 15 quilibre de cette énergie. Les remèdes homéopathiques s'adressent à cette énergie par voie vibratoire, ce qui permet à l'organisme d'enclencher son processus d'autoguérison. »

20 Voilà un discours qui fait convulser les scientifiques ! Pour eux, les termes « vibrations », « énergie vitale » et « être global » sont des rêveries intangibles, non démontrées et non mesurables. Des 25 coquilles vides où planquer ses croyances, disent-ils.

TROIS PRINCIPES DE DISCORDE !

Trois grands principes régissent l'homéopathie. Premièrement, le **principe de similitude** : une substance qui produit 30 des symptômes chez un individu sain peut guérir un individu malade présentant les mêmes symptômes. En d'autres mots, le mal est soigné par le mal. Un postulat qui fait rigoler les sceptiques 35 comme Raymond Chevalier, pharmacien. « Quelle substance prise à forte dose cause les ongles incarnés ? » demande-t-il, intrigué.

Il est difficile d'imaginer concrètement à quoi correspondent les hautes dilutions homéopathiques : une goutte du produit dans 100 gouttes d'eau (1 cH), puis une goutte du résultat dans 100 gouttes d'eau (2 cH) et ainsi de suite… Voyons cela ainsi :

5   4 cH   Une goutte de la substance initiale dans une piscine de jardin

    5 cH   Une goutte dans une piscine olympique

    6 cH   Une goutte dans un étang de 250 m de diamètre

    7 cH   Une goutte dans un petit lac

    8 cH   Une goutte dans un grand lac (10 km^2 sur 20 m de profondeur)

10   9 cH   Une goutte dans un très grand lac (200 km^2 sur 50 m)

  10 cH   Une goutte dans la baie d'Hudson

  11 cH   Une goutte dans la mer Méditerranée

  12 cH   Une goutte dans le volume total de tous les océans de la planète

  30 cH   Une goutte dans un milliard de milliard de milliard de fois toute l'eau

15   de tous les océans de la planète

Extrait de Y croyez-vous ? Pour en finir avec le paranormal, *Montréal,*
© Les éditions internationales Alain Stanké, 1999.

Le deuxième principe est celui des
40 **dilutions**. Selon les homéopathes, plus un médicament est dilué, plus il est puissant. « Or, à partir de la dilution dite 9 cH, il n'y a plus une seule molécule du produit original dans la bouteille ! » commente
45 Georges-André Tessier, psychologue et membre des Sceptiques du Québec. Claudine Larocque n'est évidemment pas d'accord. « Les chimistes sont trop enfermés dans leur jeu de Lego moléculaire et
50 leur nombre d'Avogadro, rétorque-t-elle. Ils oublient qu'une grande partie de l'action homéopathique se passe au niveau énergétique. »

Le troisième principe est celui de la
55 **dynamisation**. Pour être « actif » et pour que cette action s'imprime au fil des dilutions, la solution doit être secouée fortement afin de transmettre et d'accentuer les vertus curatives du produit.
60 Certains homéopathes prétendent que l'eau a une « mémoire » et que ces secousses lui permettent d'enregistrer le souvenir ou la trace du produit d'origine. Le souvenir se transmet ensuite de
65 molécule d'eau en molécule d'eau. Une petite goutte est ensuite placée sur un granule de sucre. « Cette thèse de la mémoire de l'eau est vraiment délirante », affirme Georges-André Tessier.
70 « L'homéopathie suscite un questionnement en médecine traditionnelle parce que son mécanisme d'action n'est pas encore élucidé », réplique la D^{re} Ginette Varin, présidente du Regroupe-
75 ment pour l'homéopathie médicale. Voilà ! Le débat est lancé… ❬

POUR

	Michèle Boisvert, pharmacienne, homéopathe et présidente d'Homéocan, fabricant de produits homéopathiques.	Claudine Larocque, présidente du Syndicat professionnel des homéopathes du Québec.	Philippe Picard, Centre d'enseignement et de développement de l'homéopathie, consultant médical pour Boiron Canada, fabricant de produits homéopathiques.
1 POURQUOI L'HOMÉOPATHIE N'EST-ELLE PAS ACCEPTÉE PAR LA MÉDECINE TRADITIONNELLE?	« L'homéopathie est complémentaire à la médecine traditionnelle. Au Québec, elle est acceptée par les médecins, mais pas par leur ordre professionnel. Le Collège des médecins a passé des années à attaquer ses membres qui pratiquaient l'homéopathie. Les médecins ne reconnaîtront pas l'homéopathie parce qu'ils n'ont pas l'exclusivité de cette pratique comme dans le cas de l'acupuncture. »	« Depuis sa création, l'homéopathie a été accusée, ridiculisée, banalisée et condamnée par la médecine officielle qui jouit d'un pouvoir monopoliste. La seule existence de l'homéopathie semble présenter une menace à cet empire omnipuissant. Si l'homéopathie est si insignifiante, pourquoi tant d'acharnement à la faire disparaître… depuis 200 ans? La médecine officielle déplore que l'homéopathie ne soit pas scientifique. L'effet homéopathique est pourtant démontré scientifiquement. »	« L'homéopathie est acceptée par la médecine traditionnelle dans de nombreux pays. Des enseignements universitaires sont donnés en Europe, en Afrique, en Amérique du Sud, notamment. Dans tous les pays où l'information se fait de façon professionnelle, non partisane et sécuritaire, l'homéopathie a sa place. »
2 L'EFFET PLACEBO POURRAIT-IL ÊTRE LE SEUL RESPONSABLE DE L'ACTION HOMÉOPATHIQUE?	« Je vous rappelle que je suis pharmacienne diplômée. Je suis tout de même capable de discerner l'effet placebo de l'effet pharmacologique. L'effet placebo est inexistant chez les animaux et les enfants, pourtant, l'homéopathie fonctionne dans leur cas. De plus, toutes les compagnies pharmaceutiques désirent nous acheter. Voudraient-elles acheter des fabricants de placebo? Voyons donc! »	« Comment expliquer l'effet réel des traitements homéopathiques chez les animaux et les bébés âgés de quelques semaines? Lorsqu'on connaît les mécanismes de l'effet placebo (plus la thérapeutique a l'air puissante, plus l'effet est manifeste), on remarque que l'homéopathie s'y prête mal puisque nous ne prescrivons que des granules qui ont tous la même couleur, la même forme et que les posologies sont très légères. Croyez-vous réellement que ces professionnels de la santé trompent délibérément la population de la planète… et que celle-ci en redemande? »	« Un court rappel pour préciser que l'effet placebo n'est pas un effet psychologique lié à une croyance, mais un effet bien "physique", mesurable et appréciable qui existe quelle que soit la substance qu'on absorbe. On peut le définir quand il s'agit d'un médicament (classique ou homéopathique) comme la différence entre l'effet connu de ce médicament en laboratoire et l'effet obtenu quand on l'utilise comme traitement dans la "vraie vie". Ce sujet du placebo est un des plus passionnants à explorer en thérapeutique en général et dépasse largement la question des médicaments homéopathiques. »
3 LES PRODUITS HOMÉOPATHIQUES SONT VENDUS EN PHARMACIE. LES PHARMACIENS CAUTIONNENT-ILS L'HOMÉOPATHIE?	« Oui, c'est vendu presque exclusivement en pharmacie. La plupart des pharmaciens cautionnent l'homéopathie. Comme dans tout, il y a des exceptions. »	« L'Ordre des pharmaciens du Québec encourage la vente des remèdes homéopathiques. Il s'est vendu en 1995 pour environ 20 millions de dollars de remèdes homéopathiques au Québec… Une proportion infinitésimale quand on la compare aux milliards de dollars de l'industrie pharmaceutique allopathique! Plusieurs pharmaciens reçoivent une formation sommaire qui leur permet d'accompagner le client dans sa démarche d'automédication. L'Ordre des pharmaciens décourage et poursuit ses membres qui ont reçu une formation supplémentaire et qui pratiquent des consultations homéopathiques. »	« La norme professionnelle 92.01 en date de mars 1992 de l'Ordre des pharmaciens du Québec indique à ses membres que la vente de médicaments homéopathiques, sur ordonnance ou non, fait partie de l'exercice de la profession. En septembre 1996 a débuté à la Faculté de pharmacie de l'Université Laval de Québec un cours intitulé "Soins pharmaceutiques et médicaments homéopathiques". J'ai l'honneur de faire partie du comité d'élaboration de ce cours et de l'équipe d'enseignants. »
4 COMMENT EXPLIQUER LA POPULARITÉ DE L'HOMÉOPATHIE?	« L'homéopathie doit sa popularité au mouvement naturel, écologique qui croît partout en Amérique. »	« Parce que l'homéopathie est efficace et parce qu'elle traite le malade et non la maladie. Nous offrons ce que la médecine ne peut plus offrir: du temps, de l'écoute, de l'empathie et de la compassion. »	« Par le gros bon sens dont font preuve la majorité de nos semblables. Depuis 200 ans, ils observent les mêmes soulagements, dans les mêmes conditions. Cela se parle dans les familles. C'est le peuple qui a toujours appuyé son développement et permis qu'elle existe encore. »
5 SELON VOUS, QUEL EST LE PIRE ARGUMENT DU CAMP ADVERSE?	« Je leur laisse le soin de se défouler. »	« L'homéopathie, c'est juste du "sucre pis de l'eau"! »	« Je parlerais plutôt de l'attitude des opposants qui ont des "certitudes" alors qu'ils ne connaissent pas complètement le dossier. Comment parler sérieusement de thérapeutique si l'on n'a jamais soigné quelqu'un? De recherche si l'on n'est pas formé pour cela? Comment parler sérieusement de communication si l'on n'a pas soi-même exploré ses propres questions intérieures? »

POUR

CONTRE

	Raymond Chevalier, un des rares pharmaciens du Québec qui refuse de vendre des produits homéopathiques.	**Georges-André Tessier,** psychologue, membre des Sceptiques du Québec.	**Louis Latulipe,** médecin à l'Hôpital Saint-Sacrement à Québec.
1 — POURQUOI L'HOMÉOPATHIE N'EST-ELLE PAS ACCEPTÉE PAR LA MÉDECINE TRADITIONNELLE?	« La médecine est dite traditionnelle par ceux qui veulent s'en démarquer et lui donner une aura de sclérose... Chaque année, la médecine actuelle évolue à pas de géant en appliquant la méthode scientifique : on compare des traitements différents et on garde ceux qui fonctionnent. Un point c'est tout. »	« La véritable question devrait être : pourquoi la médecine moderne a-t-elle abandonné l'homéopathie? Pendant des siècles, la médecine fut une véritable foire aux croyances. Chaque petit médecin philosophe y allait de sa théorie personnelle et de ses recettes maison. Lorsque les médecins ont choisi de vérifier scientifiquement leurs méthodes, plusieurs croyances erronées sont tombées. L'homéopathie fait partie du lot. »	« Le Collège des médecins du Québec et les principales associations médicales canadiennes et américaines hésitent à reconnaître l'homéopathie principalement parce qu'elle ne respecte pas les principes de la médecine scientifique. Si les principes de l'homéopathie sont vrais, toutes les connaissances accumulées par la physique et la chimie modernes sont à revoir en totalité. Ce n'est pas rien! »
2 — L'EFFET PLACEBO POURRAIT-IL ÊTRE LE SEUL RESPONSABLE DE L'ACTION HOMÉOPATHIQUE?	« Bien sûr! Rappelons que l'homéopathie profite de plusieurs facteurs : • Les attentes des gens face aux médecines parallèles sont basses : on est déçu quand ça ne marche pas, mais on l'oublie vite. • On est indulgent : quand ça ne marche pas, on trouve toujours une explication : la dose n'était pas bonne, j'ai pris le produit trop tard, j'ai pris le mauvais produit, etc. • Lorsqu'une médecine douce fonctionne, on monte l'événement en épingle, et on en parle à ses amis! »	« L'effet placebo ET LA GUÉRISON NATURELLE semblent les seules causes des guérisons rapportées. Les homéopathes aiment dire que les animaux sont guéris par l'homéopathie et que, dans leur cas, on ne peut parler d'effet placebo. Il est vrai que les animaux sont peu ou pas sensibles à l'effet placebo. Par contre, les animaux ont des défenses naturelles... Et les homéopathes n'ont toujours pas d'études vétérinaires rigoureuses à déposer en preuve, malgré 200 ans de pratique... »	« Trois facteurs peuvent expliquer l'effet homéopathique : • l'évolution et la guérison naturelles de la maladie; • l'attention accordée au malade; • l'effet placebo. Un produit totalement inefficace peut soulager ou guérir les malades qui accordent des vertus à ce produit. Les comprimés rouges sont très efficaces pour réduire le sommeil même s'ils ne contiennent aucun principe actif. »
3 — LES PRODUITS HOMÉOPATHIQUES SONT VENDUS EN PHARMACIE. LES PHARMACIENS CAUTIONNENT-ILS L'HOMÉOPATHIE?	« Bonne question! Les pharmaciens cautionnent-ils l'usage du tabac? Du chocolat? Le simple fait que les produits homéopathiques soient présents en pharmacie est un indice que... il existe une certaine demande pour ces produits. Plusieurs pharmaciens n'ont pas "la foi", mais répondent aux demandes de leurs clients. »	« Officiellement, non. L'Ordre des pharmaciens ne reconnaît pas l'efficacité de l'homéopathie. Les pharmaciens ne distribuent les produits homéopathiques que pour avoir la chance d'informer les clients sur les limites de ces produits. Dans la vie de tous les jours, les choses ne se passent pas ainsi. Il y a plusieurs pharmaciens qui ont trouvé que cette nouvelle niche commerciale était intéressante. Je ne suis pas certain qu'ils informent correctement leurs clients sur la valeur réelle de ces petits granules de sucre. »	« La position de l'Ordre des pharmaciens et celle de ses membres divergent. D'un côté, l'Ordre admet qu'il n'existe aucune preuve scientifique démontrant l'efficacité de l'homéopathie et, de l'autre, ses membres ne veulent pas perdre le potentiel économique que représente la vente des produits homéopathiques. Cette position ambiguë traduit bien l'ambivalence des pharmaciens. D'ailleurs, la vente de cigarettes par les pharmacies est une autre contradiction qui me laisse un goût amer. »
4 — COMMENT EXPLIQUER LA POPULARITÉ DE L'HOMÉOPATHIE?	« Le besoin de croire en quelque chose? La mode? Une réaction face aux limites de la médecine? Le souhait de trouver quelque chose de magique qui peut nous guérir sans aucun effet secondaire? Le souhait que quelqu'un s'occupe de nous? (Un homéopathe qui passe plus d'une heure à nous parler de nous-même, ça fait du bien!) Une réaction à la "dépersonnalisation" des soins dans le réseau de la santé? »	« Les médecines alternatives comme l'homéopathie offrent des réponses à certaines angoisses humaines. Leurs techniques sont inactives en elles-mêmes, mais leur approche de la clientèle est plus humaine, plus à l'écoute des besoins affectifs. Ces approches tiennent également un discours philosophique séduisant et elles nourrissent l'amour-propre des clients. Elles se disent, par ailleurs, "persécutées" par la science, ce qui alimente la sympathie de la population qui, elle aussi, se sent à un certain point laissée pour compte par les "autorités". »	« Au cours des 200 dernières années, la popularité de l'homéopathie a été inversement proportionnelle aux difficultés sociales rencontrées et à la satisfaction du public face à la science. Le champ de croyance auquel l'homéopathie fait appel doit être proche de celui des croyances religieuses. D'ailleurs, Luc Jouret, qui se disait médecin et homéopathe et dirigeant de l'Ordre du Temple Solaire, aimait particulièrement l'homéopathie. Selon lui, "la médecine homéopathique s'applique à tirer l'humanité du mauvais pas dans lequel elle se trouve actuellement". »
5 — SELON VOUS, QUEL EST LE PIRE ARGUMENT DU CAMP ADVERSE?	« En fait, leur pire position est le fait de n'avoir aucun argument, aucune preuve. Leur "donnez-nous une chance, essayez-nous" est très habile pour leurrer les consommateurs, mais le fait demeure que l'homéopathie ne repose sur rien. »	« Il y en a trois : 1) L'argument des guérisons. Les personnes et animaux qui guérissent après avoir consommé des produits homéopathiques ne le doivent qu'à leur propre système immunitaire. 2) L'argument d'autorité. Le fait que l'homéopathie soit populaire dans plusieurs pays et que des politiciens opportunistes aient reconnu légalement l'homéopathie pour faire plaisir à leurs administrés n'est pas une preuve de son efficacité thérapeutique. 3) L'argument de l'absence d'effets secondaires. Comment voulez-vous observer des effets secondaires s'il n'y a pas d'effets primaires! »	« De s'appuyer sur une théorie qui n'a aucun fondement scientifique. De plus, je m'inquiète du caractère mystico-religieux de l'homéopathie, c'est-à-dire du champ de croyance auquel les tenants de cette théorie se réfèrent. Ils semblent nier ou oublier, consciemment ou non, que cette théorie est née de l'esprit d'un individu qui était très loin d'une démarche scientifique. »

Jean-René Dufort,
« Le plus gros mensonge du siècle? »,
Protégez-Vous, juin 1997.

LES DÉBATS SCIENTIFIQUES

LA PILULE OU LA TISANE ?

Le journaliste Pierre Foglia s'attaque ici au grand tabou des maladies mentales. Selon lui, il ne faut pas hésiter à traiter les dépressions à l'aide de médicaments. À partir d'un cas vécu, il livre un plaidoyer en faveur de la psychiatrie, une spécialité médicale souvent décriée par l'opinion publique. Pour lui, il s'agit de sauver des vies, rien de moins.

La chronique sur le suicide du jeune T.[1] a suscité de nombreuses réactions, certaines prévisibles, d'autres moins. Bémols attendus des psychosociaux : « Les pilules ne régleront rien. » Mais des réserves aussi du côté des partisans de l'approche médicale : « Allez donc vérifier la longueur des listes
5 d'attente en psychiatrie, monsieur le journaliste. »

Je résume : le jeune T., 14 ans, s'est suicidé il y a quatre ans. Ses parents, tous deux médecins, accusent : « Notre fils était malade, si on l'avait soigné il ne serait peut-être pas mort. Il souffrait d'une dépression majeure, une maladie psychiatrique très répandue chez les ados. T. est mort par notre faute, disent [les parents],
10 nous sommes médecins et nous n'avons même pas soupçonné qu'il était malade. T. est mort aussi de l'ignorance des autres intervenants qui l'ont "suivi". De l'inaccessibilité des soins psychiatriques. De l'aveuglement d'un système qui ne reconnaît pas la dépression majeure de l'adolescent, seulement son symptôme : le trouble de comportement. »

15 Cri du cœur du milieu des psys : [les parents] cherchent des coupables à la mort de leur fils, ça fait quatre ans qu'ils se déculpabilisent en emmerdant la terre entière.

Moi aussi. Moi aussi, c'est ce que j'ai dit à Mme A. : « Revenez-en, madame ! » Ce à quoi elle m'a répondu : « Que je revienne ou pas de la mort de T., c'est mes affaires. Mais il y a 200 enfants qui se suicident chaque année au Québec, la plu-
20 part souffrent de la même maladie que T. et la plupart meurent sans avoir jamais vu un psychiatre, et ça, c'est pas seulement mon problème, c'est celui de toute la société. »

Ce qui a excité le poil des jambes de plusieurs, c'est la prétention déclarée des parents de T. de favoriser l'approche médicale avec les suicidaires. « Une petite
25 pilule pour guérir du suicide ? Ah ! ah ! » Les sociaux-granoles trouvent ça bien comique. Dans le courrier reçu on reproche aux parents de T. de faire campagne contre les psychologues, les travailleurs sociaux et les bénévoles à l'écoute… Moi j'ai surtout entendu qu'ils réclamaient la présence d'un psychiatre. Un médecin, donc. Puisque la dépression est une maladie, un médecin est la moindre des pré-
30 cautions, non ? Et pourquoi pas le médecin le plus qualifié pour soigner les dépressions, un psychiatre ?

Les chroniques de **Pierre Foglia** suscitent souvent la discussion. Le journaliste s'attaque à tous les sujets en surprenant constamment ses lecteurs et lectrices par des opinions qui vont à contre-courant des idées généralement admises. Sous le titre *Le courrier du genou*, il répond aux nombreuses lettres qu'il reçoit.

---

1. Dans ce texte, les noms ont été abrégés pour préserver l'anonymat des personnes concernées.

Un ami, ex-coureur cycliste, vient de m'appeler. Sa fille est en orbite depuis trois ans, fugues à répétition, drogues, prostitution, automutilation, entre et sort des centres de jeunesse, et le croiriez-vous, elle vient tout juste d'être vue pour la 35 première fois, en trois ans, par un psychiatre. Il a diagnostiqué une dépression majeure. Il a prescrit des petites pilules, et pour la première fois depuis trois ans, ça va mieux. Sauf qu'on vient de trouver que la gamine a contracté l'hépatite B... Pourquoi pas des pilules aux suicidaires, si ça peut les aider? Pourquoi pas avant qu'ils attrapent l'hépatite B ou la mort?

40 Je signale aux intégristes de la tisane que quelques centaines de milliers de personnes en Amérique vivent beaucoup mieux aujourd'hui qu'il y a dix ans, grâce au Prozac. Lequel Prozac n'est pas devenu la pilule du bonheur-fourre-tout que les moralistes redoutaient qu'elle devienne. Aussi populaire à sa sortie que le Viagra aujourd'hui, le Prozac n'a guéri le vague à l'âme de personne, pas plus que le lithium, 45 mais demandez donc aux maniaco-dépressifs quelle serait leur vie sans lithium... Je parle du Prozac parce que la compagnie Lilly qui le fabrique mène actuellement des études cliniques sur un antidépresseur spécifique pour ados dépressifs. En passant, ils sont trois millions et demi aux États-Unis, les ados dépressifs...

Qu'ont donc les granoles contre les pilules? Les pilules n'excluent aucune 50 autre forme d'accompagnement ou d'écoute. Ce n'est pas la médecine contre la psychothérapie, c'est les deux ensemble. C'est quoi le problème? Vous n'êtes pas en train de vous engueuler au-dessus de la tombe de 200 enfants, j'espère?

Finalement, la critique la plus pertinente, et la plus désespérante aussi, est venue des psychiatres et pédopsychiatres eux-mêmes. «C'est bien beau l'approche 55 médicale, M. le journaliste, mais faites votre travail, vérifiez combien cela prend de temps pour obtenir un rendez-vous en psychiatrie. »

J'ai vérifié. Entre deux et six mois d'attente pour être vu par un pédopsychiatre. Dans toute la médecine, c'est en psychiatrie que les coupes de M. Rochon ont été les plus drastiques. Et à l'intérieur même de la psychiatrie, c'est dans les ressources 60 aux jeunes en difficulté qu'on a le plus sabré.

La solution? Elle est peut-être contenue dans un rapport que le Collège des médecins s'apprête à rendre public et qui insistera sur la formation que devraient recevoir les généralistes sur les psychopathologies adolescentes. C'est souvent dans le bureau du médecin de famille que ça commence : «Docteur, mon fils ne 65 s'intéresse plus à rien, il pique des crises, il est violent, son père et moi on ne sait plus quoi faire. »

Si une petite lumière rouge s'allume à ce moment-là dans la tête du médecin généraliste, T. ne sera peut-être pas tout à fait mort pour rien. ❬

Extrait de Pierre Foglia, «La pilule ou la tisane? »,
La Presse, 23 mars 1999.

IL NE FAUT PAS JETER LE BÉBÉ AVEC L'EAU DU BAIN...

Pourquoi travailler, pourquoi s'instruire? Pourquoi chercher à obtenir un statut social? Pourquoi accepter n'importe quelle règle, loi ou interdiction? Pourquoi préférer le bien au mal, la beauté à la laideur, la pro-
5 preté à la saleté? Puisque vous ne parvenez pas à démontrer solidement que ces questions méritent une réponse positive, la preuve est faite qu'il faut dire non. Alors, refusons toutes ces valeurs, tous ces devoirs, et donnons notre préférence à la crasse, au désordre, au
10 mal, à la malhonnêteté, à la folie, à l'impolitesse, à la paresse, à l'ignorance, bref au refus de tout ce qu'im- posait cette société de consommation sans en démon- trer la nécessité. Du même coup était condamné comme une imposture tout ce qui jusqu'alors s'était
15 appelé le progrès. Pourquoi la science, pourquoi des usines? Pourquoi le confort? Jetons tout cela par- dessus bord!

D'où pouvait venir ce brutal retournement de l'opinion dans une notable partie du monde intellectuel
20 occidental?

La science et la technique avaient-elles failli à leur mission? N'avaient-elles pas fait reculer la pau- vreté, disparaître les famines, prolongé la durée de la vie humaine, permis une réduction du travail et une
25 généralisation des loisirs, libéré ainsi les classes laborieuses d'un demi-esclavage, répandu l'instruc- tion, facilité les communications, ouvert le monde à l'information? Oui, mais tout cela était tellement évi- dent que la jeune génération, blasée, gorgée d'auto-
30 mobiles, de télévision, de confort, ne songeait même plus à l'inscrire au crédit de la société industrielle.

Par contre, on découvrait tout à coup les dangers et les inconvénients de ce prétendu progrès. La menace d'une guerre atomique pesait de plus en plus sur le
35 monde militarisé. Les jeunes gauchistes, rapidement abandonnés par les bourgeois frondeurs, parvenaient à les récupérer en brandissant un nouvel étendard, celui de la lutte contre la pollution. Et les exemples ne manquaient pas pour démontrer que les techniques
40 modernes aboutissaient à souiller les rivières et les océans, à rendre malsain l'air qu'on respirait dans les villes, à défigurer les paysages, et parfois même à menacer la vie des populations proches de certaines usines.
45 En même temps, on pouvait dénoncer la tristesse de l'existence dans les grands ensembles de béton,

l'agitation dans les grandes villes, l'urbanisation débridée et l'abandon des campagnes. Surtout, on établissait entre le travail artisanal et les cadences
50 accélérées dans les usines une comparaison qui ne paraissait pas à l'avantage de l'automatisation ou des chaînes de montage.

On en vint alors à oser mettre en doute l'utilité de la science, ce qui eût pu paraître, quelques années
55 auparavant, un crime de lèse-majesté. Les livres ins- pirés par cette tendance ne se comptent plus. Ils béné- ficiaient en effet, pendant quelques dizaines d'années, de la prime accordée à la nouveauté et au scandale. En outre, ils portaient sur un sujet permettant de briller
60 à bon marché. Car, on l'a dit souvent, rien n'est plus aisé que la critique. Il est plus facile de démolir que de construire. Et quelle joie de s'attaquer à une civilisation orgueilleuse, qui se croyait certaine de détenir la vérité comme le secret du bonheur des hommes. Enfin, les
65 contestataires se glorifièrent de faire preuve d'audace, en osant piétiner le mythe du confort, de la modernité, de la connaissance.

Cette vague, comme toutes celles que gonfle la mode, ne tarda pas à retomber. Et cela, d'autant plus
70 vite que la crise consécutive au renchérissement de l'énergie fait craindre que s'arrête le progrès, la crois- sance économique, et que diminuent le confort et l'ai- sance apportés par la civilisation technicienne. Quand on redoute de pouvoir moins consommer, on com-
75 mence à moins écouter ceux qui dénigrent la société de consommation.

Il reste qu'on a mis en honneur quelques reven- dications, notamment celle de la qualité de la vie, et qu'on a justement dénoncé quelques excès.
80 Mais on peut maintenant raison garder et pronon- cer le mot de «progrès» sans apparaître aussitôt comme un être rétrograde et débile.

Du même coup, le moment est venu de renoncer aux hypocrisies en cette matière, et d'accepter un peu
85 de clarté dans les thèses pour lesquelles on voudrait se battre.

Premièrement, quand on condamne le progrès scientifique et technique, quand on prétend regarder avec nostalgie le passé préindustriel et les sociétés
90 archaïques, il convient de ne pas faire semblant d'ignorer tout ce qu'impliquerait un retour en arrière. Sans mécanisation, sans automatisation, sans machines

perfectionnées, sans usines, sans les applications pratiques de la physique et de la chimie, c'est aussi la prospérité qui s'en va. Qu'on n'oublie pas, tout de
95 même, la condition des paysans il y a seulement trois siècles. À ceux qui, fort justement, se mobilisent contre la pollution, il faudrait rappeler le manque total d'hygiène qui régnait alors dans les villes. Le temps n'est
100 pas tellement éloigné non plus où l'on vivait dans la crainte des famines et des grandes épidémies. Dans nos sociétés dites de consommation, on ne meurt plus de faim, sauf très exceptionnellement. Autrefois, une mauvaise récolte entraînait une disette ou tout au moins
105 une malnutrition plus ou moins généralisée.

Il est vrai que l'homme ne vit pas seulement de pain. Et l'on nous dit que la civilisation des usines ne favorise pas la culture. Il est difficile d'émettre un jugement de valeur sur la culture moderne. En tout cas, ceux
110 qui l'entraînent vers l'absurdité sont bien souvent ceux aussi qui crient le plus fort contre le progrès. Mais ne confondons pas les modes transitoires avec l'ouverture générale d'une civilisation aux arts et aux lettres. Autrefois, cela est certain, la grande masse du peuple
115 était tenue dans l'ignorance et n'avait pas le temps de faire autre chose que travailler durement, manger frugalement et dormir. De nos jours, l'instruction est largement répandue. Et surtout les loisirs sont accordés à tous. L'usage qu'on en fait n'est peut-être pas toujours
120 le meilleur. Du moins chacun a-t-il la possibilité qu'il n'avait pas jadis de se cultiver. Or, tout cela n'est concevable que dans la mesure où les machines permettent à l'humanité d'avoir un niveau de vie élevé, tout en consacrant moins d'heures au travail. Renoncez à l'indus-
125 trialisation, et il faudra dire adieu aux congés payés, à l'école pour tous. Bref, la période préindustrielle impliquait l'impossibilité pour le peuple de participer à une culture qui restait nécessairement très aristocratique. Est-ce à cette situation que l'on veut revenir?

130 D'ailleurs, si l'on condamne l'idée même de progrès, où s'arrêtera-t-on, et pourquoi n'irait-on pas jusqu'au bout de la logique impliquée dans cette attitude d'esprit? L'invention du feu, et à plus forte raison celle de la métallurgie n'étaient-elles pas déjà un premier
135 pas vers l'industrialisation? La fondation des premiers villages, conséquence directe de la civilisation agricole, n'était-elle pas le prélude à l'urbanisation que certains déplorent aujourd'hui? Retournons donc à l'âge des

140 cavernes, revenons au paradis de l'homme de Cro-Magnon.

En face de cette position excessive, qui d'ailleurs n'est jamais franchement avouée, il serait difficile d'accepter le progrès technologique incontrôlé et d'en nier les conséquences parfois désastreuses. Nous avons
145 déjà égrené le chapelet, récité la litanie: pollution, villes asphyxiantes, vie trépidante, travail stéréotypé, abrutissement par les média, loisirs fabriqués, bruit, murs de béton, primauté de la vie matérielle, course au confort, éloignement de la nature.

150 Mais la science et les technologies qui, d'une manière ou d'une autre, sont derrière les réalisations porteuses de telles nuisances ne sont-elles pas, si l'on veut bien s'y appliquer, capables d'y porter remède? Çà et là, nous pouvons constater qu'avec certains
155 investissements les usines peuvent cesser de polluer l'air et l'eau, que les villes nouvelles peuvent être plaisantes, que la télévision est capable d'offrir de bonnes émissions, que le confort n'exclut pas la pensée féconde, que les perfectionnements techniques per-
160 mettent de lutter contre le bruit et qu'on peut construire sans gâcher les plus beaux paysages.

En définitive, quand on accepte et même quand on magnifie le progrès scientifique et technique, ce n'est pas nécessairement d'un progrès sauvage et non
165 maîtrisé que l'on parle, mais au contraire d'un perfectionnement qualitatif aussi bien que quantitatif de nos moyens de vivre mieux. Il serait juste de critiquer non pas l'avancement de nos connaissances, mais l'utilisation qu'on en fait. Il ne faut pas, comme l'on dit
170 familièrement, jeter le bébé avec l'eau du bain.

Le vrai problème est le suivant. Doit-on croire ou non que la condition humaine est perfectible et qu'elle ne peut l'être que grâce à une maîtrise de plus en plus grande des énergies matérielles? Ou même, pour aller
175 plus brutalement au fond de la logique des diverses thèses en présence, posons la question en termes concrets. Préférez-vous perfectionner notre société dite industrielle ou bien retourner à celle de Néanderthal ou de Cro-Magnon? Ou encore estimez-vous que tout cela
180 n'a aucune importance? ❮

Extrait de Jean Cazeneuve, *La raison d'être*,
© Éditions Albin Michel, 1981.

LES DÉBATS ESTHÉTIQUES

Est-ce beau ?

1 Tatouage.

2 Arman, *Long Term Parking* (1982) :
59 voitures coulées dans le béton.

3 Peinture murale.

4 Mode punk.

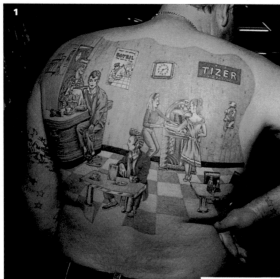

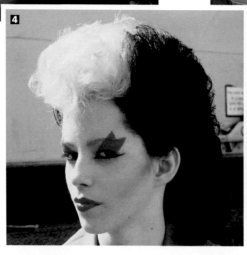

Tout le monde a son avis sur ce qui est beau et sur ce qui est laid. La beauté et la laideur sont des concepts totalement subjectifs. «Tous les goûts sont dans la nature», se plaît-on à répéter. Mais en fait, les jugements esthétiques ne sont pas qu'une affaire de goût personnel, ils sont très souvent guidés par des facteurs culturels. Ce qui était beau hier ne l'est peut-être plus aujourd'hui. Ce qui est beau pour les jeunes est peut-être trop excentrique pour les personnes âgées. Et ce qui est splendide pour des amateurs d'art contemporain est peut-être hideux pour quelqu'un qui n'a jamais mis les pieds dans un musée.

On porte des jugements esthétiques sur tout : sur les maisons, les vêtements, les tableaux, la musique, les films aussi. Et il nous arrive très souvent de vouloir convaincre un interlocuteur ou une interlocutrice que nos goûts sont les bons. On débat des questions esthétiques avec autant d'ardeur que l'on débat parfois de questions de société… Qui a dit que les goûts ne se discutent pas?

architecture · L'architecture · L'architecture · L'architecture · L'architecture · L'a
L'architecture · L'architecture
L'architecture
L'architecture

L'architecture

Les grandes réalisations architecturales suscitent très souvent la controverse. Les architectes pratiquent un art qui coûte extrêmement cher. De plus, leurs constructions bouleversent parfois considérablement le paysage urbain. Les édifices des architectes choquent parfois le public, qui se demande pourquoi gaspiller tant de ressources alors que dans la société il y a tant de misère à soulager.

Pourtant, les œuvres architecturales finissent le plus souvent par triompher. Que serait New York sans l'Empire State Building ? Rome sans le Colisée ? Saint Louis sans sa gigantesque arche d'acier ? Paris sans la tour Eiffel ? Dans bien des cas, les grandes œuvres architecturales finissent par conquérir le public et par devenir de gigantesques symboles de beauté.

Des constructions controversées

À Paris se côtoient la modernité et un patrimoine culturel remontant à plusieurs siècles. C'est ce qui explique sans doute que cette ville compte autant de constructions controversées :

- la pyramide du Louvre
- le centre Georges-Pompidou
- la Très Grande Bibliothèque
- la Grande Arche de la Défense
- l'Opéra de la Bastille

Le Québec a aussi ses constructions mal aimées. Il nous faudra peut-être une dizaine d'années pour voir en elles nos futurs symboles :

- le stade olympique de Montréal
- le complexe G à Québec
- l'édifice de l'École des hautes études commerciales (HEC) à Montréal
- les éoliennes de Cap-Chat

Vivement critiqué lors de son inauguration (1977) pour sa conception audacieuse (la tubulure et les câbles sont à l'extérieur), le centre national d'art et de culture Georges-Pompidou est aujourd'hui l'un des monuments les plus fréquentés de Paris.

Une lettre ouverte

LA TOUR EIFFEL :
PROTESTATION DES ARTISTES

La tour Eiffel est le symbole universel de Paris. Selon Roland Barthes, un intellectuel qui s'est intéressé aux grands mythes du monde moderne, la tour Eiffel «appartient à la langue universelle du voyage». Il suffit de l'apercevoir dans un guide touristique, dans un manuel scolaire, sur une affiche, sur la jaquette d'un livre ou à la une d'un journal pour comprendre tout de suite de quelle ville on parle. Si on se rend dans la ville lumière, on comprend pourquoi cette tour est si importante: on la voit de partout. Grâce à elle on peut s'orienter en tout temps dans ces rues labyrinthiques.

La tour Eiffel n'a pas toujours fait l'unanimité. L'écrivain Roland Barthes rapporte une anecdote amusante à ce sujet: «Maupassant déjeunait souvent au restaurant de la Tour, que pourtant il n'aimait pas: "C'est, disait-il, le seul endroit de Paris où je ne la vois pas."» Autre preuve du mépris que l'on a affiché pour l'œuvre: cette lettre ouverte, signée par une dizaine d'artistes, dont Guy de Maupassant. Publiée dans le journal *Le Temps* en 1887, durant la construction de la Tour, elle est adressée à M. Alphand, le directeur des travaux de l'Exposition universelle de Paris de 1889, pour laquelle la Tour était construite.

Nous venons, écrivains, peintres, sculpteurs, architectes, amateurs passionnés de la beauté jusqu'ici intacte de Paris, protester de toutes nos forces, de toute notre indignation, au nom du goût français méconnu, au nom de l'art et de l'histoire française mena-
5 cés, contre l'érection, en plein cœur de notre capitale, de l'inutile et monstrueuse tour Eiffel que la malignité publique, souvent empreinte de bon sens et d'esprit de justice, a déjà baptisée du nom de Tour de Babel.

Sans tomber dans l'exaltation du chauvinisme, nous avons le droit de proclamer bien haut que Paris est la ville sans rivale dans le monde.
10 Au-dessus de ses rues, de ses boulevards élargis, le long de ses quais admirables, au milieu de ses magnifiques promenades, surgissent les plus nobles monuments que le genre humain ait enfantés.

L'âme de la France, créatrice de chefs-d'œuvre, resplendit parmi cette floraison auguste de pierres. L'Italie, l'Allemagne, les Flandres, si
15 fières, à juste titre, de leurs héritages artistiques, ne possèdent rien qui soit comparable aux nôtres et, de tous les coins de l'univers, Paris s'attire la curiosité et l'admiration.

Allons-nous donc laisser profaner tout cela?

La ville de Paris va-t-elle donc s'associer plus
20 longtemps aux baroques, aux mercantiles imaginations d'un constructeur de machines, pour s'enlaidir irréparablement et se déshonorer?

Car la tour Eiffel, dont la commerciale Amérique ne voudrait pas, c'est, n'en doutez pas, le déshonneur de ›

La tour Eiffel en construction, 1887-1889.

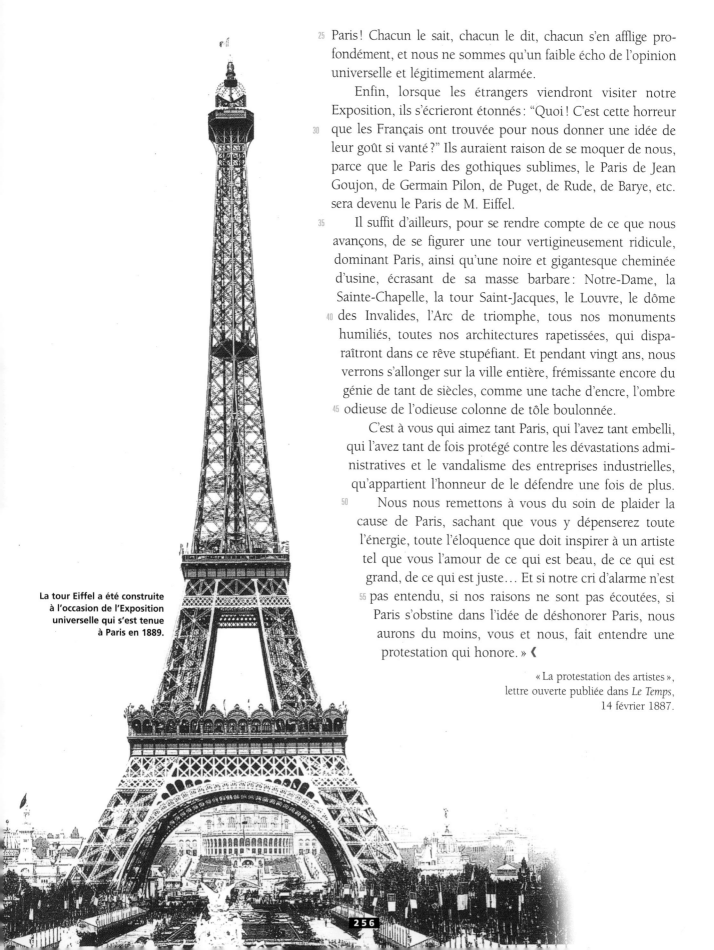

25 Paris! Chacun le sait, chacun le dit, chacun s'en afflige profondément, et nous ne sommes qu'un faible écho de l'opinion universelle et légitimement alarmée.

Enfin, lorsque les étrangers viendront visiter notre Exposition, ils s'écrieront étonnés: "Quoi! C'est cette horreur 30 que les Français ont trouvée pour nous donner une idée de leur goût si vanté?" Ils auraient raison de se moquer de nous, parce que le Paris des gothiques sublimes, le Paris de Jean Goujon, de Germain Pilon, de Puget, de Rude, de Barye, etc. sera devenu le Paris de M. Eiffel.

35 Il suffit d'ailleurs, pour se rendre compte de ce que nous avançons, de se figurer une tour vertigineusement ridicule, dominant Paris, ainsi qu'une noire et gigantesque cheminée d'usine, écrasant de sa masse barbare: Notre-Dame, la Sainte-Chapelle, la tour Saint-Jacques, le Louvre, le dôme 40 des Invalides, l'Arc de triomphe, tous nos monuments humiliés, toutes nos architectures rapetissées, qui disparaîtront dans ce rêve stupéfiant. Et pendant vingt ans, nous verrons s'allonger sur la ville entière, frémissante encore du génie de tant de siècles, comme une tache d'encre, l'ombre 45 odieuse de l'odieuse colonne de tôle boulonnée.

C'est à vous qui aimez tant Paris, qui l'avez tant embelli, qui l'avez tant de fois protégé contre les dévastations administratives et le vandalisme des entreprises industrielles, qu'appartient l'honneur de le défendre une fois de plus. 50 Nous nous remettons à vous du soin de plaider la cause de Paris, sachant que vous y dépenserez toute l'énergie, toute l'éloquence que doit inspirer à un artiste tel que vous l'amour de ce qui est beau, de ce qui est grand, de ce qui est juste… Et si notre cri d'alarme n'est 55 pas entendu, si nos raisons ne sont pas écoutées, si Paris s'obstine dans l'idée de déshonorer Paris, nous aurons du moins, vous et nous, fait entendre une protestation qui honore. » ❰

« La protestation des artistes »,
lettre ouverte publiée dans *Le Temps*,
14 février 1887.

La tour Eiffel a été construite à l'occasion de l'Exposition universelle qui s'est tenue à Paris en 1889.

Une réfutation

LA RÉPONSE DE GUSTAVE EIFFEL

L'ingénieur Gustave Eiffel répondit à ses détracteurs dans le même journal. Sa réponse constitue un modèle de réfutation : il reprend de façon systématique l'argumentation de ses adversaires. Finalement, l'histoire lui donnera raison.

Quels sont les motifs que donnent les artistes pour protester contre l'érection de la tour ? Qu'elle est inutile et monstrueuse ! Nous parlerons de l'inutilité tout à l'heure. Ne nous occupons pour le moment que du mérite esthétique sur lequel les artistes sont plus particulièrement compétents.

5 Je voudrais bien savoir sur quoi ils fondent leur jugement. Car, remarquez-le, monsieur, cette tour, personne ne l'a vue et personne, avant qu'elle ne soit construite, ne pourrait dire ce qu'elle sera. On ne la connaît jusqu'à présent que par un simple dessin géométral ; mais, quoiqu'il ait été tiré à des centaines de mille d'exemplaires, est-il permis d'apprécier avec compétence l'effet général artistique
10 d'un monument d'après un simple dessin, quand ce monument sort tellement des dimensions déjà pratiquées et des formes déjà connues ?

Et, si la tour, quand elle sera construite, était regardée comme une chose belle et intéressante, les artistes ne regretteraient-ils pas d'être partis si vite et si légèrement en campagne ? Qu'ils attendent donc de l'avoir vue pour s'en faire une juste
15 idée et pouvoir la juger.

Je vous dirai toute ma pensée et toutes mes espérances. Je crois, pour ma part, que la tour aura sa beauté propre. Parce que nous sommes des ingénieurs, croit-on donc que sa beauté ne nous préoccupe pas dans nos constructions et qu'en même temps que nous faisons solide et durable nous ne nous efforçons pas de
20 faire élégant ? Est-ce que les véritables conditions de la force ne sont pas toujours conformes aux conditions secrètes de l'harmonie ? Le premier principe de l'esthétique architecturale est que les lignes essentielles d'un monument soient déterminées par la parfaite appropriation à sa destination. Or, de quelle condition ai-je eu, avant tout, à tenir compte dans la tour ? De la résistance au vent. Eh bien ! je
25 prétends que les courbes des quatre arêtes du monument telles que le calcul les a fournies, qui, partant d'un énorme et inusité empattement à la base, vont en s'effilant jusqu'au sommet, donneront une grande impression de force et de beauté ; car elles traduiront aux yeux la hardiesse de la conception dans son ensemble, de même que les nombreux vides ménagés dans les éléments mêmes de la construc-
30 tion accuseront fortement le constant souci de ne pas livrer inutilement aux violences des ouragans des surfaces dangereuses pour la stabilité de l'édifice.

La tour sera le plus haut édifice qu'aient jamais élevé les hommes. Ne sera-t-elle donc pas grandiose aussi à sa façon ? Et pourquoi ce qui est admirable en Égypte deviendrait-il hideux et ridicule à Paris ? Je cherche et j'avoue que je ne
35 trouve pas.

❯

La protestation dit que la tour va écraser de sa grosse masse barbare Notre-Dame, la Sainte-Chapelle, la tour Saint-Jacques, le Louvre, le dôme des Invalides, l'Arc de triomphe, tous nos monuments. Que de choses à la fois! Cela fait sourire, vraiment. Quand on veut admirer Notre-Dame, on va la voir du parvis. En quoi
40 du Champ-de-Mars la tour gênera-t-elle le curieux placé sur le parvis de Notre-Dame, qui ne la verra pas? C'est d'ailleurs une des idées les plus fausses, quoique des plus répandues, même parmi les artistes, que celle qui consiste à croire qu'un édifice élevé écrase les constructions environnantes. Regardez si l'Opéra ne paraît pas plus écrasé par les maisons du voisinage qu'il ne les écrase lui-même. Allez au
45 rond-point de l'Étoile, et, parce que l'Arc de triomphe est grand, les maisons de la place ne vous en paraîtront pas plus petites. Au contraire, les maisons ont bien l'air d'avoir la hauteur qu'elles ont réellement, c'est-à-dire à peu près quinze mètres, et il faut un effort de l'esprit pour se persuader que l'Arc de triomphe en mesure quarante-cinq, c'est-à-dire trois fois plus.

50 Reste la question d'utilité. Ici, puisque nous quittons le domaine artistique, il me sera bien permis d'opposer à l'opinion des artistes celle du public.

Je ne crois point faire preuve de vanité en disant que jamais projet n'a été plus populaire; j'ai tous les jours la preuve qu'il n'y a pas dans Paris de gens, si humbles qu'ils soient, qui ne le connaissent et ne s'y intéressent. À l'étranger même,
55 quand il m'arrive de voyager, je suis étonné du retentissement qu'il a eu.

Quant aux savants, les vrais juges de la question d'utilité, je puis dire qu'ils sont unanimes.

Non seulement la tour promet d'intéressantes observations pour l'astronomie, la météorologie et la physique, non seulement elle permettra en temps de guerre
60 de tenir Paris constamment relié au reste de la France, mais elle sera en même temps la preuve éclatante des progrès réalisés en ce siècle par l'art des ingénieurs.

C'est seulement à notre époque, en ces dernières années, que l'on pouvait dresser des calculs assez sûrs et travailler le fer avec assez de précision pour songer à une aussi gigantesque entreprise.

65 N'est-ce rien pour la gloire de Paris que ce résumé de la science contemporaine soit érigé dans ses murs? La protestation gratifie la tour d'*odieuse colonne de tôle boulonnée*. Je n'ai point vu ce ton de dédain sans une certaine impression irritante. Il y a parmi les signataires des hommes qui ont toute mon admiration; mais il y en a beaucoup d'autres qui ne sont connus que par des productions de l'art le
70 plus inférieur ou par celles d'une littérature qui ne profite pas beaucoup au bon renom de notre pays.

M. de Vogüe, dans un récent article de la *Revue des Deux Mondes*, après avoir constaté que dans n'importe quelle ville d'Europe où il passait il entendait répéter les plus ineptes chansons alors à la mode dans nos cafés-concerts, se demandait si
75 nous étions en train de devenir les Græculi du monde contemporain. Il me semble que n'eût-elle pas d'autre raison d'être que de montrer que nous ne sommes pas simplement le pays des amuseurs, mais aussi celui des ingénieurs et des constructeurs qu'on appelle de toutes les régions du monde pour édifier les ponts, les viaducs, les gares et les grands monuments de l'industrie moderne, la tour Eiffel
80 mériterait d'être traitée avec considération. ❮

Le Temps, 14 février 1887.

Les arts visuels

« C'est de l'art, ça? » On entend parfois ce commentaire dans les galeries d'art ou les musées d'art contemporain. En effet, les arts visuels d'aujourd'hui sont souvent provocateurs et laissent le public perplexe. On se demande si ce qu'on voit est vraiment beau. Le problème n'est pas nouveau. Tous les artistes qui ont innové ont fait face aux critiques de leurs contemporains. Même les impressionnistes, dont les toiles se vendent aujourd'hui des millions de dollars, ont été pris à partie par la critique. Il faut peut-être en tirer une leçon: les œuvres controversées d'aujourd'hui sont peut-être les chefs-d'œuvre de demain.

Le sculpteur québécois Armand Vaillancourt (1929) est un pionnier de la sculpture non figurative au Québec.

Quelques formes d'art controversées

- Surréalisme
- Dadaïsme
- Pop art
- Land art
- Ready made
- Op art
- Art conceptuel

LES IMPRESSIONNISTES AU PILORI

Aujourd'hui, on trouve des reproductions de grands peintres impressionnistes sur des t-shirts, des jeux de cartes, des parapluies, des tasses, et même des rideaux de douche. Cependant, les impressionnistes n'ont pas toujours eu cette popularité : à leurs débuts, les Renoir, Monet, Manet, Cézanne n'étaient pas les bienvenus dans les galeries d'art. La critique et le public considéraient leurs tableaux comme bâclés, inachevés. L'article critique suivant, paru dans le journal *Le Figaro* en 1876, traite d'une exposition impressionniste qui eut lieu à la fin du XIXᵉ siècle.

On vient d'ouvrir chez Durand-Ruel une exposition qu'on dit être de peinture. Le passant inoffensif, attiré par les drapeaux qui décorent la façade, entre, et à ses yeux épouvantés s'offre un spectacle cruel : cinq ou six aliénés, dont une femme, un groupe de malheureux atteints de la folie de
5 l'ambition, s'y sont donné rendez-vous pour exposer leurs œuvres. Il y a des gens qui pouffent de rire devant ces choses. Moi, j'en ai le cœur serré. Ces soi-disant artistes s'intitulent les intransigeants, les impressionnistes ; ils prennent des toiles, de la couleur et des brosses, jettent au hasard quelques tons et signent le tout… Effroyable spectacle de la vanité humaine s'égarant jusqu'à la démence. Faites
10 donc comprendre à M. Pissarro que les arbres ne sont pas violets, que le ciel n'est pas d'un ton beurre frais, que dans aucun pays on ne voit les choses qu'il peint et qu'aucune intelligence ne peut adopter de
15 pareils égarements !… Essayez donc de faire entendre raison à M. Degas ; dites-lui qu'il y a en art quelques qualités ayant nom : le dessin, la couleur, l'exécution,
20 la volonté ; il vous rira au nez et vous traitera de réactionnaire.

Camille Pissarro, *Hyde Park, Londres,* 1890.

« Faites donc comprendre à M. Pissarro que les arbres ne sont pas violets… »

«Essayez donc d'expliquer à M. Renoir que le torse d'une femme n'est pas un amas de chairs en décomposition avec des taches vertes, violacées, qui dénotent l'état de complète putréfaction dans un cadavre!»

Pierre-Auguste Renoir, *Blonde à la rose*, vers 1915-1917.

Essayez donc d'expliquer à M. Renoir que le torse d'une femme n'est pas un amas de chairs en décomposition avec des taches vertes, violacées, qui dénotent l'état de complète putréfaction dans un cadavre!… Et c'est cet amas de choses grossières
25 qu'on expose en public, sans songer aux conséquences fatales qu'elles peuvent entraîner! Hier, on a arrêté, rue Le Peletier, un pauvre homme qui, en sortant de cette exposition, mordait les passants. Pour parler sérieusement, il faut plaindre les égarés; la nature bienveillante avait doué quelques-uns de qualités premières qui auraient pu faire des artistes. Mais, dans la mutuelle admiration de leur égarement
30 commun, les membres de ce cénacle de la haute médiocrité vaniteuse et tapageuse ont élevé la négation de tout ce qui fait l'art à la hauteur d'un principe; ils ont attaché un vieux torche-pinceau à un manche à balai et s'en sont fait un drapeau. Sachant fort bien que l'absence complète de toute éducation artistique leur défend à jamais de franchir le fossé profond qui sépare une tentative d'une œuvre d'art,
35 ils se barricadent dans leur insuffisance, qui égale leur suffisance, et tous les ans ils reviennent avant le Salon avec leurs turpitudes à l'huile et à l'aquarelle protester contre cette magnifique école française qui fut si riche en grands artistes… Je connais quelques-uns de ces impressionnistes pénibles; ce sont des jeunes gens charmants, très convaincus, qui se figurent sérieusement qu'ils ont trouvé leur voie. Ce
40 spectacle est affligeant. ❮

Extrait d'un article de Albert Wolff
paru dans *Le Figaro*, 3 avril 1876.

es visuels · Les arts visuels · Les arts visuels · Les arts visue

Une polémique

LES CAS ROTHKO ET NEWMAN

Les musées sont généralement administrés par des organismes publics destinés à promouvoir différentes formes d'art. Il est très coûteux aujourd'hui de faire l'acquisition d'œuvres prestigieuses et comme c'est souvent l'argent des contribuables qui sert à régler la facture, le public se scandalise facilement de l'utilisation de ces millions. Pourtant, ces œuvres permettent aux grands musées de s'assurer un rayonnement international. La question des acquisitions d'œuvres par les musées fait l'objet de débats auxquels se mêlent souvent des considérations esthétiques. On se demande quel est le prix de l'art. Le travail des artistes vaut-il tous ces millions ? On accepte pourtant que les joueurs de hockey gagnent une fortune… Voici deux cas d'acquisition d'œuvres onéreuses ainsi que les réactions que ces achats ont suscitées.

Un matelas ?

Devant une photo de ce fameux tableau N° 16, je me suis dis que, en tant que graphiste, il me serait facile de démystifier ce phénomène tant controversé.

5   Dans sa composition générale, considérons d'abord les formes… peut-être l'équilibre… ou encore l'harmonie…, voyons les relations entre les composantes. Sa simplicité… voilà sa force, elle est tellement simple qu'elle nous projette en pleine confusion.

Peut-être avons-nous négligé de regarder ce
10 tableau sens dessus dessous et couché sur le dos, car parfois à partir d'un angle inédit, les effets visuels peuvent devenir très révélateurs.

Admettons que l'on nous affirme devoir regarder ce tableau pendant plusieurs heures, avant de
15 pouvoir l'apprécier à sa juste valeur. Pourtant les Américains l'ont contemplé pendant 25 ans, pour ensuite nous le vendre.

Le litige doit résider dans le message, qui semble dégager un léger soupçon de matelas à la verticale
20 qui ressort du tableau, comme pour vous inviter à vous y étendre, à cause des heures requises pour venir à le comprendre.

Mais que peut exprimer un matelas ? Une allusion à nos sénateurs ? Une référence au déménagement des
25 Mulroney ? Que le pays repose dans le rouge ?

Mais, voilà la réponse. Avoir réussi à convaincre un pays que ceci valait 1,8 million de dollars, à prix d'aubaine en plus, n'est-ce pas génial ? Nul doute, une richesse dort cachée sous ce matelas.

30 Or, pour les sceptiques qui demeurent confondus, il y a une grande consolation dans le N° 16 : imaginez ceux qui ont investi dans les 15 premiers tableaux ! ❮

Mark Rothko, *N° 16*, 1957.

Hervé Goneau, Ottawa
Le Droit, 26 juillet 1993.

Le tableau intitulé *Voice of Fire* de l'Américain Barnett Newman, exposé depuis la semaine dernière à la Galerie nationale du Canada à Ottawa, continue d'étonner. Certains ne com-
5 prennent pas que le musée national ait pu payer 1,8 million de dollars, ce qui représente les deux tiers de son budget annuel, une œuvre qu'ils jugent un peu trop dépouillée sinon simpliste. Le peintre en bâtiment John Czupryniak
10 a d'ailleurs décidé quant à lui de faire concurrence à l'artiste américain en peignant sur son terrain de Nepean, près d'Ottawa, une réplique exacte du chef-d'œuvre du musée national, une bande rouge entourée de deux bandes bleues.

La Presse, 19 mars 1990.

Le prix de l'art

Comme ce fut le cas avec le tableau de Barnett Newman, la polémique reprend autour de la toile de Rothko.

Je me considère citoyenne très moyenne, mais
5 suis très fière que le milieu des musées compte des « bien-pensants » soucieux de continuer une tradition, même au risque de déplaire. Si l'art est l'expression d'un idéal de beauté, comme le souligne Monsieur Bonneau très justement, cet idéal de beauté est à
10 plusieurs niveaux, et l'art abstrait émeut bien des amateurs, croyez-moi.

Lorsque je visite les expositions itinérantes du Musée de même que la collection permanente, je me réjouis de la diversité des œuvres, des formats, des
15 techniques, des performances. Je plonge dans le passé, l'histoire, la sociologie, je cherche, me questionne, établis une communication avec le tableau. Je cherche à découvrir l'insondable. L'art du XXᵉ siècle me comble particulièrement parce qu'il exprime l'in-
20 décision de notre époque et ses grandes douleurs, les espoirs et l'énergie des couleurs et de la matière.

L'époque abstraite new-yorkaise de Rothko, Newman, Kline… est la plus difficile, peut-être parce que la plus vide. Cependant, ce vide pictural est un
25 plein spirituel et là encore, c'est une recherche de l'homme de notre époque. Le danger est que c'est de la peinture intellectuelle très coûteuse en période de récession. Mais attention, plus que jamais en cette période de crise, n'abandonnons pas la recherche
30 pour tomber dans la médiocrité. On accorde à l'informaticien supérieur un statut qui lui permet de prendre des décisions indiscutables quant à ses investissements. Pourquoi l'opinion publique veut-elle gérer et décider à la place des spécialistes, érudits
35 et formés, ouverts à la philosophie, denrée cruciale et irremplaçable ?

Les musées canadiens sont ouverts pas seulement pour aller voir « l'idéal de beauté » qui est étroitement le nôtre, mais aussi pour essayer de comprendre
40 l'idéal de beauté d'artistes de chez nous et d'ailleurs ; de beauté plastique, morale ou philosophique. En cette période de crise justement, ouvrons notre esprit. C'est le temps, et que cela ne nous empêche pas de peindre avec amour les paysages canadiens ou
45 les natures mortes de chez nous.

Le Musée des beaux-arts fait, quant à lui, son travail pour la survie de l'art. Ce n'est pas là que sont à faire les grosses économies. La connaissance et le rêve que procure l'art n'ont pas de prix. ❬

Colette Dromaguet-Bourget, enseignante
au secondaire en arts visuels, Bourget

Le Droit, 26 juillet 1993.

UNE ROBE DE VIANDE !

L'art contemporain est souvent abstrait, provocant et étrange. À la vue de certaines œuvres, le public se demande si ce qu'il voit est « beau » ou « laid ». Comment, par exemple, juger le travail de l'étonnante Jana Sterbak ? Quels sont les critères esthétiques nécessaires pour apprécier une œuvre aussi surprenante qu'une robe de viande ?

Jana Sterbak, une sorcière ?

Cet article critique traite de l'exposition que Jana Sterbak a présentée au Musée des beaux-arts du Canada, à Ottawa, en 1991.

Dimanche dernier, le Musée des beaux-arts du Canada était d'un calme désespérant alors qu'une foule, inhabituelle pour Ottawa, était rassemblée pas très loin de là, sur la place du marché. Sans doute le
5 soleil de la Saint-Patrick retenait-il les gens dehors.

Il y avait pourtant de quoi se mettre sous la dent, au Musée : la robe en viande de Jana Sterbak faite de lambeaux de bœuf habilement cousus ensemble et ajustés sur un mannequin,
10 vedette de la rétrospective

Il a sûrement fallu beaucoup d'audace pour enfiler cette robe inusitée !

consacrée à la jeune artiste. Chair sur chair, en lente putréfaction, qui finira par sentir bien mauvais si la détérioration de la viande se fait de la même manière qu'à la galerie René Blouin, à Montréal, il y a deux ou
15 trois ans.

La rétrospective de Jana Sterbak, Tchèque d'origine, Canadienne de nationalité et Montréalaise d'adoption, est inusitée à plus d'un titre. Les artistes canadiens qui ont droit à une rétrospective de leur
20 vivant dans nos musées sont rares, encore plus rares s'ils sont des femmes, et extrêmement rares s'ils ont à peine 35 ans, comme c'est le cas de Sterbak.

Et, si l'on veut bien voir le musée de Moshe Safdie comme l'encadrement doré, élégant et luxueux d'œu-
25 vres d'art consacrées par le temps, ça fait un choc de retrouver dans les salles autrefois réservées à Degas, des objets qui sentent mauvais, qui donnent des chocs électriques, qui chauffent ; ou encore, des tas de petits viscères en plomb – cœur, estomac, pénis – qui traî-
30 nent par terre. Il y a certainement des amateurs d'art qui ne se remettront jamais de leur visite.

Jana Sterbak, *Vanitas : Robe de chair pour albinos anorexique*, 1987.

MÉTAL HURLANT

L'art de Jana Sterbak – qui descend en droite ligne de Dada mais qui ne pourrait pas ne pas être celui d'une femme – est à la fois séduisant et repoussant.

Séduisant dans sa simplicité – on croit avoir affaire à des objets familiers – et dans son efficacité ; repoussant dans les idées troublantes qu'il suggère et qui évoquent la mort, la torture, la manipulation, le contrôle des cerveaux. Il y a quelque chose de « métal hurlant » dans l'art de Sterbak. Mais aussi beaucoup d'humour et d'intelligence.

Si la robe en viande est la « sculpture » la plus médiatique de la rétrospective intitulée *Corps à corps*, deux autres robes conviendraient bien à un bal de vampires : la robe chauffante et la robe télécommandée.

La robe chauffante, à longues manches, est faite d'un grillage autour duquel s'enroulent, comme un serpent, des éléments chauffants branchés sur un courant électrique. Sur le mur derrière, un message écrit est projeté. Il dit (dans sa traduction française) : « Je veux que tu éprouves ce que je ressens : ma tête est enveloppée de fil barbelé et ma peau frotte contre ma chair à l'intérieur… »

La robe télécommandée évoque une énorme crinoline d'autrefois. Elle est munie d'un siège-culotte en toile, de roulettes, et d'une série de gadgets électriques. Pour que la robe soit « habitée », il faut que deux personnes soulèvent une barre à laquelle se tient une performeuse et l'aident à se glisser dans le siège. Le siège est placé si haut que les jambes de « l'habitante » ne peuvent toucher à terre. La performeuse peut se déplacer dans l'espace à l'aide de commandes, mais d'autres aussi pourraient la faire se déplacer avec les mêmes télécommandes. (Diane Dufresne adorerait !) Il y a deux robes de ce genre dans l'exposition, et en l'absence de performances, on peut les voir en mouvement sur un écran vidéo.

Parmi les objets inquiétants, un divan, en grillage toujours, évoque un canapé de courtisane. Mais c'est peut-être en même temps un divan de psychanalyste ou de tortionnaire, parce qu'il émet des bruits inquiétants et donne des chocs électriques. À moins qu'il ne soit question ici des dangers de la séduction.

Ailleurs, ce sont des lits simples, et un lit double, dont les oreillers, brodés à la main, envoient des messages comme : « disease », « sexual fantasies »,

Jana Sterbak, *Remote Control II* (robe télécommandée), 1989.

« reputation », etc. Il y a aussi une photo montrant une nuque d'homme rasée portant la marque informatisée de produits de commerce. Sans oublier un cercueil en verre renfermant un petit cercueil en miroir dans lequel les visiteurs peuvent se mirer.

Les petites choses de Jana Sterbak ne sont guère plus rassurantes, comme cette colonne vertébrale dite de rechange appuyée sur un mur, ou cet ensemble de viscères ou de membres en plomb, en bronze ou en caoutchouc, éparpillés par terre. Même les cônes faits avec des rubans à mesurer entortillés sur eux-mêmes deviennent maléfiques quand on les voit plantés au bout des doigts d'une femme comme les ongles d'une sorcière.

L'exposition de Jana Sterbak, qui se poursuit au Musée des beaux-arts du Canada jusqu'au 20 mai, ne laissera personne indifférent. Mais vous y allez à vos risques. Voilà un art « féminin » qui n'a rien à voir avec les tulipes. ❬

Jocelyne Lepage, « Jana Sterbak, une sorcière ? Son art n'a rien de rassurant », *La Presse*, 23 mars 1991.

LES DÉBATS ESTHÉTIQUES

Jana Sterbak défend sa robe de viande

La robe de viande de Jana Sterbak a provoqué un débat enflammé où se mêlaient des questions d'ordre esthétique, politique et économique. Cet article de La Presse *relate les propos des différents protagonistes dans cette affaire.*

C'« est de l'opportunisme, juste une façon pour quelques politiciens d'Ottawa de se donner de la notoriété », déclarait hier Jana Sterbak, 5 jointe chez elle à Montréal, à propos du tollé suscité à Ottawa par sa *robe de viande*. « S'ils sont vraiment sensibles au sort des gens, ils feraient mieux de s'en prendre au gouvernement et à la 10 récession. »

Intitulée *Vanitas : Robe de chair pour albinos anorexique*, l'œuvre de la jeune artiste montréalaise d'origine tchécoslovaque que présente à Ottawa le 15 Musée des beaux-arts du Canada, est fabriquée avec quelque 23 kilos de viande fraîche qui se décompose lentement. Elle a été montrée pour la première fois il y a quatre ans, en mai 20 1987, à la Galerie René Blouin de Montréal. Sans susciter la controverse.

« Avec trois bouts de viande, elle nous met notre condition en pleine face : l'inéluctabilité de la mort, notre 25 corps qui dépérit », déclarait René Blouin hier, joint également chez lui, qui agit à titre de gérant de l'artiste. « Dans ma galerie qui est située en plein quartier de la fourrure – rue 30 Sainte-Catherine, entre les rues Bleury et Saint-Alexandre – les travailleurs du vêtement de l'édifice étaient venus à l'époque. Loin d'être scandalisés, ils ont été émus. »

FONDS PUBLICS OU PRIVÉS ?

35 « Je n'ai rien contre l'œuvre, rien contre les arts, ni rien contre le musée », déclarait quant à lui hier M. Pierre Bourque, le conseiller qui représente le quartier de By-Rideau où est situé le 40 musée, et qui est l'un de ceux qui ont attaché le grelot au cours du week-end pascal.

Les autres sont M. Mark Maloney, également conseiller municipal dans la 45 capitale, le député conservateur fédéral du Manitoba, M. Felix Holtmann, qui préside le comité des Communes sur la culture, et le gérant de la banque de nourriture d'Ottawa, M. Dick Hudson. 50 Un inspecteur régional de la santé appelé à la rescousse, le docteur Edward Ellis, est même venu examiner les 23 kilos de steak de plus en plus faisandé, pour déclarer qu'ils ne 55 représentaient aucun risque pour les visiteurs, à condition que personne n'y touche ou n'y goûte !

« Il y a eu des plaintes », me concède M. Bourque joint hier à son bureau de la 60 mairie d'Ottawa, à la question de savoir pourquoi il avait attendu trois semaines avant d'alerter les médias. « Mais je représente un district où il y a des centaines de gens qui n'ont rien à manger », 65 s'empresse-t-il d'ajouter en prenant la démarche à son compte.

« Pour moi, le bœuf, c'est pour la nourriture, pas pour l'art, explique-t-il. Mais ça, c'est un point secondaire. Le 70 principal, c'est que c'est fait avec des fonds publics. Je ne dirais rien si c'était des fonds privés. S'ils veulent continuer, qu'ils aillent en chercher. Mais là, c'est la perte de nos taxes dans une 75 période où les gouvernements se plaignent de manquer d'argent pour les pauvres et pour les hôpitaux. »

La quantité de viande fraîche utili-
sée, qui doit évidemment être renouve-
80 lée périodiquement, est évaluée à 300 $.

UNE TRADITION CHRÉTIENNE

À cela, Jana Sterbak répondait hier
au téléphone, « que la viande qu'elle
emploie est un matériau, même si c'est
de la nourriture, et que peu importe le
85 matériau, de toute façon, avec l'art,
l'argent ne finit jamais sur la table des
pauvres ».

**Avec le temps,
la robe de viande
change de couleur.**

Jana Sterbak, *Vanitas : Robe de chair
pour albinos anorexique*, 1987.

Dans une déclaration écrite en
langue anglaise qu'elle remettait aux
90 médias, l'artiste ajoutait que « le vrai
problème n'est pas le manque de nourriture, au Canada, mais le manque de
volonté politique et sociale de redis-
tribuer les ressources économiques
95 nécessaires aux gens pour en acheter ».

Après avoir expliqué le lien
qu'établit le titre de *Vanitas* (« vide » en
latin) donné à son œuvre avec une
forme d'art en vogue au Moyen Âge et
100 à la Renaissance, qui consistait à
représenter des objets périssables à
divers stades de décomposition pour
rappeler aux chrétiens la vanité de
toutes les choses que procurent l'argent
105 et le pouvoir par opposition aux vraies
richesses qui sont spirituelles et éternelles, l'artiste souligne avec ironie que
l'effet que son œuvre semble avoir
sur les personnes au pouvoir atteste de
110 sa valeur.

Et plus sérieusement, elle se
demande si derrière ces critiques, ne se
profile pas une remise en cause de
l'aide aux arts, à la culture et à l'activité
115 intellectuelle. Les récentes coupures
des dépenses publiques dans ces
domaines sont inquiétantes pour toute
la communauté, affirme-t-elle, et sont
en contradiction avec le genre de
120 société attentive aux besoins et capable
de solutionner les problèmes dont se
réclament des détracteurs peut-être
mal informés. ❬

Bruno Dostie, « Jana Sterbak défend
sa robe-bifteck », *La Presse*, 3 avril 1991.

La musique

La musique populaire est à la merci des modes. Elles sont bien éphémères, les vedettes de la radio et de la télévision. Ce qu'elles chantent, est-ce de l'art ? est-ce beau ? est-ce de la musique ou du bruit ? Évidemment, les points de vue sont partagés. C'est une question de goût et de génération. Tout le monde a un avis sur les qualités esthétiques du rap ou de la musique country. Les vedettes de l'heure ne nous laissent jamais indifférents, et le « hit » de l'été nous fait soit danser, soit rager.

Des styles populaires qu'on aime ou qu'on aime détester

- Rap
- Country
- Metal
- Punk
- Gothique
- Drum n'Bass
- Electronica
- Hip-Hop
- Reggae
- Et tous ces autres styles qu'on inventera dans l'avenir.

1 DJ à l'œuvre dans un rave.
2 Le groupe Kiss.
3 Bob Marley.
4 Les Spice Girls.

POUR ENFANTS D'UN CERTAIN ÂGE !

Le journaliste Claude Gingras est un spécialiste de la musique classique; il n'est pas du tout le genre de personne qu'on peut croiser dans un concert rock. Son travail de journaliste l'amène plutôt à critiquer des interprètes de Bach, de Mozart, de Chopin. À *La Presse*, pour s'amuser, on lui a demandé de faire le compte rendu d'un concert d'AC/DC. À la surprise générale, le journaliste a avoué posséder deux disques de cette formation « hard rock » dans sa très vaste collection.

J'ai mes vices cachés, comme tout le monde. Par exemple, j'aime assez certaines de ces musiques que l'on groupe sous le nom de rock. Ou plutôt, je trouve que certains disques de ce genre sonnent
5 extraordinairement bien sur ma chaîne laser. Il y a là une vitalité dans le rythme et, surtout, une nouveauté dans le son proprement irrésistibles. Je ne connais pas l'équivalent exact en musique dite classique.

Que mes lecteurs fidèles se rassurent cependant.
10 Je place le rock très bas dans mes nourritures spirituelles. Au niveau, à peu près, du cornet de crème glacée molle qui rappelle à chacun de nous les plaisirs innocents de son enfance.

Mais la commande de mon directeur était par-
15 faitement défendable. Le critique de musique classique allait donner son point de vue sur un concert de groupe rock – plus précisément, celui du quintette australien AC/DC, samedi soir au Forum. Il y avait reprise le lendemain soir, comme à l'OSM. Mais,
20 comme à l'OSM, le premier soir me suffirait.

On m'avait prévenu que le son était d'une puissance épouvantable. À la porte, l'attachée de presse me tend une paire de « protecteurs acoustiques » – autrement dit, de « plugs » pour les tympans. Je note
25 que les placeurs, agents de sécurité et autres ont déjà mis leurs « plugs ». J'irai bravement, sans « plugs ». J'ai déjà écouté du Xenakis à 800 haut-parleurs, la guerre du Golfe ne me fait donc pas peur.

Le Forum est plein à craquer : 15 000 jeunes, tous
30 des 20-25 ans, 30 000 bras levés pour accueillir la « première partie », un groupe américain qui a nom L. A. Guns. J'ai été bien inspiré de me tenir près d'une

sortie. Toutes les sorties, ce soir, sont des sorties de secours. Le son est tellement fort – TELLEMENT
35 FORT !!! – qu'on ne distingue plus rien de ce qui peut être mélodie ou texte. Comme j'ai encore besoin de mes tympans pour autre chose, je fais la navette entre l'intérieur et le corridor, où des douzaines d'auditeurs attendent le groupe vedette,
40 ce pour quoi ils sont venus. Mais je plains ceux qui sont emprisonnés dans les gradins. Et je comprends maintenant pourquoi il faut interpeller quatre fois un messager avant qu'il ne vous entende.

What ? Je dis que la génération du rock sera une
45 génération de sourds.

L. A. Guns – plutôt banal – fait une grosse demi-heure et disparaît sous les applaudissements. Un expert m'explique que ceux-ci ont une signification libératoire et que les « premières parties » ont l'habi-
50 tude d'être ainsi délogées. Leurs caisses de son les suivent hors de scène et les déménageurs poussent immédiatement l'équipement d'AC/DC.

Après de longues minutes d'un ostinato infernal des 30 000 pieds présents – les vieux trucs du show-
55 business –, une trappe émerge du sous-sol et révèle le batteur (chauve) du groupe, au milieu de son orchestre de percussions étincelant sous les éclairages. Les 30 000 bras et les 15 000 gosiers l'accueillent. Ses compagnons l'entourent bientôt : deux
60 guitaristes et deux chanteurs-comédiens dont l'un est habillé en petit garçon.

La machine AC/DC vient de démarrer : elle guitarera, percussionnera, criera, bougera, courra à perdre haleine pendant plus de deux heures.

Le son est un peu moins fort que chez le groupe invité. C'est-à-dire que, cette fois, on peut repérer une ligne mélodique et saisir quelques mots.

On m'a même fourni une partition. Les exécutants n'en ont pas. Ils n'en ont pas besoin, étant au milieu d'une grosse tournée nord-américaine parfaitement rodée. Mon expert explique que la partition (en vente chez Archambault, comme du Beethoven) est destinée aux groupes amateurs désireux de mettre du AC/DC à leurs programmes. Cela est écrit comme une partition traditionnelle, avec des portées, des barres de reprise, des «dal segno» et, bien sûr, les paroles. Mais il fait trop noir pour vérifier si AC/DC fait toutes les reprises indiquées!

Me voyant avec la partition sous le bras, quelqu'un me demande si je suis «leur gérant». Et parce que je copie sur mon calepin «bière désalcoolisée», le vendeur pense manifestement que je suis de la police.

Le journaliste Claude Gingras semble perplexe à la lecture de la partition du groupe australien AC/DC.

Je suis resté jusqu'à la fin et je m'en étonne encore. Il faut dire que le directeur m'avait promis une prime de compensation, de celles qu'on offre aux diplomates délégués au Zimbabwe.

Peu à dire sur la valeur musicale de ce que j'ai entendu. Rythmiquement et harmoniquement, tout cela est d'une remarquable banalité: du 4/4 ou du 6/8, du 6/8 ou du 4/4, sans la moindre modulation. Sur une chaîne laser, au moment et au volume désirés, et pendant la durée qu'on fixe soi-même, cela peut être très satisfaisant, je l'ai dit. Mais cela, le spectacle vous l'impose pendant deux longues heures, en même temps que la gestuelle extrêmement monotone des musiciens, le «petit garçon» étant particulièrement insupportable à cet égard.

Le premier conscient de ses limites musicales, AC/DC accompagne son concert d'un fort environnement visuel: les deux écrans géants qui grossissent les visages des musiciens, l'énorme bonne femme gonflable, les deux canons dont la détonation produit l'effet d'un véritable tremblement de terre, de quoi réveiller les paisibles Anglaises qui dorment, dans la rue arrière, les deux grosses cloches qu'on abaisse sur les têtes, la fumée colorée, le balayage des spots sur l'auditoire, les billets de banque qui pleuvent du plafond, les grilles de projecteurs qui, tels de terrifiants robots, prennent des formes différentes, etc.

Sans ces artifices, la prestation musicale serait intenable. On comprend qu'ils soient indispensables.

À chaque nouveau gadget, les 30 000 bras se lèvent et les 15 000 gosiers répondent. La discipline de ces jeunes est exemplaire. Ils portent des jeans troués, des camisoles, des bottes avec des chaînes, ils dansent dans les allées, ils miment les guitaristes. Mais il n'y a pas de soûlerie, pas de violence, pas de grossièreté. Toutes proportions gardées, le public de la Place des Arts ne se conduit pas toujours aussi bien. Dans l'obscurité, parfois, des milliers de briquets s'allument. Le rituel a quelque chose de religieux.

Ces jeunes sont éblouis. Pis encore: ils sont impressionnés. Chez des 10-15 ans, je comprendrais. À leur âge, leur réaction presque débile m'inquiète et m'attriste. On dirait de jeunes adultes qui n'ont pas eu d'enfance. ❰

Claude Gingras, «Pour enfants d'un certain âge!», *La Presse*, 8 juillet 1991.

Une chronique

J'AIME RICKY

Les sexes-symboles sont des figures importantes de la musique populaire. La journaliste Nathalie Petrowski avoue ici sans pudeur ses préférences. Sa chronique commence par une discussion sur le thème du snobisme. La journaliste ne boude pas son plaisir, même si ses goûts peuvent embarrasser ses amis. Elle explique aussi pourquoi Ricky Martin est, malgré les apparences, un artiste solide. À la fin de son texte, elle se risque à faire une prédiction. Dans quelques années, nous verrons bien si elle avait raison.

C'était le 2 janvier dernier. J'avais invité une poignée d'amis à venir soigner leur cuite de l'an 2000 à la maison. Au milieu de la soirée, j'ai roulé le tapis, tassé les meubles et brandi le CD de Ricky Martin. À la vue de l'objet honteux, mes amis, des gens de ma
5 génération et même de la génération d'avant, ont levé les yeux au ciel en me traitant de quétaine finie et Ricky, de bellâtre sans talent et sans cervelle, voire de machine à imprimer de l'argent, vide et superficielle.

Mes amis ont râlé, le temps que je glisse le CD du *latin lover* dans le lecteur. Après quoi, ils ont passé la soirée entière à danser, à brasser
10 leur « bonbon » et à marteler le plancher au son de sa sauce piquante. Et quand j'ai cherché à faire diversion avec un CD des Spice Girls, mes invités ont protesté, fait la moue et sont partis se perdre dans le décor.

Malgré cela, je suis prête à mettre ma main au feu que ces
15 gens qui ont dansé comme des possédés sur Ricky Martin doivent en ce moment même râler à nouveau contre lui. Ils doivent par la même occasion être fiers de ne pas aller au Centre Molson ce soir. Payer pour Ricky Martin! Ça va pas!

Pourquoi une telle malhonnêteté intellectuelle? Parce que chez
20 les gens de ma génération et des générations d'avant, il est de bon ton, voire idéologiquement *cool* et correct, d'exprimer une sorte de dégoût existentiel à l'égard de Ricky Martin. Il est bien vu de dénigrer le côté pute de Ricky et de lui reprocher sa manie de tabler sur ses attributs physiques plutôt que sur ses talents musicaux qui, de toute façon
25 selon eux, sont nuls.

Le phénomène n'est pas nouveau. Il refait surface périodiquement dès qu'une vedette de la chanson populaire connaît un trop grand succès à l'échelle planétaire. Passe encore quand la vedette est une jolie fille qui mise autant sur son corps que sur la force de ses cordes vocales. Mais quand la
30 vedette est masculine, qu'elle a une belle gueule et qu'elle joue de ses hanches [...] comme une femme, on dirait qu'elle transgresse un vieux tabou, qu'elle déstabilise et qu'elle dérange. Comme on ne sait pas sur quel pied danser face à un tel phénomène, on se venge en le tournant en dérision. ›

Ricky Martin

Elvis Presley

LES DÉBATS **ESTHÉTIQUES**

Ça a été le cas au début pour Elvis le pelvis, à un moindre degré pour Tom
35 Jones et, à un degré beaucoup plus élevé, pour Michael Jackson.

Dès que le type joue sur les stéréotypes sexuels, dès qu'il s'aventure sur le terrain de la séduction, voire du sexe, un terrain généralement réservé aux femmes,
il s'attire les foudres d'une certaine opinion publique pudibonde et dépassée par
les événements.

40 Qu'à cela ne tienne. Mes amis et congénères trouvent Ricky ridicule, tant pis
pour eux. Cela ne m'empêchera pas de l'aimer. Je n'ai pas honte de le dire ni de
l'écrire, quitte à passer pour une quétaine finie ou pour une chroniqueuse atteinte
de jeunisme aigu, cette maladie diagnostiquée chez les adultes qui refusent de
vieillir et qui s'obstinent à croire qu'ils auront toujours 17 ans.

45 J'aime Ricky Martin, mais surtout, je le préfère à un paquet de chanteurs plates
et beiges, plantés comme des piquets sur scène et aussi sexy qu'un bâton de golf
ou qu'une barre à clous.

J'aime Ricky, mais ce qui est encore plus important, c'est que je l'aime pour
toutes les bonnes raisons. Primo, parce qu'il est portoricain plutôt que platement
50 américain.

Deuzio, parce qu'il parle espagnol et que sa culture hispanique dépasse de ses
caleçons. Autrement dit, je l'aime pour sa diversité culturelle et parce que chaque
fois qu'il apparaît sur une scène, il se fait un devoir de rappeler ses origines au lieu
de chercher à les cacher.

55 Et puis, contrairement à des produits dérivés comme les Backstreet Boys ou
même les Spice Girls, Ricky n'est pas la créature ou la création industrielle d'une
compagnie de disques. Il n'est pas né de la cuisse gauche d'un producteur ou d'un
agent. Avant de devenir une commodité domestique, il existait. Il existait tellement
qu'il a eu le temps d'enregistrer quatre disques en espagnol.

60 Il arrive donc avec une expérience, un bagage et une culture, ce qui n'est pas
donné à la plupart des chanteurs populaires.

Dernière bonne raison de l'aimer : contrairement à ceux qui doutent de ses
capacités musicales, j'ai l'intuition que derrière le body, le nombril, les pantalons
matelot et les chandails de débardeur, se cache un authentique musicien. J'en ai
65 pour preuve un concert extérieur que Martin a donné l'été dernier à Manhattan.

J'ai vu le concert sur MusiquePlus l'autre soir. C'était une grosse production
avec les danseurs, le feu, les stroboscopes et tout le bataclan. Ricky n'avait pas
besoin d'inviter qui que ce soit sur scène avec lui. De toute façon, les filles ne
voulaient voir et ne voyaient personne d'autre que lui. Mais parce qu'il aime la
70 musique, parce qu'il s'inscrit dans une certaine continuité musicale, parce qu'il a
des racines et un sens de l'histoire, Ricky a invité sur scène José Feliciano et le
guitariste Carlos Santana, deux vieux de la vieille.

Ricky n'était pas obligé de chanter une chanson avec eux ni de leur offrir ce
coup de chapeau. Qu'il l'ait fait apparaît à mes yeux comme le signe que Ricky est
75 plus qu'un *latin lover* de pacotille, plus qu'un gigolo de plastique, plus qu'une
machine à faire vendre des nachos et à imprimer de l'argent.

En d'autres mots, préparez-vous les amis, Ricky risque d'être parmi nous plus
longtemps que prévu. ❮

Nathalie Petrowski, « Je préfère Ricky », *La Presse*, 23 mars 2000.

Avant de devenir chroniqueuse,
la journaliste **Nathalie Petrowski**
faisait la critique des événements
culturels. Sa plume acerbe,
impitoyable, a fait bien des
ravages. Elle est passée parfois
de l'« autre côté de la clôture »
puisqu'elle a écrit des romans
et réalisé des films, qui ont tous
reçu un accueil mitigé.

Le cinéma

Le cinéma est un art qui occupe une place importante dans nos vies. Bien sûr, on ne dit pas tous les jours qu'un film est laid ou qu'un film est beau. Nous portons cependant un jugement sur les films que nous avons vus et il s'agit là d'un jugement esthétique. «Chef-d'œuvre», «œuvre magistrale», «fresque grandiose», «réussite totale», «petit bijou de cinéma» sont des expressions qui témoignent bien d'une façon de voir la beauté. Au contraire, des expressions comme «navet», «bide», «horreur», «film pourri», «platitude» évoquent clairement la laideur.

Les 10 meilleurs films de tous les temps[1]

1. *Les temps modernes*, Charles Chaplin (1936)

2. *Citizen Kane*, Orson Welles (1941)

3. *2001 : L'odyssée de l'espace*, Stanley Kubrick (1968)

4. *La Belle et la Bête*, Jean Cocteau (1946)

5. *Le parrain*, Francis Ford Coppola (1972)

6. *Autant en emporte le vent*, Victor Fleming (1939)

7. *West Side Story*, Robert Wise et Jerome Robbins (1961)

8. *Jules et Jim*, François Truffaut (1962)

9. *E.T. l'extraterrestre*, Steven Spielberg (1982)

10. *La guerre des étoiles*, George Lucas (1977)

Charlie Chaplin dans *Les temps modernes* (1936). Ce film dénonçait l'inhumanité du travail à la chaîne et l'asservissement de l'individu dans une société hypermécanisée.

1. Selon le classement établi par le journal *Le Monde* et la *Fnac* en 2001.

UNE RÉALISATION TITANESQUE

Au cours des dernières années, nul film n'a autant attiré l'attention que *Titanic* du Canadien James Cameron : 11 oscars, des millions de spectateurs et des recettes totalisant plus de un milliard de dollars. De façon générale, le grand public a aimé ce long métrage. Cependant, il n'a pas fait l'unanimité auprès des critiques. Odile Tremblay, journaliste au *Devoir*, a beaucoup apprécié le film de Cameron. Son article critique est un modèle du genre ; elle y aborde presque tous les aspects du film : les acteurs, les actrices, le montage, le scénario, etc. La journaliste conclut son article par une appréciation personnelle.

Le film de James Cameron a triomphé à la remise des oscars en 1998.

On a tout entendu sur cette production titanesque. On connaît son coût faramineux (215 millions et des poussières). On sait que le film a pris
5 un temps fou à accoucher de lui-même, qu'il a constitué une longue agonie pour les acteurs principaux, plongés et replongés dans l'eau glacée sous la férule d'un réalisateur autori-
10 taire. Comme on n'ignore plus rien de la volonté tatillonne de James Cameron de recréer le décor original du grand paquebot, reproduit en maquette à 90 % de sa dimension, avec les maté-
15 riaux, les costumes d'époque, 1500 figurants à bord. Le film pouvait laisser présager un naufrage de première classe à la *Waterworld*. Or il n'en est rien.

Titanic demeurera dans les annales
20 hollywoodiennes comme un des films les plus impressionnants produits par les grands studios depuis des lunes. Rien, sans doute, ne peut justifier un budget de cette envergure, mais une
25 chose paraît certaine : l'argent est à l'écran, comme on dit, et bien utilisé encore.

Plusieurs films se sont déjà inspirés de la tragédie du Titanic, qui
30 fut emblématique d'une époque où l'homme s'est cru démiurge, insubmersible comme le grand paquebot, où l'arrogance des nantis et leurs fortunes répondaient à l'opulence et à la splen-
35 deur du bateau. Rien ne pouvait frapper autant l'imagination des hommes que le fait que tout cela, dans la lâcheté, le courage et la panique, ait pu sombrer une certaine nuit du 14 au
40 15 avril 1912, devant l'assaut d'un iceberg qui passait par là. D'où les œuvres littéraires, les adaptations cinématographiques ayant tant fleuri dans son sillage.

45 James Cameron, le père de *Terminator* et de *True Lies*, avait dans sa manche quelques avantages sur ses prédécesseurs. Le fait qu'il ait plongé lui-même à bord d'un sous-marin à la
50 rencontre de l'épave l'a aidé à tâter du doigt le réel, lui donnant envie de fournir un document historique très documenté, mêlé à sa fiction amoureuse. Cameron avait également sur
55 Jean Negulesco et tous les cinéastes du passé s'étant colletés à la tragédie du Titanic l'avantage des plus grandes connaissances historiques sur le sujet, du budget énorme, des progrès de la
60 haute technologie, du raffinement des

effets spéciaux. Il a su tirer pleinement parti de tous ces atouts.

Le film qui dure trois heures et quart ne paraîtra pas trop long. La beauté des images et des décors, la qualité de la trame musicale (mais oui, notre Céline nationale a un beau morceau de chant à se mettre sous la voix), l'excellent montage y sont pour beaucoup. Mais Cameron a su traduire par-dessus tout le naufrage, filmé patiemment, lentement, sans ellipses. Que l'on ne puisse voir le passage de la maquette aux images numériques est un des exploits du film. C'est le vrai Titanic qui sombre devant nos yeux. Du moins, la magie du cinéma nous le laissera croire.

Bien sûr, le film de Cameron se veut avant tout une histoire d'amour. Le film s'ouvre sur des images contemporaines (sur fond de la véritable épave), quand une vieille dame survivante du naufrage, Rose Calvert (Gloria Stuart), remontera le cours du temps et de ses amours perdues pour évoquer les jours fatidiques de 1912 ayant entouré la naissance et la mort du Titan des mers.

Cameron s'attarde beaucoup à l'embarquement des passagers, montrera tout au long du film à quel point les classes sociales étaient marquées, à quel point la frontière entre riches et pauvres paraissait infranchissable. Elle sera franchie pourtant alors que Rose (Kate Winslet), jeune fille de bonne famille à la veille d'un mariage de raison, s'éprendra d'un jeune artiste de rien du tout ayant gagné son billet de passage au jeu (Leonardo DiCaprio).

L'histoire d'amour qui les liera sur le Titanic, alors que la famille et le fiancé de Kate essaient de les contrecarrer, se jouera donc sur fond de lutte des classes. Le luxe des premières classes, dont les décors, l'ameublement et les magnifiques costumes témoignent, se conjuguera au côté guindé de cette société décadente, alors qu'à deux pas de la cale, la fête populaire rigolote et libre battra son plein.

Cameron a eu le bon goût de choisir Kate Winslet pour donner la réplique à DiCaprio. Cette actrice britannique ayant surtout joué dans des productions de qualité comme *Sense and Sensibility*, *Jude* et *Hamlet* apporte une vraie classe à son personnage. Et ils sont vraiment beaux tous les deux, charmants, crédibles même. Cela fait oublier l'invraisemblance de certaines situations, le nombre incalculable de fois où ils frôleront la mort sans la rencontrer.

Bien choisie aussi se révèle Kathy Bates dans la peau d'une nouvelle riche au grand cœur. Mais la distribution apprend à se fondre dans l'épopée qu'elle traverse. Le film saura livrer la panique indicible qui s'emparera des passagers, la grandeur et la classe des musiciens qui jouent au milieu de la débâcle, ces moments de tragédie immense où se révèle la vraie nature des hommes et des femmes, l'héroïsme comme la lâcheté. C'est tout cela, dans la cohue, dans l'émotion, dans la fin grandiose du géant des mers, que Cameron a su traduire étape par étape. Les ponts successifs s'empliront d'eau, les canots de sauvetage en nombre insuffisant s'éloigneront en laissant tant de passagers (surtout de troisième classe) prisonniers d'un Titanic qui se prépare à périr. Il faut voir le paquebot se dresser soudain à la verticale sous les étoiles. Comme il faut voir flotter les passagers bleuis dans l'eau glaciale avec leurs gilets de sauvetage. Grandiose, vraiment! Chapeau bas! ❮

Odile Tremblay, « *Titanic*, une réalisation titanesque », *Le Devoir*, 20 décembre 1997.

PASSAGERS CLANDESTINS

Lorsqu'elle était directrice du journal *Le Devoir*, Lise Bissonnette signait aussi une chronique dans le même journal. Une semaine après la parution de la critique du film *Titanic* par Odile Tremblay, elle profite de sa tribune pour émettre son opinion sur le film. La journaliste est en désaccord avec sa collègue; pour elle, le cinéma est autre chose que ces grosses machines hollywoodiennes.

Maintenant que je m'en suis confessée à ma collègue Odile Tremblay et qu'elle m'a semblé indulgente bien qu'elle m'ait répété les
5 enseignements de la foi commune aux critiques autorisés d'Occident en Orient, je peux bien vous le dire, j'ai assez haï *Titanic*. Ma solitude, même dûment partagée par l'être cher, est
10 profonde. Selon le site *Internet Movie Database* qui a recueilli les avis de quelque 9000 internautes-cinéphiles depuis la sortie du film de James Cameron, 75 % des notes atteignent
15 le 10 parfait, 86 % dépassent le 9, et l'aventure de la noyade manquée de Rose Butaker mériterait, toujours d'après les amateurs, le cinquième rang au classement des 250 meilleurs films
20 de tous les temps. Ce qui correspond à la flopée de nominations aux oscars, à la recette qui a passé le cap du milliard de dollars canadiens sans iceberg en vue sur la route du milliard de
25 dollars américains, à l'émotion radiocanadienne authentique et pour une fois partagée de René Homier-Roy et de Chantal Jolis, bref au profil du chef-d'œuvre. Je lance une bouteille à la
30 mer, je vous le demande, y a-t-il d'autres passagers clandestinement déçus dans les soutes de ce consensus insubmersible?

Je ne passe pas ma vie dans les
35 salles d'art et d'essai et je suis plutôt bon public, aisément touchée. Mais j'ai beau faire, le *Titanic* passe et je reste de marbre.

Je m'en allais voir la minutieuse reconstitution du naufrage mythique par excellence, docudrame qui a poussé le souci de vérité jusqu'à reproduire quasiment à l'échelle le fameux navire de croisière, à respecter même la durée exacte de l'accident en mer et à nous promener à l'intérieur de l'épave, la vraie, comme si nous y étions. Est-ce avoir mauvais esprit, dans ces conditions, que d'être suprêmement agacée par le chapelet d'invraisemblances qu'accumule le scénario comme si Disney nous racontait la passion de Blanche-Neige pour Mickey dans un vaisseau spatial sur le point de croiser un météorite ? Ce passager de troisième classe qui peut se mettre en travers du chemin de sa belle sur le pont de première, qui tombe pile dans l'œil maternel d'une bonne dame transportant par hasard dans ses valises un smoking à sa mesure, qui sort du peuple des tavernes mais sait dessiner comme un copain d'impressionnistes et s'exprimer avec une élégance rimbaldienne, dont le blond toupet semble négligemment taillé chez Carita et la brute chemise chez Versace, c'était déjà beaucoup. Mais la scène emblème du film, le petit couple en tenue de soirée qui se fait des mamours les pieds sur un barreau de proue du paquebot et les bras levés dans le vide, moins promis au mariage qu'à un éternuement fatal, m'a fait l'effet du toc même. J'ai déjà traversé l'Atlantique Nord en juin et je vous jure que même au soleil, et même à l'abri des coursives, des amoureux en mousseline et lin fin n'auraient pas susurré longtemps. Alors à la mi-avril, quand la nuit tombe sur le pont le plus découvert…

Je me trompais sans doute. Malgré ce que semble en dire la fiche technique du film, *Titanic* pourrait se

vouloir, plutôt qu'un docudrame, une fresque de la passion dont le grandiose navire ne serait que la métaphore. Ce serait un nouveau et sublime cliché du pastoureau et de la princesse qui le préfère à son riche et noble fiancé. Mais la légende revue et corrigée par l'auteur de *Terminator* a laissé la poésie sur le quai. Sa manière est celle des films d'action – que j'haïs aussi en général – qui poussent les situations de détresse à la limite et les résolvent par miracle, à grands renforts de cris et de tremblements, ici de trombes en sus. La veille de la rencontre avec l'iceberg, la jeune femme a déjà tenté de se suicider, failli y laisser sa peau au moment même où elle se ravisait sur le bastingage, failli aussi tuer son futur amant en l'entraînant au moment du sauvetage. Belle préparation pour le lendemain où ils seront les derniers à quitter la cale après qu'elle ait tranché à la hache (en forme, cette jeune bourgeoise !) les menottes qui retenaient son amoureux, où ils prendront la dernière gorgée d'air disponible derrière la barrière dont ils trouveront les clés *in extremis*, où ils seront les derniers à plonger dans l'océan trois secondes avant que le dernier morceau de *Titanic* s'y engouffre, où ils seront les derniers survivants accrochés à la dernière planche au milieu d'une mer de décédés par hypothermie. Quand le jeune Jack y laisse enfin sa belle peau car il a négligé d'enfiler une veste de sauvetage, il l'a donnée aussi chèrement que le dernier des Mohicans. Mais nos tourtereaux auront échangé si peu de mots doux et encore moins de phrases complètes qu'on se demande bien, lors de leurs verglacés adieux, ce qui les attirait l'un vers l'autre, hors les hormones bien sûr.

Bon, je sais, il ne faut pas prendre ce film au premier degré. Ce n'est pas ❯

LES DÉBATS **ESTHÉTIQUES**

la vraie histoire du *Titanic* même si c'en est l'authentique décor. Ce n'est pas l'histoire d'un amour mais la charmante idée que les filles continuent à s'en faire entre douze et quinze ans au maximum. Ce n'est pas un drame existentiel mais une anecdote avec des bons et des méchants qu'on aime et qu'on déteste respectivement. Ce n'est pas une réinvention du septième art mais une machine cinématographique traditionnelle poussée à sa dimension ultime, du moins jusqu'à ce qu'une autre aille plus loin. C'est le dépassement olympique du genre. Je comprends que de vrais habitués du cinéma, des gens qui en connaissent toutes les ficelles, le saluent pour les frontières matérielles qu'il repousse, pour sa maîtrise et son emprise sur l'imaginaire tous publics. Je comprends aussi que ce soit à prendre ou à laisser.

Mais j'ai deux regrets.

Le premier vient de l'adéquation entre l'argent et les grosses ficelles. Les films à petit budget sont charmants et souvent beaucoup plus intelligents que tout ce qui peut sortir du cerveau à effets spéciaux de M. Cameron (tout Canadien qu'il soit) ou de la fine bouche de Leonardo DiCaprio dans une scène de séduction sur banquette arrière. Je viens, bien tardivement, d'aller voir le très français *Nettoyage à sec* et le climat du sous-sol d'une teinturerie de Belfort surpasse en érotisme

et angoisse tout ce qu'on vous a suggéré entre les cloisons de la nef en détresse. Mais ce serait tout de même bien, un jour, qu'arrive sur les écrans un film à grand déploiement, une épopée, une immense affaire qui aurait exigé beaucoup de dollars et même beaucoup trop que c'en serait un peu scandaleux, mais un film qui serait d'une subtilité égale à ses moyens. Après tout, dans les autres arts, les objets les plus finement ciselés commandent le plus fort prix. Pourquoi est-ce le contraire au cinéma ?

Le deuxième touche le *Titanic*. Dans l'abîme où il avait sombré le soir du 12 avril 1912, il emportait des centaines de fantômes et des milliers d'histoires qui viennent toutes de se fondre, figées, arrêtées, derrière celle de Rose Butaker et de Jack Dawson qui n'ont jamais existé mais dont le mièvre amour incarne désormais, dans l'imagination populaire, la vie des disparus. La légende avait déjà été violée par les caméras sous les linceuls de glaise, au fond des mers. Colorisée, éclairée, décapée, recollée, nettoyée pour nos écrans, elle n'est plus.

Sauf celle des musiciens de l'orchestre qui ont échappé, par miracle, à cette mise en ordre du rêve. ❰

Lise Bissonnette, « Passagers clandestins », *Le Devoir*, 21 février 1998.

La journaliste **Lise Bissonnette** s'est surtout fait connaître en tant que directrice du journal *Le Devoir*, poste qu'elle a occupé de 1990 à 1998. Ses éditoriaux traitaient d'éducation, de politique et surtout de culture. Romancière, essayiste et commentatrice politique, Lise Bissonnette a participé de multiples façons à la vie intellectuelle du Québec. En 1998, elle est nommée directrice de la Grande Bibliothèque du Québec, un projet qu'elle défend avec passion.

QU'EST-CE QUE LE BEAU ?

C'est ici une belle occasion, en vérité, pour établir une théorie rationnelle et historique du beau, en opposition avec la théorie du beau unique et absolu ; pour montrer que le beau est toujours, inévitablement, d'une composition double, bien que l'im-
5 pression qu'il produit soit une ; car la difficulté de discerner les éléments variables du beau dans l'unité de l'impression n'infirme en rien la nécessité de la variété dans sa composition. Le beau est fait d'un élément éternel, invariable, dont la quantité est excessivement difficile à déterminer, et d'un élément relatif, cir-
10 constanciel, qui sera, si l'on veut, tour à tour ou tout ensemble, l'époque, la mode, la morale, la passion. Sans ce second élément, qui est comme l'enveloppe amusante, titillante, apéritive, du divin gâteau, le premier élément serait indigestible, inappréciable, non adapté et non approprié à la nature humaine. Je défie
15 qu'on découvre un échantillon quelconque de beauté qui ne contienne pas ces deux éléments.

Charles Baudelaire, « Le beau, la mode et le bonheur »,
Le peintre de la vie moderne, étude parue
dans *Le Figaro* en 1863.

Index des auteurs et auteures de la partie « Le texte littéraire »

Crédits photographiques

Couverture

George Sand: Sipa Press / ©Ponopresse; Marguerite Yourcenar: F. Apesteguy / ©Gamma / Ponopresse; Arthur Rimbaud: BNF, Paris; Anne Hébert: photo Ulf Andersen Sipa Press / Ponopresse; Bruno Hébert: photo Pierre Longtin; Victor Hugo: Séguin Michel / Sipa ©Ponopresse

Le texte littéraire

1 H (détail) Musée des traditions populaires, Paris, photo Jean Schormans / ©Réunion des Musées nationaux / Art Resource, New York **M** (détail) Coll. Comédie-Française, Paris, cliché J.-L. Charmet **B** (détail) Kunstmuseum, Bâle, Hans Hinz-Artothek **2** Galleria degli Uffizi, Florence / Superstock **3 H** Victoria and Albert Museum, Londres / Superstock **B** Metropolitan Museum of Art, New York / Superstock **4 H** Musée du Louvre, Paris / Superstock **B** Chapelle Sixtine, Vatican / Superstock **5** ©Bettmann / Corbis / Magma **6 H** Musée du Louvre, Paris / Superstock **B** Coll. particulière / Bridgeman-Giraudon **7** The Huntington Library, Art Collections, and Botanical Gardens, San Marino, Californie / Superstock **8 H** Château de Versailles, Paris / Superstock **B** Superstock **9** Superstock **10 H** Musée des beaux-arts, Liège / Superstock **B** Musée du Louvre, Paris / Superstock **11** Superstock **12** Courtauld Institute and Galleries, Londres / Superstock **13** Superstock **14** Culver Pictures Inc. / SSI / Superstock **15** Image Club Graphics **16** Musée des deux guerres / Superstock **17** Nasa **19 H** Photo Bernard Brault, La Presse **B** La Presse **20** Coll. Musée d'art contemporain de Montréal, don du docteur Max Stern / photo MACM **22 et 23 à 103** (détail) Musée des traditions populaires, Paris, photo Jean Schormans / ©Réunion des Musées nationaux / Art Resource, New York **24** The New School for Social Research, New York / Superstock **25** ©Andersen / Sipa Press / Ponopresse **26** ©Bruno Barbey / Magnum **27** Stewart Mark / Camerapress / Ponopresse **28** Simon, *Au corps de l'Inde*, Éditions de la Boussole, 1999, p. 6 **29** Photo La Presse **30** ©Ponomareff / Ponopresse **31** Lorris Murail, *La science-fiction*, Larousse, 1999, p. 208 **32** ©Coll. Viollet **33** BNF, Paris **34** Musée du Louvre, Paris / Superstock **35** ©Coll. Viollet **36** Kunstmuseum, Bâle / Superstock **39** Superstock **40** Photo Ulf Andersen / Sipa Press / Ponopresse **41** Cinémathèque québécoise **42** Photo Henri Paul, Radio-Canada **43** Cinémathèque québécoise **44 H** Movie Stills / Shooting Star / Ponopresse **B** ©Sipa Press / Ponopresse **45 D** Photo P. Nadar ©coll. Viollet **B** BNF, Paris **46** ©Coll. Viollet **47** Photo Jacques Prayer / Ponopresse **48 G** ©Lido / Sipa Press / Ponopresse **B** BNF, Paris **49 H** ©Coll. Viollet **D** Musée de Versailles, Paris ©coll. Viollet **50** ©Claire Richard / Gallimard **53** Coll. privée, Toronto /Superstock **55** ©Lipnitzki-Viollet **57** Kunsthalle, Hambourg / Artothek **58**

©Cap-Viollet **59 H** ©Lipnitzki-Viollet **M et B** BNF, Paris **60** BNF, Paris **61** ©Robert Doisneau / Rapho **62 M** Goldner / Sipa Press / Ponopresse **B** BNF, Paris **63 H** ©Sygma / Barbier Benoix / Magma **B** BNF, Paris **64** ©M. Ponomareff / Ponopresse **65** Musée de la civilisation, Québec, photo Pierre Soulard **66** ©Josée Lambert / Ponopresse **67** Musée d'Ixelles, Bruxelles / G. Westermann-Artothek **68** Cliché Delepelaire ©photothèque des Musées de la Ville de Paris **69 D** Musée du Louvre, Paris ©coll. Viollet **DB** Coll. Thierry Bodin **70** ©Coll. Viollet **F** BNF, Paris **71 BG** ©Nana Productions / Sipa Press / Ponopresse **BD** Musée d'Orsay, Paris, coll. Viollet **72 G** ©Harlingue-Viollet **F** BNF, Paris **B** BNF, Paris **73 D** ©Lipnitzki-Viollet **B** ©Sygma / Barbier Renn Production / Magma **74** Photo Raynald Leblanc, Le Journal de Montréal **75** ©Harlingue-Viollet **76** Sipa Icono / Sipa Press / Ponopresse **77** ©Lipnitzki-Viollet **78** ©Antonia McGrath **79** ©Antonia McGrath **80** Stedelijk Museum, Amsterdam / Artothek **81** Josée Lambert / Ponopresse **82** Coll. privée / Superstock **83** BNF, Paris **84** ©Roger-Viollet **85 B** ©Roger-Viollet **86** Photo Downey ©Evans / Explorer / Publiphoto **87** Coll. particulière ©Bridgeman-Giraudon **89** Merlin Holland, *The Wilde Album*, Fourth Estate, Londres, 1997, int. de couverture **93** ©Willy Ronis / Rapho **F** BNF, Paris **94** BNF, Paris **97** ©Sygma / Sauveur David / Magma **99** Photo Pierre Longtin **103** Photo Alain Thibodeau **104 et 105 à 137** (détail) Coll. Comédie-Française, Paris, cliché J.-L. Charmet **106** Musée des beaux-arts, Oslo / Superstock **108** Musée national archéologique, Naples ©coll. Viollet **109** ©Yves Renaud, 1996 **110** Comédie-Française ©coll. Viollet **111** ©Brigitte Enguerand **113** ©Roger-Viollet / Ponopresse **114** ©Marc Enguerand **115** Barnes Foundation, Merion, Pennsylvanie / Superstock **116** Photo Goldner / Sipa / Ponopresse **117** Photo André Le Coz **119** Photo Paul Nadar Edimedia / Publiphoto **121** Photo Guy Dubois **122** ©Imapress / Ponopresse **123** Photo André Le Coz **125** Photo André Le Coz **126** ©Ponomareff / Ponopresse **127** ©Télé-Québec **129** Musée du Louvre, Paris / Superstock **130 F** BNF, Paris **B** ©Marc Enguerand **131 H** ©Marc Enguerand **B** Séguin Michel / Sipa ©Ponopresse **133** M. Lajoie, Secrétariat de l'Ordre national du Québec **134** Photo André Le Coz **135** Photo Michel Gagné **136** ©Marco Weber / Ponopresse **137** Radio-Canada **138 et 139 à 173** (détail) Kunstmuseum, Bâle / Hans Hinz-Artothek **140** BNF, Paris ©coll. Viollet **142** ©Coll. Roger-Viollet **143** BNF, Paris ©coll. Viollet **144** ©Coll. Viollet **146** ©Harlingue-Viollet **148** BNF, Paris ©coll. Viollet **150** Séguin Michel / Sipa ©Ponopresse **152** BNF, Paris **154** Coll. Roger-Viollet **156** BNF, Paris **158** Explorer ©Publiphoto **160** J.-L. Charmet **162** BNQ, Québec **164** Archives nationales du Québec **166** Photo Ulf Andersen / Sipa Press / Ponopresse **168** La Presse **169** ©M. Ponomareff / Ponopresse **170** Photo Michel Dubreuil **171** Photo Jocelyn Michel **172** Gracieuseté de l'auteur **174** ©Gastaud / Sipa Press / Ponopresse

Le texte courant

175 **H** (détail) ©La Presse Canadienne **M** (détail) ©R. Benali-S. Ferry pour Life Magazine / Gamma-Liaison / Ponopresse **B** (détail) Caroline Coon / Camerapress / Ponopresse 176 (**1**) © P. P. Poulin / Ponopresse (**2**) La Presse (**3**) et 177 à 215 (détail) ©La Presse Canadienne (**4**) ©Marcel Allard / Ponopresse 178 Lausanne, Musée des beaux-arts, © Publiphoto / Edimedia 179 Versailles, Musée du château, photo Josse 180 ©ND Viollet 182 ©New York Daily News 183 **G** © Coll. Viollet **D** Séguin Michel / Sipa ©Ponopresse 184 Carnavalet, Paris ©Publiphoto / Edimedia 185 ©Roger-Viollet / Ponopresse 186 Rex / Ponopresse 189 ©Andersen / Sipa Press / Ponopresse 190 **H** ©Jim McDonald / Corbis / Magma **B** ©coll. Viollet 191 Coll. Viollet 192 **F** BNF, Paris 193 **G** ©Coll. Viollet **D** Goldner / Sipa Press / Ponopresse 194 ©Williams Michael / Sipa Press / Ponopresse 195 **H** ©Dorigny / Sipa Press / Ponopresse **D** Micheline Pelletier ©Gamma / Ponopresse 196 Photo Abramson / Sipa Press / Ponopresse 197 **H** Sipa Press / Ponopresse **B** ©Gamma / Ponopresse 198 ©Photo Jean Guyaux, Bruxelles 200 ©Photo Jacques Nadeau, Le Devoir 201 Superstock 203 Sipa Press / Ponopresse 204 F. Aspeteguy / ©Gamma / Ponopresse 205 ©Interfoto / Sipa Press / Ponopresse 207 ©Dargaud Éditeur 210 ©Lambermont / Photo News / Ponopresse 211 ©Lambermont / Photo News / Ponopresse 213 ©Raffi Kirdi / Ponopresse 216 (**1**) ©Archives Snark / Edimedia / Publiphoto (**2**) ©A.P.H.P. / Sipa Press / Ponopresse (**3**) ©Bettmann / Corbis / Magma (**4**) ©Topham / Ponopresse (**5**) et 217 à 251 ©R. Benali-S. Ferry pour Life Magazine / Gamma-Liaison / Ponopresse 218 **H** ©J. Lenars Explorer / Publiphoto **B** ©John Reader / Science Photo Library / Publiphoto 220 ©20th Century Fox / Shooting Star / Ponopresse 222 Stills / Ponopresse 224 ©John Reader / Science Photo Library / Publiphoto 225 Photo Nasa 226 ©Viollet / Gamma / Ponopresse 227 ©Bettmann / Corbis / Magma 229 Bridgeman-Giraudon 230 Victor Habbick Visions / Science Photo Library ©Publiphoto 231 Victor Habbick / Science Photo Library ©Publiphoto 232 (détail) Victor Habbick / Science Photo Library ©Publiphoto 233 ©Photo J. Foley / Opale 234 A. Barrington Brown / Science Photo Library ©Publiphoto 236 Musée d'Orsay, Paris / Superstock 237 La Presse 239 ©Christian Vioujard / Gamma / Ponopresse 241 (**1**) Camerapress / Ponopresse (**2**) Photo Maynard / Liaison / Ponopresse (**3**) ©Gamma / Ponopresse (**4**) ©Gamma / Ponopresse 242 ©Imapress / Ponopresse 244 et 245 ©Magazine Protégez-Vous 248 La Presse 252 (**1**) ©Gamma / Ponopresse (**2**) ©Art on file / Corbis / Magma (**3**) ©Marcel Allard / Ponopresse (**4**) et 253 à 279 (reprises) Caroline Coon / Camerapress / Ponopresse 254 ©Gamma / Ponopresse 255 **H** ©Boyer-Viollet **B** Photo Henri Roger ©Roger-Viollet 256 ©LL-Viollet 258 ©LL-Viollet 259 Photo Jean Goupil La Presse 260 Christie's, Londres / Superstock 261 Museum de l'Orangerie, Paris / Lauros-Giraudon / Superstock 262 Musée des beaux-arts du Canada, Ottawa 263 **G** La Presse Canadienne **D** ©Ottawa Sun, photo Denis Cyr 264 Centre Georges-Pompidou, Paris ©Jana Sterbak 265 Collection MACBA, Barcelone ©Jana Sterbak 267 Centre Georges-Pompidou, Paris ©Jana Sterbak 268 (**1**) ©Kosorukov / Liaison / Ponopresse (**2**) ©London Features / Ponopresse (**3**) ©David Corio / Retna Pictures / Ponopresse (**4**) Photo Warren Johnson ©Rex / Ponopresse 270 La Presse 271 **H** Rex / Ponopresse **B** ©J. Bond / Shooting Star / Ponopresse 272 La Presse 273 ©Bettmann / Corbis / Magma 274 Sygma / Los Angeles Daily New / Magma 276 ©Nana Productions / Sipa Press / Ponopresse 278 La Presse